विकसित भारत २०४७

और भारतीय ज्ञान परंपरा का अंतर्संबंध

विकसित भारत २०४७
और भारतीय ज्ञान परंपरा का अंतर्संबंध

VIKSHIT BHARAT 2047
&
THE INTERCONNECTION WITH INDIAN KNOWLEDGE TRADITION

संपादक
डॉ. कुमारी भारती
सहायक प्रोफेसर एवं विभागाध्यक्ष, दर्शनशास्त्र विभाग
मालतीधारी कॉलेज, नौबतपुर, पटना (बिहार)
(पाटलिपुत्र विश्वविद्यालय, पटना)

EXCELLER BOOKS®
A GLOBAL PRESS

Vikshit Bharat 2047 &
The Interconnection with Indian Knowledge Tradition

Cover by Exceller Books

Print ISBN: 978-93-47397-33-2

First published in India in 2026 by Exceller Books,
An imprint of G E Group
Address: G1, Dream Apartment, Degree College Road, Belgharia,
Kolkata, 700056, India
www.excellerbooks.com

EXCELLER BOOKS®
A GLOBAL PRESS

आभार

मैं अपने सम्पादित ग्रंथ की सफलता के लिए उन सभी व्यक्तियों एवं संस्थाओं के प्रति हार्दिक आभार व्यक्त करना चाहती हूँ, जिनके सहयोग, मार्गदर्शन और प्रोत्साहन से यह पुस्तक अपने वर्तमान रूप में प्रस्तुत हो सकी है।

सबसे पहले, मैं अपने संस्थान के प्राचार्य महोदय डॉ अखिलेश कुमार का विशेष धन्यवाद करती हूँ, जिन्होंने इस शैक्षणिक कार्य हेतु अनुकूल वातावरण प्रदान किया एवं सतत प्रेरणा दी।

मैं अपने पूर्व प्राचार्य डॉ हेमंत कुमार झा को भी बहुत-बहुत धन्यवाद देती हूं जिनके संरक्षण में मैंने भारतीय दार्शनिक अनुसंधान परिषद द्वारा प्रायोजित सेमिनार करवाया तथा पुस्तक प्रकाशन हेतु इस मुकाम पर पहुंची। साथ ही मैं पूर्व प्राचार्य प्रोफेसर सीता सिन्हा को भी धन्यवाद देती हूं जिनके समय में ही इस विषय पर सेमिनार का प्रस्ताव पास हुआ था और भारतीय दार्शनिक अनुसंधान परिषद द्वारा इस पर स्वीकृति मिली।

मैं भारतीय दार्शनिक अनुसंधान परिषद संस्था को भी बहुत-बहुत धन्यवाद देती हूं जिन्होंने मेरे सेमिनार का विषय "विकसित भारत २०४७ और भारतीय ज्ञान परंपरा का अंतर्संबंध" में सेमिनार कराने की स्वीकृति प्रदान की तथा अनुदान प्रदान किया।इस सेमिनार का आयोजन 5 और 6 अगस्त 2025 को मालती धारी कॉलेज के प्रांगण में हुआ। तथा मुझे विविध विद्वानों के आलेख प्राप्त हुए।

इस सेमिनार में उपस्थित सभी विद्वानों ने अपनी इच्छा प्रकट की इन आलेखों को पुस्तक में प्रकाशित की जाए।तथा इस पुस्तक में प्रकाशित करने का मैंने बीरा उठाया।

इस पुस्तक में अपने मूल्यवान शोध-लेखों का योगदान देने वाले सभी लेखकगणों का मैं हार्दिक अभिनंदन करती हूँ। उनके विद्वतापूर्ण लेखन से पुस्तक की गुणवत्ता में अभिवृद्धि हुई है।

साथ ही मैं अपने कॉलेज के शिक्षकगण एवं शिक्षकेतर कर्मचारीगण का भी बहुत-बहुत आभार व्यक्त करती हूं जिनके सहयोग से ही आज यह कार्य पूर्ण होने जा रहा है।

मैं अपने तकनीकी सहयोगियों, टाइपसेटिंग और प्रूफरीडिंग टीम का भी आभार व्यक्त करती हूँ, जिनके परिश्रम ने इस पुस्तक को उत्कृष्ट रूप प्रदान किया।

अंत में, मैं अपने परिवार एवं मित्रों का भी धन्यवाद करती हूँ, जिन्होंने इस कार्य को पूर्ण करने में मानसिक और नैतिक समर्थन दिया।

मैं सभी के प्रति हृदय से आभारी हूँ।

डॉ कुमारी भारती
असिस्टेंट प्रोफेसर
विभागाध्यक्ष , दर्शनशास्त्र विभाग,
मालतीधारी कॉलेज
नौबतपुर, पटना बिहार।

भूमिका

भारत का २०४७ तक विकसित राष्ट्र बनने का लक्ष्य, राष्ट्र का समग्र विकास और पुनर्निर्माण की दिशा एक महत्वपूर्ण कदम है।जिसमें भारतीय ज्ञान परंपरा का अद्वितीय स्थान है।

भारत की सभ्यता प्राचीन रही है, जिसकी पहचान समृद्ध संस्कृति, दर्शन, धर्म और ज्ञान परंपरा से होती है। भारतीय ज्ञान परंपरा, जो वेदों, उपनिषदों, आयुर्वेद, गणित, विज्ञान, और दर्शन से लेकर कला और साहित्य तक विस्तृत है, न केवल भारत के इतिहास को आकार देती है, बल्कि वर्तमान और भविष्य के लिए भी एक मार्गदर्शक भूमिका निभाती है। इस परंपरा की गहरी जड़ें भारतीय समाज और संस्कृति में हैं। वेद, उपनिषद, बुद्ध, जैन ,योग और भारतीय दर्शन ने विकसित भारत के निर्माण में महत्वपूर्ण योगदान दिया है। इन सभी तत्वों ने भारतीय संस्कृति और समाज की सोच, अभिलेख, और जीवन के अनुयायियों को आकार दिया।

- वेद: वेद भारतीय संस्कृति के सबसे प्राचीन और महत्वपूर्ण ग्रंथ हैं। वेदों ने जीवन के हर पहलू, जैसे धर्म, नीति, समाज और शिक्षा के बारे में गहन विचार प्रस्तुत किये हैं। यज्ञ, पूजा, और जीवन के कर्मकांडी सिद्धांतों में वेदों का योगदान अपूर्व है। यह ग्रंथ भारत में धार्मिक और सामाजिक व्यवस्था की स्थापना में बनाया गया है। अगर हम यजुर्वेद का गहराई से अध्ययन करें तो पाते हैं कि यजुर्वेद के मंत्रों में पृथ्वी को मातृ (माँ) के रूप में प्रतिष्ठित किया गया है। इसे पृथ्वी के प्रति श्रद्धा और सम्मान का प्रतीक माना जाता है।यजुर्वेद में प्रकृति और उसके विभिन्न तत्वों – जैसे पृथ्वी, जल, वायु, आकाश और अग्नि – का अत्यधिक सम्मान किया गया है। यह तत्व केवल जीवन के अनुभव के लिए आवश्यक है, साथ ही इसका उपयोग और संरक्षण भी मानव जीवन के लिए आवश्यक है।पृथ्वी और पर्यावरण को सुरक्षित रखने की दिशा में

यह सोच भी महत्वपूर्ण है, क्योंकि इसमें प्राकृतिक संरचना के संरक्षण को शामिल किया गया है।

- उपनिषद (उपनिषद): उपनिषद वेदों के बाद के ग्रंथ हैं, जो आध्यात्मिक ज्ञान और आत्मज्ञान पर केन्द्रित हैं। अपरिष्कृत व्यक्ति के आत्म-साक्षात्कार और ब्रह्म के साथ एकात्मता की धारणा को प्रतिपादित किया गया। उपनिषदों के माध्यम से भारतीय दर्शन ने आत्मा, ब्रह्मा और संसार की वास्तविकता के बारे में गहराई से समझ दी, जो आधुनिक भारत के सिद्धांत का आधार बनी।
- गीता (भगवद गीता) – भारतीय ज्ञान परंपरा का एक अहम हिस्सा है और इसका प्रभाव केवल धार्मिक ही नहीं, बल्कि सैद्धांतिक और मानसिक दृष्टिकोण से भी बहुत गहरा है। इसमें जीवन का दिशानिर्देश छुपा हुआ है। गीता में भगवान श्री कृष्ण ने अर्जुन को धर्म, कर्म, भक्ति, योग और आत्मज्ञान के विषय में बताया। गीता की शिक्षाएं और कहानियां जीवन के संघर्षों का समाधान देने में मदद करती हैं। यह शिक्षा शास्त्र है कि **कर्म** में अपना ध्यान केंद्रित करना चाहिए, और परिणामों की चिंता नहीं करनी चाहिए। – गीता के सिद्धांत **कर्म योग**, **ज्ञान योग**, और **भक्ति योग** के माध्यम से आत्मज्ञान और आध्यात्मिक विकास की दिशा में मार्गदर्शन किया जाता है। गीता के उपदेशों में मानसिक शांति, संतुलन और जीवन के उद्देश्य तथा ज्ञान की महत्ता को समझाया गया है। गीता के माध्यम से यह बताया गया है कि आत्मज्ञान और दिव्य बुद्धि से ही जीवन में वास्तविक सुख और शांति मिल सकती है। यह ज्ञान परंपरा का सिद्धांत है, जो आत्मा और ब्रह्म के बीच का संबंध प्रकट करता है।
- **बुद्ध (बुद्ध):** भगवान बुद्ध ने भारत में धर्म और जीवन के दृष्टिकोण में एक बड़ा बदलाव लाया। उन्होंने चार आर्य सत्य (दुःख, दुःख का कारण, दुःख का अंत, और दुःख से मुक्ति का मार्ग) और अष्टांगिक मार्ग (ध्यान, साधन, और ज्ञान का संयोजन) का प्रचार किया। बुद्ध का योगदान भारत में अहिंसा, साधना और आंतरिक

शांति के विचारों का प्रसार था, जिन्होंने भारत को मानसिक और आंतरिक विकास के मार्ग पर आगे बढ़ाया।

- जैन योग (जैन योग): जैन धर्म ने अहिंसा (अहिंसा), अपरिग्रह (गैर-अधिकारवाद), और सत्य (सत्य) जैसे सिद्धांतों को प्रमुखता दी। जैन दर्शन ने आत्म-संयम और साधना के माध्यम से आत्मशुद्धि का मार्ग स्पष्ट किया। यह भारतीय समाज में नैतिक एवं आत्मिक अध्ययन की भावना को बढ़ावा देने में सहायक है।

भारतीय दर्शन (भारतीय दर्शन): भारतीय दर्शन के विभिन्न विद्वानों ने जीवन, अस्तित्व और ब्रह्मा के विषय में समग्र विचार प्रस्तुत किये। वेदांत, सांख्य, योग, न्याय, और मीमांसा जैसे दर्शन ने जीवन के उद्धेश्य और समाज की संरचना को गहराई से दर्शाया है।साथ ही भारत के महान विचारकों, जैसे कौटिल्य (चाणक्य), वेदव्यास, आदि शंकराचार्य, स्वामी विवेकानंद और महात्मा गांधी की शिक्षाएँ आज भी प्रासंगिक हैं।

आयुर्वेद

आयुर्वेदिक भारतीय चिकित्सा पद्धति, भी शारीरिक, मानसिक और आत्मिक स्वास्थ्य को आरंभ करने के लिए प्राचीन समय से प्रचलित है। इस सिद्धांत में प्रकृति के साथ संतुलन बनाए रखना, आहार-विहार, मानसिक शांति और योग का महत्व है। आयुर्वेद के कुछ प्रमुख योगदान हैं:- प्राकृतिक चिकित्सा: आयुर्वेद ने यह सिद्धांत प्रस्तुत किया कि मनुष्य का शरीर प्रकृति के पंचतत्व (पृथ्वी, जल, अग्नि, वायु, आकाश) से बना है, और इसमें स्वास्थ्य संतुलन पर जोर दिया गया है।आयुर्वेद और योग दोनों ही भारतीय सांस्कृतिक मिश्रण का हिस्सा हैं, और इनका समग्र स्वास्थ्य पर अत्यधिक प्रभाव पड़ता है। आधुनिक मनोविज्ञान और मानसिक दबावों के बीच आयुर्वेदिक योग की भूमिका में वृद्धि होती है।

कौटिल्य

इसी तरह कौटिल्य या चाणक्य की भूमिका भी भारतीय समाज और शासन व्यवस्था में महत्वपूर्ण रही है। उनके विचार और दृष्टिकोण आज के विकसित भारत में भी विकसित हैं। इनका योगदान मुख्य रूप से

"अर्थशास्त्र" और "और "चाणक नीति" के रूप में सामने आए, जिसमें उन्होंने राजनीति, समाज, उद्योग और प्रशासन के बारे में गहरी और व्यापक दृष्टि प्रस्तुत की।

वैश्विक स्तर पर अपनी स्थिति को मजबूत करने के लिए भारत को कौटिल्य की मानसिकता को समझने और लागू करने की आवश्यकता है उनका योगदान न केवल राजनीति , अर्थशास्त्र और सामाजिक न्याय के क्षेत्रों में है, बल्कि उनका व्यापक दृष्टिकोण भी भारत के समग्र विकास को दिशा देने में मदद कर सकता है। यदि आज के भारत में उनके सिद्धांतों को शामिल किया जाए, तो यह केवल शासन व्यवस्था ही नहीं , बल्कि आर्थिक सुधार , सामाजिक भलाई और वैश्विक अर्थव्यवस्था को भी मजबूत करेगा।

खगोलशास्त्र और वैज्ञानिक प्रविधि

विकसित भारत में खगोलशास्त्र और वैज्ञानिक प्रविधि एवं नवाचार का योगदान बहुत महत्वपूर्ण और व्यापक है। प्राचीन भारत में खगोलशास्त्र का अत्यधिक महत्व था। भारतीय विद्वानों ने ग्रहों, नक्षत्रों, और आकाशीय पिंडों के अध्ययन में उल्लेखनीय योगदान दिया। भारतीय खगोलशास्त्र के प्रमुख ग्रंथों में "सिद्धांत शिरोमणि" (भीस्केश्वर), "आर्यभटीय" (आर्यभट) और "ब्रह्मस्फुटसिद्धांत" (ब्रह्मगुप्त) शामिल हैं। इन ग्रंथों में आकाशीय पिंडों की गति, ग्रहों के स्थितियों का वर्णन और सौरमंडल के अध्ययन की महत्वपूर्ण जानकारी दी गई थी। समकालीन खगोलशास्त्र:विकसित भारत में खगोलशास्त्र का आधुनिक युग भारतीय अंतरिक्ष अनुसंधान संगठन (ISRO) के योगदान से प्रभावित है। ISRO ने अंतरिक्ष के अध्ययन और खगोलशास्त्र के क्षेत्र में कई महत्वपूर्ण मिशन संचालित किए हैं:

- चंद्रयान मिशन: भारत का पहला चंद्र मिशन चंद्रयान-1 (2008) ने चंद्रमा के खगोलशास्त्र का अध्ययन किया और चंद्रमा की सतह पर पानी के अंश की खोज की।
- मंगलयान (Mangalyaan): भारत ने 2013 में मंगल ग्रह पर सफलतापूर्वक एक अंतरिक्ष यान भेजा, जिससे भारत मंगल पर सफलतापूर्वक पहुँचने वाला पहला एशियाई देश बना।

- चंद्रयान-2: 2019 में भारत ने चंद्रयान-2 मिशन लॉन्च किया, जिसमें चंद्रमा की सतह पर गहरे अध्ययन के साथ साथ खगोलशास्त्र की नई जानकारी प्राप्त करने का प्रयास किया गया।

पारंपरिक वैज्ञानिक प्रौद्योगिकी (Traditional Scientific Technology)

भारत का ऐतिहासिक योगदान विज्ञान और प्रौद्योगिकी के क्षेत्र में महत्वपूर्ण है। भारतीय प्राचीन विज्ञान, गणित, आयुर्वेद, खगोलशास्त्र, धातुकर्म, वास्तुकला, और जल प्रबंधन के क्षेत्र में अनगिनत महत्वपूर्ण योगदान दिए गए हैं। इन अवशेषों को पारंपरिक रूप से इस्तेमाल किया जाने लगा और आज भी कई जगहों पर ये प्रौद्योगिकियां प्रचलित हैं। इस सन्दर्भ में, आज के भारत में विकसित अवशेषों के साथ-साथ, भारत अपना पारंपरिक विज्ञान और ज्ञान प्रणाली को बढ़ावा देता है। विकसित भारत में कला, गीता, संगीत और नृत्य की भूमिका- बहुत महत्वपूर्ण है, क्योंकि ये न केवल भारतीय संस्कृति और परंपरा को संरक्षित रखने में मदद करते हैं, बल्कि देश के सामाजिक, मानसिक और आर्थिक विकास में भी योगदान देते हैं। कला, संगीत और नृत्य भारत की पहचान हैं, जो केवल मनोरंजन का साधन नहीं हैं, बल्कि वे शिक्षा, मानसिक शांति और राष्ट्रीय एकता को बढ़ावा देने का कार्य भी करते हैं।कला का सामाजिक महत्व भी है कला केवल सौंदर्य को चित्रित नहीं करती, बल्कि यह समाज की सोच, संस्कृति और सभ्यता को भी प्रकट करती है।

विकसित भारत में २०४७ में परंपराएं, भाषा और साहित्य- भाषा और साहित्य न केवल भारतीय संस्कृति की परंपराओं को संरक्षित करने के लिए, बल्कि समाज को जोड़ने, एकता की भावना को बढ़ावा देने और विशिष्टता विकास में भी महत्वपूर्ण भूमिका निभाएंगे। पारंपरिक साहित्य और भाषाएँ भारत की सांस्कृतिक पहचान को चिन्हित करती हैं और वैश्विक स्तर पर भारतीय संस्कृति को सम्मान देती हैं। भारतीय पारंपरिक भाषाएँ भारतीय संस्कृति, दर्शन, रीति-रिवाज, और परंपरा का संवहन करती हैं। उदाहरण के लिए, संस्कृत, प्राकृत, तमिल, बंगाली, हिंदी, मराठी आदिम रचनाएँ ना केवल सामाजिक जीवन की

तस्वीरें प्रस्तुत करती है, बल्कि भारतीय जीवन के धार्मिक और सांस्कृतिक दृष्टिकोण को भी रेखांकित करती है।भारत में प्रमुख धार्मिक ग्रंथ , संस्कृत में वेद, उपनिषद, महाभारत, रामायण, भगवद गीता, आदि जो न केवल धार्मिक शिक्षा का स्रोत बने, बल्कि भारतीय समाज के नैतिक और दार्शनिक दृष्टिकोण को भी स्पष्ट करते हैं। इसी तरह, अन्य साहित्य में भी धार्मिक साहित्य रचा गया, जैसे तमिल में 'तिरुक्कुरल' और पाली में 'त्रिपिटक'।संस्कृत काव्य, जैसे कालिदास के "शाकुलम" और भवभूति के "उद्धवचरित" ने भारतीय साहित्य को उच्च शिखर पर पहुँचाया।भारतीय परम्पराएँ, भाषा और साहित्य भारतीय समाज के समग्र विकास और आन्दोलन में एक अहम भूमिका निभाते हैं। ये न केवल ज्ञान का, बल्कि भारतीय समाज की सांस्कृतिक धारा का भी आधार बने हैं। इन सभी तत्वों का उन्नत भारत पर गहरा प्रभाव पड़ा है।

विकसित भारत २०४७ का दृष्टिकोण 'विकसित भारत २०४७' एक ऐसीकल्पना है, जो स्वतंत्रता संग्राम के 100 वर्षों के बाद, अर्थात २०४७ तक भारत को एक पूर्णतः विकसित राष्ट्र के रूप में देखने की अवधारणा पर आधारित है। यह दृष्टिकोण न केवल आर्थिक, सामाजिक और राजनीतिक दृष्टिकोण से भारत के विकास का प्रस्ताव करता है, बल्कि इसके साथ ही सांस्कृतिक और ज्ञानात्मक पहलुओं को भी समाहित करता है। भारत को एक ऐसे देश के रूप में देखना, जो न केवल आर्थिक दृष्टि से सशक्त हो, बल्कि अपने सांस्कृतिक और नैतिक मूल्य, जो भारतीय ज्ञान परंपरा से जुड़े हैं, को कायम रखते हुए विश्व समुदाय में अपने योगदान को महसूस कराए, यही इसका मुख्य उद्देश्य है। दृष्टिकोण (Approaches):

- शैक्षिक दृष्टिकोण
  - पाठ्यक्रम में योग, वैदिक गणित, और भारतीय दर्शन का समावेश।
- वैज्ञानिक दृष्टिकोण
  - प्राचीन खगोलशास्त्र और आधुनिक अंतरिक्ष अनुसंधान का समन्वय।
  - आयुर्वेद और आधुनिक चिकित्सा पद्धतियों का समायोजन।
- पर्यावरणीय दृष्टिकोण

    - पंच महाभूत के सिद्धांतों के माध्यम से सतत विकास।
- वैश्विक दृष्टिकोण
    - भारतीय ज्ञान परंपरा के आधार पर वैश्विक नेतृत्व और सांस्कृतिक कूटनीति। आर्थिक और व्यापारिक दृष्टिकोण
- व्यापार में भारतीय दृष्टिकोण
    - अर्थशास्त्र चाणक्य द्वारा व्यापार और अर्थव्यवस्था के लिए स्थायी मॉडल दिए गए हैं।
    - "स्वदेशी" और "आत्मनिर्भर भारत" की नीति भारतीय अर्थव्यवस्था को सशक्त बनाने में सहायक है।
    - प्राचीन भारत में व्यापार मार्ग जैसे रेशम मार्ग और शिल्प उत्पादों का महत्व आज भी अंतरराष्ट्रीय व्यापार में प्रेरणा है।
- कुटीर उद्योग और हस्तशिल्प
- भारतीय हस्तशिल्प1 जैसे बनारसी साड़ी, चंदेरी, और खादी ग्रामीण भारत के आर्थिक विकास के साथ वैश्विक ब्रांड बनने की क्षमता रखते हैं।
- २०४७ तक "मेक इन इंडिया" और "वोकल फॉर लोकल" अभियान भारत के पारंपरिक उद्योगों को नई ऊंचाई पर ले जा सकते हैं।

उद्देश्य

इस अध्ययन का मुख्य उद्देश्य निम्नलिखित हैं—

- "विकसित भारत २०४७" की परिकल्पना और भारतीय ज्ञान परंपरा के मूल सिद्धांतों के बीच अंतर्संबंध को स्पष्ट करना तथा इन परंपराओं की प्रासंगिकता को उजागर करना।
- भारतीय ज्ञान परंपरा और आधुनिक विज्ञान के बीच अंतर्संबंध की पहचान करना।
- शिक्षा स्वास्थ्य पर्यावरण, और प्रौद्योगिकी जैसे क्षेत्रों में प्राचीन और आधुनिक दृष्टिकोण का समन्वय स्थापित करना।
- वैश्विक स्तर पर भारतीय सांस्कृतिक पहचान को सशक्त बनाना।

- सांस्कृतिक मूल्यों और आध्यात्मिक दृष्टिकोण को आधुनिक आर्थिक और तकनीकी विकास के साथ जोड़कर एक संतुलित विकास मॉडल प्रस्तुत करना।
- नीति निर्माण, पर्यावरण संरक्षण और सामाजिक समरसता में भारतीय ज्ञान परंपरा की भूमिका को समझना।
- प्राचीन भारतीय ज्ञान परंपराओं से मानवता को प्रोत्साहित करना
- राष्ट्रीय पाठ्यचर्या की रूपरेखा में प्राचीन ज्ञान परंपरा की विलोपित प्रतिबिंब को परिलक्षित करना तथा भारत को समग्र विकास की ओर प्रोत्साहित करना।

निष्कर्ष

विकसित भारत २०४७ की परिकल्पना के अंतर्गत भारतीय ज्ञान परंपरा का एक केंद्रीय स्थान है। यह न केवल भौतिक और तकनीकी विकास में सहायक हो सकता है, बल्कि समाज के मानसिक और आध्यात्मिक विकास में भी एक महत्वपूर्ण भूमिका निभा सकता है। भारतीय ज्ञान परंपरा में निहित मानवता, सत्य और शांति की भावना से भारतीय समाज को दिशा मिल सकती है, जिससे २०४७ तक एक समृद्ध और समृद्ध भारत का निर्माण संभव हो सके।

विषय-सूची

भारतीय ज्ञान परंपरा का दार्शनिक परिप्रेक्ष्य और विकसित भारत २०४७ की संकल्पना

प्रो रमेशचन्द्र सिन्हा
राष्ट्रीय अध्येता, भारतीय उच्च अध्ययन संस्थान,
शिमला, भारत

भारतीय ज्ञान परंपरा की बात को रखने के लिए संदर्भ को रेखांकित करना आवश्यक हो जाता है। इस आलेख में मैं समकालीन भारतीय ज्ञान परंपरा तथा पुनरूत्थान युग (Renaissance Age) की बात करना चाहूँगा। स्पष्ट है कि प्राचीन भारतीय युग स्वर्णयुग था। परन्तु औपनिवेशिक काल में भारतीय ज्ञान परंपरा पश्चिमी ज्ञान परंपरा से प्रभावित हो रहा है। आज भी हम औपनिवेशिक संरचना एवं सांस्कृतिक प्रभाव से पूर्णतः मुक्त नहीं हो सके है। यह सत्य है कि हम औपनिवेशिक काल की संस्कृति एवं संरचना को अपने ढंग से अपना चुके हैं। पुनरूत्थान का आधुनिक युग उन्नीसवीं शती के दूसरे चरण से आंरभ हुआ है। पश्चिमी संस्कृति का प्रयत्न रहा है कि भारतीय मानस को अभिभूत रखें। इस बात से हम इनकार नहीं कर सकते कि पश्चिमी आधुनिक संस्कृति जागरूक और आत्मलोचन करने में समर्थ है। सच है कि पश्चिमी इतिहास-बोध ने उसे अपने विस्तार और अपनी ज्ञान मीमांसा को संरक्षित करने और आरोपित करने का सामर्थ्य दिया है। वैज्ञानिक प्रगति ने शक्ति विस्तार की क्षमता प्रदान की है। पश्चिमी ज्ञान परंपरा एवं संस्कृति ने प्राचीन भारतीय ज्ञान परंपरा एवं संस्कृति को प्रभावित किया है।

पुनरूत्थान युग से शुरू होकर स्वाधीनता प्राप्त होने के बाद तक के भारतीय ज्ञान परंपरा पर उसका प्रभाव हमें दिखता है। इस तथ्य को नकार नहीं सकते। भारतीय ज्ञान परंपरा एवं बौद्धिक वर्ग का बहुत बड़ा हिस्सा बताता है कि भारत का आधुनिकीकरण तभी हो सकता है जब हम पश्चिमी ज्ञान-विज्ञान की भिक्षा से परिणत हो। इस युग में भारतीय संस्कृति काफी

प्रगति कर चुका है। तकनीकी सभ्यता के अभ्युदय को भारत ने अंगीकार कर लिया है। कुछ लोगों का अभी भी मानना है कि आधुनिकीकरण का अर्थ है पश्चिमीकरण। हम यह नहीं मानते है पश्चिमी संस्कृति एवं ज्ञान मीमांसा श्रेष्ठ है। भारतीय विद्वानों को भारतीय ज्ञान परंपरा की गहराई को समझना पड़ेगा। पश्चिमी ज्ञान मीमांसा ने हमारे पारंपरित सामाजिक, प्रशासनिक और आर्थिक प्रारूप को छिन्न-भिन्न कर दिया है। अंग्रेजी राजनीति का प्रयास रहा है कि भारतीय ज्ञान परंपरा, संस्थाओं को विनष्ट कर देश की आंतरिक शक्ति, आस्था एवं विश्वास को विखंडित (Deconstruct) कर उसे नैतिक मेरूदण्ड-विहीन बना दिया जाय। अंग्रेजों ने भारत में अंग्रेजी उपनिवेश की जड़े मजबूत कर ली थी। अंग्रेजी भाषा के माध्यम से ज्ञान-विशेष की दीक्षा देकर भारतीय मानस को यूरोपियन संस्कृति की महत्ता से अभिभूत कर दिया कि अधिकांश शिक्षित वर्ग अपने देश के धर्म, समाज और संस्कृति के प्रति हीन भावना से भर गए। प्रो. कृष्णचन्द भट्टाचार्या के शब्दों में हम सांस्कृतिक दासता (Cultural Subjection) से ग्रस्त हो गए। इसका प्रभाव हुआ कि पुनरूत्थान युग के प्रारंभ से उन्नत और विकसित होने के लिए पश्चिमी ज्ञान परंपरा पर हम आश्रित हो गए। मध्यकालीन ज्ञान परंपरा और संस्कार से मुक्ति के लिए हम पश्चिमी ज्ञान परंपरा की ओर उन्मुख हो गए। सिद्धांततः हम कह सकते है कि कोई भी राष्ट अपने विकास की दिशा नहीं पा सकता है जब तक उसकी स्वाधीनता और निजता का अनुभव ना हो। राष्ट्रीय पहचान (National Identity) विकास के लिए आवश्यक है। नए भारत के विकास के लिए आवश्यक है कि प्राचीन संस्कृति एवं ज्ञान मीमांसा को अंगीकार हम नए विकास का मार्ग प्रशस्त करे। हम प्राचीनता से प्रेरणा ले सकते है, परन्तु विकास का २०४७ मॉडल हमें खुद तय करना होगा। ज्ञान के बिना विकास संभव नहीं है। अतः भारतीय ज्ञान परंपरा को सुदृढ़ करना आवश्यक है। यह सही है कि अनुकरण किसी भी राष्ट्र को न गौरव प्रदान कर सकता है और न मौलिक सर्जनशीलता का मार्ग प्रशस्त कर सकता है। दृष्टान्तः जापान को हम ले सकते है, जो एशिया का उन्नत राष्ट्र है, जो कभी यूरोपीय शक्ति के अधीन नहीं रहा और न आंगल भाषा के सहारे ज्ञान-विज्ञान को प्रचारित एवं प्रसारित किया।

पश्चिमी ज्ञान मीमांसा एवं बौद्धिकता के सहारे हम विकसित नहीं हो सकते। आज का भारत की अपनी अस्मिता है। हम सांस्कृतिक दासता (Cultural Subjection) को स्वीकार नहीं कर सकते हैं। पश्चिमी ज्ञान एवं संस्कृति के रंग में रंगे हुए बौद्धिकों (Intellectuals) ने एक मिथ रचा है कि भारतीय जागरण अंग्रेजी भाषा और शिक्षा के माध्यम से हुआ। पुनरूत्थान का नेतृत्व अंग्रेजी शिक्षा प्राप्त विद्वानों ने ही किया है। इस मिथ मे तथ्यात्मक सत्यता है परन्तु उसे हम पूर्ण सत्य नहीं कह सकते हैं। पश्चिमी उपनिवेशवाद का परिणाम था कि अंग्रेजी जानने वालों में ग्रामीण भारतीय और अंग्रेजी शासकों को.....सके। वस्तुतः यूरोप के आधुनिक मूल्यों- स्वतंत्रता, समता, प्रजातंत्र, समाजवाद, आदि मूल्यों का परिचय अंग्रेजी शिक्षा के दौरान प्राप्त किया था। यह सच है कि भारत में अभिजात्य वर्ग ने अपने देश की परंपरा एवं इतिहास, समाज एवं संस्कृति को अंग्रेजी माध्यम से जाना। परन्तु हम पुनरूत्थान युग के युगद्रष्टा सरस्वती का नाम गर्व से सकते है। उन्होंने एक तरफ पश्चिमी संस्कृति एवं ज्ञानमीमांसा का विरोध किया और दूसरी तरफ हमारी प्राचीन संस्कृति एवं ज्ञान मीमांसा की त्रुटियों को भी उजागर किया। वस्तुतः पुनरूत्थान के लिए न अंग्रेजी राज की अपेक्षा थी और न अंग्रेजी शिक्षा की। भारतीय पुनरूत्थान के लिए राजा राममोहन राय का महत्त्वपूर्ण योगदान था। परन्तु राजा राममोहन राय पश्चिमी संस्कृति से प्रभावित और अंग्रेजी शिक्षा के समर्थक थे। भारतीय समाज की जड़ता उनके सामने थी। बंगाल में अंग्रेजों ने अपना प्रभाव एवं वर्चस्व बनाया था। भारतीय शिक्षित वर्ग का मानस एवं ज्ञान पश्चिमी ज्ञान परंपरा से प्रभावित था। एक चिंतन आया कि भारतीय समाज का नव-निर्माण पश्चिमी ज्ञान परंपरा के आधार पर संभव है। स्वामी दयानन्द सरस्वती की शिक्षा-दीक्षा पर पश्चिमीकरण का प्रभाव नहीं था।

राजा राममोहन राय से लेकर जवाहरलाल नेहरू के अनुसार भारतीय आधुनिकीकरण का मार्ग पर हर प्रकार से पश्चिमीकरण से होकर गुजरता है। उनके पीछे अधिसंख्यक भारतीय अंग्रेजी शिक्षित वर्ग रहा है। पुनरूत्थान युग के नेताओं में दयानन्द सरस्वती का स्थान अप्रतिम है। विवेकानन्द, लोकमान्य तिलक, मदनमोहन मालवीय, महात्मा गांधी जैसे नेताओं का अग्रणी स्वामी दयानन्द सरस्वती को कहा जा सकता है।

पुनर्गठन, विकास और भारतीय समाज के आधुनिकीकरण के लिए भारतीय ज्ञान परम्परा एवं संस्कृति के मूलाधार को आवश्यक माना है। पश्चिम से ज्ञान पाना एक बात है परन्तु अन्धानुकरण करना उचित नहीं है। समकालीन भारतीय चिंतकों ने भारतीय प्राचीन गौरवशाली सांस्कृतिक परंपरा के पुनरूत्थान में भारतीय समाज के विकास की संभावना देखते है, यद्यपि उन्होंने यह भी स्वीकार किया है कि पश्चिम से हम को ज्ञान-विज्ञान सीखना है। इस दृष्टि से दयानन्द सरस्वती एवं महात्मा गांधी इस श्रेणी में रखा जा सकता है। मेरी मान्यता है कि भारत का आधुनिकीकरण भारत की प्राचीन वैदिक संस्कृति एवं भारतीय ज्ञान परंपरा के आधार पर संभव है। सम्पूर्ण विकास की अवधारणा भारतीय व्यक्तित्व की खोज के आधार पर ही संयोजित की जा सकती है। स्वामी दयानन्द सरस्वती के भारतीय जीवन को उसके यथार्थ और सम्पूर्ण ऐतिहासिक सांस्कृतिक परम्परा के आत्म-साक्षात्कार के स्तर पर ग्रहण किया है। स्वामी दयानन्द तथा महात्मा गांधी को भारतीय जन-समाज से गहरा और आंतरिक तदात्म्य स्थापित किया था। उन्होंने भारतीय जीवन को उसके वर्तमान यथार्थ तथ्य में और सम्पूर्ण ऐतिहासिक सांस्कृतिक परम्परा में आत्म-साक्षात्कार के स्तर पर ग्रहण किया था। यह सत्य है कि दयानन्द और गांधी के युग की ज्ञान परंपरा और इतिहास-बोध प्राचीन ज्ञान परंपरा से अलग है। गांधी ने भारतीय समाज का पुनर्गठन और वर्गीकरण प्रश्न को राजनीतिक स्वाधीनता के साथ जोड़ दिया। पूर्ण स्वतंत्रता पा लेने के बाद राष्ट्र जीवन को एक नया संरचनात्मक रूप प्रदान करना संभव होगा। गांधी की स्थिति इस दृष्टि से भी विशिष्ट थी कि उनको पश्चिम की संस्कृति का गहरा ज्ञान था। दयानन्द को भी पश्चिमी संस्कृति की चुनौतियों का सामना करना पड़ा था। दयानन्द का समूचित समाधान पश्चिमी संस्कृति एवं ज्ञान मीमांसा के माध्यम से प्रस्तुत नहीं किया। वस्तुतः किसी सशक्त और गतिशील संस्कृति और ज्ञान मीमांसा के संघात (Impact) को सहने का सबसे दक्ष उपाय भी यही होगा कि गांधी के समान उस संस्कृति के सबल तत्वों का विकास अपनी भूमिका पर करके उसका सामना किया जाय। दयानन्द के सामने चुनौती थी। दयानन्द के पास चुनौतियों का सामना

करने के लिए वैदिक ज्ञान परम्परा और सांस्कृतिक परम्परा में अन्तर्निहित शक्ति के अतिरिक्त कोई उपाय नहीं था।

दयानन्द, विवेकानन्द एवं गांधी ने भी यह माना है कि भारतीय ज्ञान परम्परा एवं संस्कृति का स्वर आध्यात्मिक है। ज्ञान का अर्थ मात्र बौद्धिकता नहीं। ज्ञान और प्रज्ञा में बौद्ध दर्शन ...करना है। ज्ञान की सीमा है क्योंकि ज्ञान बौद्धिकता पर आश्रित है। परन्तु प्रज्ञा एक उदात्त .... है जिसमें इन्द्रिय जनित ज्ञान तथा बौद्धिक ज्ञान से हम उपर उठ जाते हैं। विवेकानन्द के अनुसार यदि भारत की पश्चिम के विज्ञान की आवश्यकता है तो पश्चिम को भारत की आध्यात्मिकता की आवश्यकता है। गांधी के अनुसार भारत की नई समाज-रचना के लिए अपनी आध्यात्मिक मूल्यों की नई वैज्ञानिक उद्भावना द्वारा समस्त आधुनिक समाज तंत्र और अवि-तंत्र के मूल्यों को नया रूप प्रदान करना है। ये मूल्य भारतीय समाज-रचना का आधुनिकीकरण करने के सहायक होंगे। नया समाज व्यक्ति के समत्व ओर स्वाधीनता का वास्तविक मूल्य बोध प्रदान करेगा। भारतीय ज्ञान परंपरा में अद्वैत तत्व पर बल दिया गया है। व्यवहारिक जगत का ज्ञान का महत्त्व व्यवहारिक दृष्टि तक है। विवेकानन्द ने भारतीय अध्यात्म के अद्वैत तत्व पर बल दिया है और गांधी ने वैष्णव भावना को महत्त्व दिया है। ये दोनों तत्व भारतीय दर्शन और अध्यात्म के उच्चतम स्वरूप का परिचय दे सकते है। परन्तु भारतीय ज्ञान परंपरा को इन तत्वों ने एकांगी और लोक-निरपेक्ष बना दिया। वेदान्त की ज्ञान परंपरा अध्यात्म के उच्चतम स्वरूप का ज्ञान दे सकता है, परन्तु सम्पूर्ण भारतीय ज्ञान-परंपरा उपरोक्षानुभूति पर अत्यधिक बल देता है। लौकिक जीवन के विकास के लिए चरित्र बल और आत्मविश्वास की प्राप्ति तो लौकिक जीवन में ही संभव है। अद्वैत दर्शन आत्मा और ब्रह्म में अभेद प्रतिपादित करता है अथवा भगवद् गीता के अनुसार भक्त को पूर्णतः अपने कर्मों को प्रभु के प्रति समर्पण करना, ऐसी स्थिति में सामाजिक दायित्व (Social Responsibility) असंगत हो जाता है। स्वामी दयानन्द सरस्वती के समक्ष एक ही लक्ष्य था-भारतीय समाज का उत्थान, भारतीय मानस की मुक्ति। दयानन्द सरस्वती को भारतीय परंपरा के जिन पुराणपंथियों, पुरोहितो और महन्तों का विरोध करना था, वे परंपरा की प्रमाणिकता की दुहाई देकर जनता के जीवन को पतन के

गर्त में ढकेलते आए थे। भारतीय जनता प्रमाणिकता की अभ्यस्त बना दी गई थी। भारतीय संस्कृति के स्त्रोत की खोज में प्रामाणिक आधार पाने के लिए दयानन्द सरस्वती बेचैन थे। नाम लेने मात्र से पापियों का उद्धार हो जाता है, तीर्थ-व्रत-स्नान से मुक्ति मिलती है, मुर्ति पूजा से ईश्वर भक्ति होती है, ऐसे सरल उपाय बताए गए जिनके सामने ज्ञान, विवेक, कर्म की उपेक्षा की जाने लगी।

स्वामी दयानन्द सरस्वती के समझ लिया कि वेद और वैदिक ज्ञान परंपरा के आधार पर इस समस्या का समाधान नहीं किया जा सकता है। भारतीय ज्ञान परंपरा वेदों को प्रमाण मानते आए हैं। वेदों के प्रामाण्य की इतनी सुदृढ़ परंपरा के पीछे कोई न कोई तार्किक विवेक सम्मत आधार चाहिए। स्वामी दयानन्द अपने विवेक से यह मानने को तैयार नहीं थे कि वेद जिसका सहज .. ज्ञान है, केवल मात्र शक्ति से ही सबकुछ किया जा सकता है। स्वामी दयानन्द 'वेद' को ज्ञान मानते है। 'वेद' सत्य ज्ञान के आदि श्रोत है। सभी भारतीय ज्ञान और शास्त्र की परंपराएँ स्वीकार नहीं है। वेद में मानवीय ज्ञान का विवेकसंगत स्वरूप सुरक्षित है। भारतीय ज्ञान परंपरा ने सदा अपनी संस्कृति और ज्ञान का मूल स्त्रोत वेदों को माना है।

स्वामी विरजानन्द से वेदों के सच्चे अर्थ तक पहुँचने का दिशा-निर्देश मिल सका था। दयानन्द यह मानने को तैयार नहीं थे कि वेद जिसका साधारण सहज अर्थ ही ज्ञान है, केवल मंत्र शक्ति से अभिमंत्रित मंत्रों का संकलन है। वेद के भारतीय संस्कृति के उच्चतम मुल्य सुरक्षित है। वेद समर्थित समाज के चार वर्णों की व्याख्या है, और यह व्यवस्था कर्म के आधार पर थी। इन वर्णों में ऊँच-नीच तथा छुआछूत का अंतर नहीं था। ब्राह्मण को सम्मान उसकी त्याग और सेवावृत्ति के कारण प्राप्त था। पौराणिकों ने वर्ण-व्यवस्था को जन्मना स्वीकार करके घोर अनर्थ किया और समाज की सारी गत्यात्मक क्षमता को कुंठित कर दिया। व्यक्ति का विकास सामाजिक दायित्व को पूरा करने की प्रक्रिया से माना गया है। व्यक्ति के जीवन को चार आश्रमों में इसी दृष्टि से विभक्त किया गया है। वैदिक आश्रमों की कल्पना व्यक्ति और समाज के आंतरिक सम्बन्धों की ऐसी व्यवस्था है जिसमें व्यक्ति की उन्नति और समाज के विकास की पूरी संभावना रक्षित है। व्यक्तिगत उन्नति का मार्ग, सामाजिक और नैतिक

मूल्यों की उपलब्धि से होकर जाता है। व्यक्ति सामाजिक दायित्वों को पूरा करते हुए ही अपनी आत्मा के विकास में प्रवृत हो सकता है।

स्वामी दयानन्द क्रांतिकारी द्रष्टा थे। वे समन्वयवादी समाज सुधारक नहीं थे। समन्वयवादी प्रवृत्ति को दयानन्द स्वीकार नहीं करते। वे क्रांतिकारी है। वेद उनके लिए आश्रय स्थल है। स्वामी दयानन्द सरस्वती ने नई समाज रचना के लिए भारतीय व्यक्तित्व को वैदिक संस्कृति के आधार पर प्रतिष्ठित किया है। वैदिक संस्कृति की व्याख्या के माध्यम से स्वामी दयानन्द ने जिन मानव मूल्यों की स्थापना की है, वे भारतीय समाज की आधुनिक प्रगति तथा रचना दृष्टि के अनुकूल है। वेदों का दृष्टिकोण सत्य के वैज्ञानिक अन्वेषण का रहा है। वेदकाल के मनीषियों ने भौतिक जीवन की उपेक्षा नहीं की है। स्वामी दयानन्द ने वर्ण-व्यवस्था के नाम पर जो सामाजिक अन्याय हो रहा है, उसका कड़ा विरोध किया था। धर्म श्रेष्ठ मूल्यों का संघात है। समन्वयवादी और अन्तराष्ट्रीयवादियों ने दयानन्द को कट्टरपंथी सुधारक के रूप में प्रस्तुत करने की चेष्टा की है। वे धार्मिक सम्प्रदायों को अस्वीकार कर शुद्ध मानव-मूल्यों पर प्रतिष्ठित धर्म को स्वीकार करने के पक्षधर है। संतों का दृष्टिकोण मुख्यतः आध्यात्मिक जीवन तक सीमित था, जबकि दयानन्द के सामने भारतीय जन-समाज के सर्वांगीण विकास का लक्ष्य था। धर्म के नाम पर निरर्थक कर्मकांडों के नाम पर चलाई गई मान्यताओं का विरोध किया है। उन्होंने हिन्दू, मुसलमान ना ईसाई धर्म का खण्डन किया है। इस बात को स्वीकार किया है कि सभी धर्मों के मूल में शुद्ध मानव धर्म के तत्व विद्यमान है। स्वामी जी के मन में धर्म को लेकर कोई दुराग्रह नहीं रहा है। 'आर्य' धर्म सांप्रदायिक कभी नहीं रहा। स्वामी जी ने धर्म को मूल्य के स्तर पर ग्रहण किया है। धर्म संस्कृति के उच्चतम मूल्यों के स्तर को स्थापित करता है। दयानन्द का प्रयत्न सांस्कृतिक पुनरूत्थान से संबंधित है। स्वामी दयानन्द ने लौकिक (Secular) तथा आध्यात्मिक (Spiritual) जीवन के मूल्यों के पारस्परिक अन्तःसम्बन्ध को स्पष्टता के साथ प्रतिपादित किया है। उनकी संस्कृति सम्बन्धी अवधारणा के आधार पर आज के भारतीयकरण के प्रश्न का समुचित उत्तर दिया जा सकता है।

संदर्भ सूची

1. ऋग्वेद, मांडल-10. विभिन्न सूक्त – वैदिक ज्ञान परंपरा एवं वर्ण व्यवस्था पर मूल दृष्टिकोण।
2. यजुर्वेद, अध्याय 26–31 – सामाजिक दायित्व एवं धार्मिक मूल्यों का आधार।
3. उपनिषद्, विशेषतः — ईश, केन, मुंडक, कठ – अद्वैत, ज्ञान–प्रज्ञा, आत्मा–ब्रह्म सम्बन्ध।
4. भगवद्गीता, अध्याय 2, 3, 4, 18 – कर्मयोग, समर्पण, सामाजिक दायित्व का दार्शनिक
5. दयानन्द सरस्वती. सत्यार्थप्रकाश. आर्य समाज प्रकाशन, नई दिल्ली, 1875.
6. चौबे, सूर्यकान्त. स्वामी दयानन्द का दर्शन एवं कर्मवाद. नई दिल्ली: भारतीय विद्या संस्थान, 1995.
7. झा, रमेश्वर. वैदिक संस्कृति और आधुनिक भारत. वाराणसी:
8. शर्मा, आर.एस. भारतीय पुनर्जागरण और आधुनिक भारत. दिल्ली विश्वविद्यालय प्रकाशन, 1987.
9. सिंह, नगेन्द्र. Indian Renaissance and National Identity. Concept Publishing, New Delhi, 2008.
10. C. विवेकानन्द, गांधी और आधुनिकता पर
11. विवेकानन्द, स्वामी. Complete Works of Swami Vivekananda, Vol. 1–8. Advaita Ashrama, Kolkata.
12. गांधी, महात्मा. Hind Swaraj. Navajivan Publishing House, Ahmedabad, 1909.
13. पारीख, नारायण. गांधी का दर्शन और सामाजिक पुनर्निर्माण. साबरमती आश्रम, 1985.

विकसित भारत २०४७ और भारतीय वेदांत परंपरा

प्रो शैल कुमारी
भूतपूर्व आचार्य एवं अध्यक्ष
दर्शनशास्त्र विभाग लंगट सिंह कॉलेज B R A B U
मुजफ्फरपुर, भारत

प्रस्तावना

प्रस्तुत आलेख लिखने के पीछे मेरे दो उद्देश्य रहे। प्रथमतः मैंने यह दिखाने की कोशिश की है कि २०४७ में स्वतंत्रता के 100 वर्ष पूरे होने जा रहे हैं। यह समय न केवल राजनीतिक और आर्थिक दृष्टि से भारत के विकास को समझने का है, बल्कि यह समय है भारत के प्राचीन, वैदिक, धार्मिक और वेदान्त की भी पुनः समीक्षा करने का। भारतीय वेदांत परंपरा ने न केवल भारत, बल्कि संपूर्ण विश्व को जीवन का उद्देश्य, आत्मज्ञान और मोक्ष के प्रति दिशानिर्देश दिया है। इस आलेख के द्वारा २०४७ में भारत के विकास को वेदांत परंपरा के संदर्भ में रेखांकित करने की कोशिश की जाएगी और साथ ही यह जानने का प्रयास करेंगे कि वेदांती ज्ञान भारत के भविष्य के निर्माण में कैसे सहायक हो सकता है।

वेदांत परंपरा का परिचय

वेदांत, संस्कृत शब्द है, जिसका अर्थ है 'वेदों का अंत' या 'वेदों का निष्कर्ष'। यह भारतीय दर्शन का एक महत्वपूर्ण विद्यालय है, जो उपनिषदों, भगवद गीता और ब्रह्मसूत्रों पर आधारित है। वेदांत का मूल सिद्धांत यह है कि "अहम् ब्रह्मास्मि" आत्मा (आत्मा) और ब्रह्मा (ईश्वर) एक हैं। यह परम्परा जीवन के गहन रहस्यों, ब्रह्मा के अनुभव, आत्मा के उद्देश्य और मानव जीवन के अंतिम लक्ष्य पर विचार करती है।

वेदांत परंपरा का योगदान

वेदांत परंपरा ने जीवन के उद्देश्य के बारे में गहन विचार प्रस्तुत किये हैं। इसके अनुसार, प्रत्येक व्यक्ति का अंतिम उद्देश्य ब्रह्म (सर्वसहभागी पहलू) के साथ एकता प्राप्त करना है। यह ज्ञान न केवल आध्यात्मिक विचारधारा के लिए महत्वपूर्ण है, बल्कि यह समाज में शांति, समृद्धि और सत्य के प्रति जागरूकता को बढ़ावा देता है।

- **आध्यात्मिक जागरूकता:** वेदांत परंपरा ने व्यक्ति को आत्मज्ञान की ओर निर्देशित किया। यह जीवन के भौतिक और तनाव से मुक्त होने का मार्ग प्रस्तुत करता है। २०४७ में, यदि हम वेदांत की इस आंतरिक जागरूकता को अपनाते हैं, तो हम न केवल अपनी मानसिक शांति प्राप्त करेंगे, बल्कि हमारे समाज में भी एक गहरी आत्मिक समृद्धि का निर्माण होगा।

  भारतीय दार्शनिक साहित्य में योगवशिष्ठ का महत्वपूर्ण स्थान है।इस प्रकार विद्वानों का मत है कि यह ग्रंथ सातवी शताब्दी में लिखा गया। योगवासिष्ठ ग्रन्थ में 55 उपाख्यान है। इन सभी उपाख्यानों का संक्षिप्त विवरण डॉ आत्रेय ने अपने ग्रन्थ में दे दिया है। यहाँ 'योगवासिष्ठ' के दार्शनिक सिद्धान्तों का दिग्दर्शनमात्र किया गया है। योगवासिष्ठ के अनुसार यह सारा संगार अनित्य, असार, क्षणभंगुर और माया-है। हर जगह संसार में दोष ही विद्यमान है। संसार के सारे पदार्थ तरंग के समान है। मनुष्य-जीवन की दशा ठीक नहीं है। मनुष्य के भोग के पदार्थ महारोग के समान है। सब मनुष्य मोह के वशीभूत है। समस्त भोग के विषय विष के समान दुःख देनेवाले हैं। सारी सम्पत्तियाँ और स्त्रियों का सौन्दर्य भी क्षणभंगुर है। बाल, वयस्क और वृद्ध अवस्थाएँ भी दोषपूर्ण है। इस प्रकार संसार दुःखमय है। इस दुःख-तिका मुख्य साधन ज्ञान है। बुद्धिमान लोग ज्ञान (युक्ति-रूपी) नौका द्वारा संसार समुद्र से पार हो जाते हैं। आत्मज्ञान से सम्पूर्ण शान्ति प्राप्त होती है। प्रत्येक *व्यक्ति को आत्मज्ञान के लिए प्रयत्नशील होना चाहिए। आत्मानुभय से ही सब दुःखों का नाश होता है। पुरुषार्य ही सब दुःखों को दूर करता है। पुरुयार्थ

के द्वारा सब कुछ प्राप्त हो सकता है।[1] स्वयं ही स्वयं का मित्र है और स्वयं ही स्वयं का शत्रु है। यदि किसी को स्वयं बचाया नहीं जा सकता तो ऐसा करने का कोई अन्य साधन नहीं है अर्थात् आत्मा ही आत्मा का प्रिय मित्र है, आत्मा ही आत्मा का वैरी है। यदि आत्मा ही आत्मा की रक्षा नहीं करता तो दूसरा कोई उपाय नहीं। इसके लिए चित्त की शुद्धि आवश्यक है चित्त शुद्धि के बिना आत्मा का प्रकाश नहीं हो सकता। शस्त्राणि श्रवण द्वारा मन को पवित्र करने का उपदेश दिया गया है।[2]

गौड़पाद के समय में दर्शन क्षेत्र में बौद्धों का अत्यधिक प्रभाव था। इसलिए इनके सामने मुख्य दो समस्याएँ थी। एक उपनिषदके अनुयायियों को वेदान्त दर्शन का औचित्य दिखलाना दूसरे बौद्ध में वेदान्त का प्रचार करना अपने उदार विचारों के कारण गौडपादने दोनों दर्शनों के सम्मिश्रण द्वारा अद्वैत दर्शन का प्रतिपादन किया। गौडपाद को अपने उद्देश्य में पर्याप्त सफलता प्राप्त हुई। गौड़पाद के अनुसार अन्तिम तत्व परब्रह्म है। पर और अपर रूप है। वास्तव में वह रूप-होन, नित्य-चैतम्य-रूप है। उसी प्रणव या पर ब्रह्म को सबके हृदय में स्थित ईश्वर माना गया है। वह ब्रह्म प्रकाश स्वरूप और सर्वव्यापी है। यह ब्रह्म सबका आदि है, मध्य है और उसी प्रकार अन्त है। जाग्रत स्वप्न सुषुप्ति अवस्थाओं में वह एकरूप रहता है। वह ब्रह्म अज है. अनिद्र है, अनामक और अरूपक है। ब्रह्म और नित्य है। वह सर्वदर्शी भी है।[3] गौड़पाद ने जगत् को मिथ्या मात्र बताया है। यह द्वैत -रूप प्रपश्च माया मात्र है। परमार्थ-रूप से यह अद्वैत है। प्रपञ्च ब्रह्म का विवर्त मात्र है। यथार्थ में भेद नामक कोई वस्तु नहीं है।[4] यह चैतन्य प्रकरण में चौथे श्लोक में शंकराचार्य लिखते हैं कि जाग्रत् अवस्था में दृश्यमान भाव-पदार्थ मिथ्या है क्योंकि वे दृश्य है । स्वप्न में दीखनेवाले भाव-पदाथों की तरह। गौड़पाद की दूसरी मुक्ति यह है कि जो आदि में नहीं है और अन्त में नहीं है, वह बर्तमान काल में भी वैसा ही है।[5]

विकासशील भारत में अद्वैत वेदांत की भूमिका भारत में अद्वैत वेदांत की भूमिका का इतिहास अत्यंत महत्वपूर्ण और गहरी समझ का है, जो भारतीय दर्शन में प्रमुख स्थान रखता है। अद्वैत

वेदांत, के संस्थापक शंकराचार्य द्वारा एक अनोखा और समग्र दृष्टिकोण स्थापित किया गया है, जो वेदांत के अंदर ब्रह्म और आत्मा के अनूठे एकत्व को समझाता है।

- **द्वैत वेदांत का सार:** अद्वैत वेदांत का अर्थ है "अद्वैत" अर्थात "अहम् ब्रह्मास्मि" – यह सिद्धांत इस बात का प्रतिपादन करता है कि आत्मा (आत्मान) और ब्रह्म (सर्वसंबंध परमात्मा) एक ही हैं। इसके अनुसार, इस संसार की विविधता और विविधता का भ्रम है, और वास्तविकता केवल एकता की हैं उन्होंने वेदांत के सिद्धांतों को वेद, उपनिषद, भगवद गीता और ब्रह्मसूत्रों के आधार पर स्पष्ट किया। उनका यह दर्शन न केवल तात्त्विक दृष्टि से महत्वपूर्ण था, बल्कि यह जीवन की वास्तविकता को समझने का एक तरीका भी था। बृहदारण्यक उपनिषद् के अनुसार नाना प्रकार के क्लेशों से पीड़ित होकर उनसे छुटकारा पाने के साधन को ढूंढता हुआ साधक आचार्य के समीप जाता है। उनसे अपने दुःख से छुटकारा पाने का उपाय पूछता है। उसके दुःख से दुःखी होकर, उस पर अनुकम्पा दिखाते हुए आचार्य उपदेश देते हैं- 'आत्मा वा अरे द्रष्टव्यः'अरे! आत्मा को देखो, उसी से दुःख की निवृत्ति होगी। आत्मा को देखने से वस्तुतः 'जीव' अपने को ही देखेगा। अयादि काल से खोये हुए अपने स्वरूप को देखकर उसे कितना आनन्द होगा ! इतने सभीप में, अपने शरीर के ही अन्दर, विद्यमान अपने को अब तक यह नहीं देखता था। अपने आप को ढूंढ़ने के लिए उसे कहीं जाना नहीं था। फिर भी वह भूले-भटके की तरह अपने को खोकर दुःखी था, पागल था। आज उस खोये हुए अपने को, अपने ही शरीर में पाकर उसे कितना आश्चर्य होगा।

भारत में अद्वैत वेदांत की भूमिका

- **धार्मिक और तात्त्विक दृष्टिकोण:** अद्वैत वेदांत ने भारत में धार्मिक और तात्त्विक चिंतन को एक नई दिशा दी। सभी तीर्थयात्रियों और ब्रह्म के बीच आत्मतत्व की समानता को प्रस्तुत किया गया।

- **दार्शनिक दृष्टिकोण:** अद्वैत वेदांत के माध्यम से आत्मज्ञान की दिशा में एक मार्ग प्रस्तुत किया गया। इस दर्शन के अनुसार, आत्मा का वास्तविक स्वरूप ब्रह्म से प्राचीन है, और आत्मा को ब्रह्म के रूप में मोक्ष से मुक्ति (मोक्ष) प्राप्त होती है।[6]
- **उत्तर** भारत के विभिन्न धार्मिक और धार्मिक सिद्धांतों में अद्वैत वेदांत का गहरा प्रभाव पड़ा। बौद्ध धर्म, जैन धर्म
- **समाज में एकता और शांति का संदेश:** अद्वैत वेदांत के दर्शन ने समाज में जाति, धर्म और संप्रदायों को एकजुट किया, एकता और शांति का संदेश दिया। इस समाज में सभी के बीच सद्भावना और संप्रदाय को बढ़ावा देने में सहयोग मिला कुल मिलाकर, भारत में अद्वैत वेदांत ने न केवल एक सैद्धांतिक सिद्धांत के रूप में महत्वपूर्ण भूमिका निभाई, बल्कि यह जीवन का गहन सत्य हैं।

विकसित भारत" और "रामानुज" दोनों महत्वपूर्ण और प्रेरक अवधारणाएँ हैं, जो भारतीय संस्कृति और इतिहास पर गहरा प्रभाव डालती हैं। रामानुजाचार्य (1017-1137) भारतीय इतिहास के एक महान दार्शनिक और धार्मिक गुरु थे, विशेष रूपसे (विशिष्टाद्वैत वेदांत) दर्शन का प्रचार उनके जीवन औ दर्शन भारतीयसमाज और संस्कृति में गहरी छाप छोड़ी गयी है रामानुज'के अनुसार 'चित्', 'अचित्' और 'ईश्वर', ये ही तीन मूलतत्व है। इनमें 'ईश्वर' तो प्रधान अंगी है और 'चित्' तथा 'अचित्', इसके दो विशेषण या अंग हैं। इसीलिए यह मत 'विशिष्ट-अद्वैतवाद' कह लाता है। चित्त-तत्व 'जीवात्मा' है, जो शरीर, इंद्रियों, मन, जीवन-शक्ति और बुद्धि के भीतर है। यह स्वयं प्रकाशमान, आनंदमय या सुखद, शाश्वत, परमाणु, अव्यक्त या पारमार्थिक, अकल्पनीय, घटक रहित, अपरिवर्तनीय और ज्ञान का आश्रय है। ईश्वर इसका नियामक है, अर्थात इसका सारा कारोबार 'ईश्वर' की बुद्धि के अधीन है। 'ईश्वर' ही इसका धारक है और यह 'ईश्वर' का अंश भी है। जीवात्मा का ज्ञान सर्व-व्यापक है।[7]

उनका योगदान केवल धार्मिक दृष्टिकोण से नहीं बल्कि भारतीय सामाजिकता से प्रभावित है(विशिष्टाद्वैत वेदांत)। उन्होंने जीवन दर्शन और

भारतीय समाज और संस्कृति में गहरी छाप छोड़ी है। विकसित भारत" और "रामानुज" दोनों महत्वपूर्ण और प्रेरक अवधारणाएँ हैं, जो भारतीय संस्कृति और इतिहास पर गहरा प्रभाव डालती हैं।

यह विचार भारत की समृद्धि, उन्नति और विकास की दिशा में प्रगति की आवश्यकता को दर्शाता है। समाज, उद्योग, विज्ञान, प्रौद्योगिकी, शिक्षा और अन्य क्षेत्रों में सुधार की महत्वपूर्ण मंजूरी की आवश्यकता है। एक विकसित भारत का उद्देश्य एक समृद्ध और समावेशी राष्ट्र बनाना है, जहाँ हर नागरिक को अवसर मिले और सामाजिक और आर्थिक स्थितियाँ कम हों।

- **रामानुज** संतुलनऔर योग को मुख्य: श्री रामानुज, भारतीय दर्शन के महान आचार्य और विष्णुवाद के प्रमुख संत थे। उन्होंने वेदांत दर्शन के अद्वैत और द्वैत के बीच संतुलन स्थापित किया और भक्ति योग को मुख्य धारा में लाया। रामानुज ने भगवान विष्णु की पूजा और भक्ति को महत्व दिया और सिखाया कि सभी मान्यताओं में भगवान के अंश हैं, और भक्ति के माध्यम से आत्मा परमात्मा के साथ हो सकती है। उनकी शिक्षाएँ आज भी समाज में बहुत प्रभावशाली बनाती है। "विकसित भारत" की कल्पना रामानुज जैसे महान संतों के दृष्टिकोण से की जा सकती है, जिसमें धार्मिक, सामाजिक और आध्यात्मिक प्रगति एक दूसरे के साथ हो सकती है।
- **आचार्य वल्लभ का योगदान:** आचार्य वल्लभ (1479-1531) भी एक महान भारतीय दार्शनिक और धार्मिक गुरु थे। वे शुद्धाद्वैत वेदांत के प्रवर्तक थे। उनका सिद्धांत यह था कि भगवान श्री कृष्ण ही परम सत्य हैं और सभी का उद्देश्य श्री कृष्ण की भक्ति में ही रहना है।
- आचार्य वल्लभ का योगदान निम्नलिखित था
    - **शुद्धाद्वैत वेदांत का प्रतिपादन** : वल्लभाचार्य का मानना था कि भगवान श्री कृष्ण ही वास्तविक सत्य हैं और जीव केवल उनकी माया के अंश हैं। उन्होंने ईश्वर

की भक्ति पर बल दिया और कहा कि केवल श्री कृष्ण की भक्ति से ही मोक्ष प्राप्त किया जा सकता है।[8]

- **ग्रंथों का प्रचार** : वल्लभाचार्य ने श्री कृष्ण के भक्ति मार्ग का प्रचार किया और अपने उपदेशों को कई ग्रंथों के माध्यम से प्रचारित किया। उनके प्रमुख ग्रंथ "श्रीमद्भागवत" और "अनुग्रह" हैं।
- **योगदान का प्रभाव:** भारत में दोनों आचार्यों के योगदान को भक्ति आंदोलन की प्रेरणा के रूप में देखा जा सकता है। उनके सिद्धांतों ने भक्ति पंथ को एक नया मोड़ दिया और भारतीय समाज में भक्ति और धर्म के प्रति दृष्टिकोण को प्रभावित किया। भारत में विकसित इन आचार्यों का योगदान भी महत्वपूर्ण है, क्योंकि आज भी उनके विचार एवं शिक्षाएँ भारतीय समाज में एक आदर्श के रूप में विद्यमान हैं। इन सिद्धांतों ने समाज में धार्मिक और सैद्धांतिक विमर्श को नई दिशा दी ।
- **समाज में स्मारक और पत्रिका की स्थापना:** वेदांत ८ ने जीवन के सबसे अच्छे अनुयायियों के लिए एक नैतिक मार्ग दिखाया है। यह परम्परा अहिंसा, सत्य, ब्रह्मचर्य, दया और व्यवहार से मुक्ति की ओर प्रेरित करती है। एक विकसित भारत में यदि हम नैतिक सिद्धांतों का पालन करते हैं, तो हम एक ऐसे समाज की ओर बढ़ेंगे, जो सामाजिक न्याय, सद्भाव और अहिंसा पर आधारित होगा।
- **वेडेंट ने भौतिक और** मानसिक संतुलन की बात की है। भारत २०४७ में जब एक विकसित राष्ट्र बनेगा, तो यह आवश्यक है कि भौतिक प्रगति के साथ-साथ मानसिक और आत्मिक विकास को भी बढ़ावा दिया जाये। वेदांत के सिद्धांतों को अपनाकर हम एक समग्र और समग्र विकास की दिशा में बढ़ सकते हैं।

- **विकसित भारत २०४७:** भारत का २०४७ तक विकास, न केवल आर्थिक और राजनीतिक दृष्टि से, बल्कि सांस्कृतिक और आध्यात्मिक दृष्टि से भी होना चाहिए। वेदांत की परंपरा इस विकास की दिशा में महत्वपूर्ण योगदान दे सकती है। भारत को एक उन्नत राष्ट्र बनाने के लिए हमें केवल तकनीकी और भौतिक विकास की ओर ध्यान देना होगा, बल्कि हमें अपने सांस्कृतिक चमत्कार को भी संजोते हुए आगे रखना होगा।
- **शिक्षा और वेदांत:** भारतीय वेदांत परंपरा का प्रभाव शिक्षा क्षेत्र में भी देखा जा सकता है। २०४७ में, यदि हम भारतीय शिक्षा व्यवस्था में वेदांत के सारभूत सिद्धांतों को शामिल करते हैं, तो यह बच्चों और किशोरों को जीवन के महत्वपूर्ण सिद्धांतों के बारे में सिखाने में मदद करता है, जिससे उन्हें जीवन में स्थिरता, मानसिक शांति और सामूहिक जिम्मेदारी के प्रति प्रतिनिधि प्राप्त होते हैं।
- **आध्यात्मिक पर्यटन और वैश्विक प्रभाव:** भारत को आध्यात्मिक पर्यटन का एक प्रमुख केंद्र बनाकर २०४७ तक एक विकासात्मक लक्ष्य बनाया जा सकता है। वेदांत के सिद्धांतों से प्रभावित दुनिया भर के लोग भारत की ओर आकर्षित होंगे, जिससे देश की वैश्विक स्थिति भी मजबूत होगी।
- **स्वास्थ्य और मनोविज्ञान:** वेदांत के सिद्धांतों का पालन करने से मानसिक शांति और शारीरिक स्वास्थ्य में भी वृद्धि हो सकती है। सम्मिलित रूप से तनाव और शारीरिक स्थिति का अत्यधिक प्रभाव है, लेकिन वेदांत की शिक्षा के माध्यम से हम एक स्वस्थ और मानसिक रूप से मजबूत समाज की स्थापना कर सकते हैं।

निष्कर्ष

विकसित भारत २०४७ का संदेश तब पूरा हो सकता है, जब हम अपने ऐतिहासिक, सांस्कृतिक और आध्यात्मिक चमत्कार को बचाते हुए आधुनिकता के साथ कदम बढ़ाएंगे। भारतीय वेदांत परंपरा का समावेश न केवल व्यक्तिगत जीवन में सुधार चाहता है, बल्कि समाज और राष्ट्र की

दिशा को भी सही मार्ग पर प्रदर्शित करना चाहता है। २०४७ तक एक शास्त्रीय रूप से उन्नत, आध्यात्मिक रूप से सलाहकार और मानसिक रूप से स्थिर भारत की कल्पनाशील वेदांत परंपरा के सिद्धांतों के बिना अधूरा है।

सन्दर्भ सूची

1. अत्रेय, बी. एल. , योग वशिष्ठ और उसके सिद्धांत पृष्ठ ,4
2. देवराज, नंद किशोर डॉ, भारतीय दर्शन, उतर प्रदेश हिन्दी संस्थान, लखनऊ,2002 , पृष्ठ,493
3. माण्डूक्यकारिकाभाष्य, 2/4
4. देवराज ,नंद किशोर ,डॉ , भारतीय दर्शन, उतर प्रदेश हिन्दी संस्थान, लखनऊ,2002 , ,पृष्ठ 502
5. वहीं, जो आदि और जो भविष्य में नहीं है वही वर्तमान में है. - 4/31
6. बृहदारण्यक उपनिषद्, २-४-१४; यदा तु पुनः परमार्थविवेकिनो ब्रह्मविदो विज्ञार्तव केवलोऽद्वयो वर्तते, तं विज्ञौतारम् अरे केन विजानीयादिति-शांकर भाष्य
7. मिश्रा उमेश , भारतीय दर्शन, उत्तर प्रदेश, लखनऊ,1964,पृष्ठ 406
8. वहीं, 451-452

विकसित भारत २०४७-में गांधी जी के विचारों की प्रासंगिकता

डॉ कुमारी भारती
असिस्टेंट प्रोफेसर, दर्शनशास्त्र विभाग,
मालतीधारी कॉलेज, नौबतपुर, पटना, बिहार, भारत

"विकसित भारत २०४७" में गांधी जी के विचारों की प्रासंगिकता को समझने के लिए हमें गांधी जी के दर्शन और उनके दृष्टिकोण को गहराई से समझना होगा। महात्मा गांधी का संपूर्ण जीवन और उनके विचार भारतीय समाज की आत्मनिर्भरता, सत्य, अहिंसा और सामाजिक न्याय के सिद्धांतों पर आधारित थे। यदि हम २०४७ में एक विकसित भारत की कल्पना करते हैं, तो गांधी जी के विचारों की प्रासंगिकता कई मायनों में महत्वपूर्ण होगी।

- मानव संस्कृति के प्रति देन अनुपमः महात्मा गांधी महापुरूष थे। उनकी सबसे अधिक देन भारतीय संस्कृति के प्रति, मानव संस्कृति के प्रति है। वे बीसवीं सदी में मानवता के सबसे बड़े प्रवक्ता थे, ऐसे प्रवक्ता जो न केवल बोलते थे बल्कि अपने जीवन और आचरण में अपने विचारों को अभिव्यक्त करते थे। उन्होंने आधुनिक सभ्यता को एक रोग के रूप में माना है और कहां है उनसे मुक्ति नैतिक मूल्यों के विकास तथा चारित्रिक मूल्यों के विकास से ही संभव है आज सारे संसार में तबाही मची हुई है। मनुष्य न केवल समुद्र और आकाश में ही विचरण कर सकता है, प्रत्युक्त उसने अंतरिक्ष को भी अपनी सीमाओं में बांध लिया है। मनुष्य को इस आशातीत वैज्ञानिक और प्रौद्योगिक उन्नति हो उसके लिये सबसे बड़ी समस्या बन गई है। यदि मनुष्य केवल बाहरी प्रकृति के नियंत्रण में ही लगा रहता है ओर स्वयं अपने ऊपर नियंत्रण रखने का प्रयास करता, तो उसका भविष्य निश्चित रूप से अंधकारमय है। महात्मागांधी ने आज से 87 वर्ष पूर्व हो

इस संकट का आभास प्राप्त कर लिया था और 1908 में अपनी पुस्तक 'हिन्द स्वराज्य में आधुनिक सभ्यता को एक रोग' और 'तीन दिन का तमाशा' बताया था क्यों कि, यह सभ्यता न तो धर्म का विचार करती है और न आचार पर हो ध्यान देती है। उस समय महात्मा गांधी की इस चेतावनी को भूल से राजनीति में आ भटकने वाले एक पूर्वीय साधु के धार्मिक उद्गार के रूप में ही देखा गया था। लेकिन आज उनकी चेतावनी सच होती दिखाई देती है। यदि मनुष्य अपनी वर्तमान जीवन पद्धति शासन संस्थाओं सामाजिक संगठन आर्थिक रूपों और नैतिक मूल्यों में आमूल परिवर्तन नहीं करते तो इस बात की प्रबल संभावना है कि भूतकाल की अनेक सभ्यताओं की भाँति सभ्यता युगों की धूल के नीचे न दब जाये।महात्मा गांधी ने अपने जीवन भर इस बात को शिक्षा दी कि आधुनिक सभ्यता का रोग असाध्य नहीं है। गांधी जी की विचार था कि संसार भावी विनाश से है लेकिन इसके लिए कुछ क्रांतिकारी उपायों का अवलम्बन ग्रहण करना होगा आधुनिक विश्व-समस्याओं के समाधान का सबसे अचुक उपाय है जीवन के भाग में अहिंसा का विकास।[1] गांधी जी की शिक्षा गाँधीजी के अनुसार शिक्षा का अर्थ एवं परिभाषाएँ महात्मा गाँधी के विचारों के अनुसार केवल साक्षरता या लिखना- पढ़ना शिक्षा नहीं है, जो लोग साक्षरता को ही ज्ञान मान लेते है उनके बारे में गाँधीजी का कहना है। -"साक्षरता न तो शिक्षा का अन्त है न शिक्षा का आरम्भ। "गांधी के अनुसार 'सतत शिक्षा वह है जो की आत्मिक, बौद्धिक और शारीरिक क्षमताओं को उसे बाहर प्रकट करे और उत्तेजित करे।"

गाँधीजी ने शिक्षा की व्याख्या करते हुए स्पष्ट कहा है-"शिक्षा से मेरा अभिप्राय है- बालक और मनुष्य के शरीर, मस्तिष्क आत्मा में पाए जाने वाले सर्वोच्च गुणों का चतुर्मुखी विकास।" अतः इस कथन से स्पष्ट है क वे शिक्षा द्वारा बालक की शारीरिक, मानसिक और आध्यात्मिक शक्तियों का सर्वांगीण विकास करना

मानते हैं एवं उनको पुस्तकीय ज्ञान ही शिक्षा नहीं है वरन् बालक क अन्तर्निहित क्षमताओं का सर्वांगीण विकास ही शिक्षा है।[2] गाँधीजी एवं शिक्षा के उद्देश्य व्यक्तिक उद्देश्य -व्यक्तिक उद्देश्य के अंतर्गत इच्छा शक्ति का विकास होना चाहिए। चारित्रिक विकास होना चाहिए। चरित्र आधार है जिस पर शिक्षा स्थित रह सकती है। व्यक्तित्व का सर्वांगीण विकास होना चाहिए। साथ ही अगर हम देखें तो सामाजिक उद्देश्य सामाजिक उद्देश्य के अंतर्गत समाज सेवा एवं मानव सेवा को रखा गया है। गांधीजी की समाज की सेवा एवं मानव सेवा में बड़ी आस्था रखते हैं। मानव सेवा ईश्वर की सेवा ऐसा उनका विश्वास था। उन्होंने लिखा है। ईश्वर को प्राप्त करने के लिए सबसे बड़ा साधन मानव सेवा है। शिक्षा ही समाज एवं मानव सेवा की भावना का विकास कर सकती है।[3] इसके लिए कुछ अनिवार्य बातों की चर्चा गांधी ने की थी।

- प्रथम सात वर्ष तक देश के सभी बच्चों को अनिवार्य निःशुल्क शिक्षा दी जाय।
- शिक्षा के माध्यम के रूप में मातृभाषा को रखा जाय।
- बच्चों की सम्पूर्ण शिक्षा का केन्द्र शिल्प (काफ्ट) हो।
- इसमें साम्प्रदायिक धार्मिक शिक्षा के लिए जगह नहीं है लेकिन बुनियादी नैतिक तालीम के लिए काफी गुजांइश होगी।
- पूरी शिक्षा स्वावलम्बिनी होनी चाहिए।
- इसमें आखरी दरजे तक हाथ का पूरा-पूरा उपयोग किया जाय। पानि विद्यार्थी अपने हाथों से कोई न कोई उद्योग धंधा आखिरी दरजे तक करे।[4]

गाँधी जी शिक्षा को स्वावलम्बी बनाने के लिए विद्यार्थियों की साहित्यिक तालीम के साथ-साथ औद्योगिक तालीम की भी बात करते हैं। विद्यार्थी कुछ ऐसा काम चुनें जिससे आर्थिक प्राप्ति तो और इस तरह स्कूल और कॉलेज स्वावलम्बी बने। इसके लिए विद्यार्थियों में श्रम के गौरव के महत्व का विकास करना होगा। गाँधी जी अमेरिका का उदाहरण देते हुए

कहते हैं कि अमेरिका जो कि दुनिया का सबसे धनी देश है वहीं शिक्षा को स्वावलम्बी बनाने की समस्या नहीं है। यहाँ के विद्यार्थी प्रायः अपनी पढ़ाई का पूरा अथवा आशिक खर्च कोई उद्योग करके निकालते हैं। वहीं देश की मानसिकता ही ऐसी है कि बच्चे स्कूल एवं कॉलेज में पढ़ते हुए स्वयं का खर्च निकाल लें। गाँधी जी कहते हैं कि जब अमेरिका जैसे देश में विद्यार्थी अपनी पढ़ाई का खर्च स्वयं निकालते हैं तो भारत जैसे देश में इस बात की आवश्यकता और अधिक है। इसलिए गाँधी जी बुनियायी शिक्षा की बात करते हैं। इससे बच्चे स्वयं स्वावलम्बी होंगे और स्कूल एवं कॉलेज भी आदि से स्वावलम्बी होंगे।[5] विकेन्द्रीकरण आत्मनिर्भर भारत को बनाने में विकेन्द्रीप एक कारगर उपाय हो सकता है। गाँधी जी केन्द्रित अर्थव्यवस्था के विरूद्ध थे क्योंकि वे मानते थे कि इनकी नींव हिंसा पर आधारित है। अतः उन्होंने विकेन्द्रित अर्थव्यवस्था का सर्मथन किया और कहा कि उत्पादन को अनेक स्थानों पर छोटे पैमाने पर चालू किया जाए। घरों में छोटी-छोटी इकाईयों स्थापित की जाए। दूसरे शब्दो में गाँधी जी कुटीर तथा ग्रामीण उद्योगों के विकास के पक्ष में थे।[6]
गाँधी जी की कुटीर उद्योग नीति और उसकी प्रासांगिकता – गाँधी जी की कुटीर उद्योग नीति कल भी। प्रांसगिक ची, आज भी प्रासंगिक हैं। गाँधी जी ने भारत के लाखों बेरोजगारों, गरीबों को देखकर, कुटीर उद्योग को आवश्यक माना था। वे मानते थे कि बेरोजगारों को काम दिलाना उतना ही आवश्यक है जितना स्वराज दोनों एक दूसरे के पूरक है।[7]

- आत्मनिर्भरता और स्वदेशी उत्पादन **(Self-reliance and Swadeshi):** गांधी जी ने स्वदेशी उत्पादों को बढ़ावा दिया और भारतीयों से विदेशी सामान का बहिष्कार करने की अपील की। "विकसित भारत २०४७" की दिशा में, आत्मनिर्भरता की अवधारणा और स्थानीय उत्पादों का समर्थन अत्यंत महत्वपूर्ण होगा, ताकि हम अपनी अर्थव्यवस्था को वैश्विक प्रतिस्पर्धा में टिकाऊ और स्थिर बना सकें। स्वदेशी उत्पादन और खादी का महत्व भी गांधी जी के समय की तरह ही होगा।

- समानता और सामाजिक न्याय (Equality and Social Justice): गांधी जी ने हमेशा सामाजिक भेदभाव, जातिवाद, और असमानता के खिलाफ संघर्ष किया। एक विकसित भारत के निर्माण में समानता की भावना को बनाए रखना आवश्यक होगा। गांधी के विचारों से प्रेरित होकर, हम एक समाज की स्थापना कर सकते हैं जहाँ हर व्यक्ति को समान अधिकार और अवसर प्राप्त हो।
- राजनीति और भ्रष्टाचार: गांधी जी ने राजनीति में सत्य और नैतिकता को प्रमुखता दी थी। उन्होंने हमेशा यह माना था कि नेताओं को जनता के कल्याण के लिए कार्य करना चाहिए और उनके आचरण में ईमानदारी होनी चाहिए। आज के समय में, जहां भ्रष्टाचार और राजनीतिक असमंजस व्याप्त हैं, गांधी जी की राजनीति में नैतिकता की अवधारणा आज भी प्रासंगिक है। उनके विचारों के माध्यम से, हम राजनीति में स्वच्छता और पारदर्शिता लाने की कोशिश कर सकते हैं।
- अहिंसा और शांति (Non-violence and Peace): गांधी जी के अहिंसा के सिद्धांत ने भारतीय स्वतंत्रता संग्राम को एक नैतिक दिशा दी थी। आज के विश्व में, जहां हिंसा और संघर्ष बढ़ रहे हैं, गांधी जी का अहिंसा का सिद्धांत विकासशील देशों के लिए एक प्रेरणा बन सकता है। "विकसित भारत २०४७" में आंतरिक और बाह्य शांति के लिए अहिंसा का पालनआवश्यक होगा। उनका सत्य पूर्ण सत्य है। उनके लिए सत्य और ईश्वर एक ही है। बी. जी. रे के शब्दों में "जिस वास्तविकता को गांधीजी ने जाना और अनुभव किया वह सत्य है"अहिंसा परमो धर्मः" भगवान महावीर के इस अहिंसा के सिद्धान को महात्मा गाँधी ने अपने जीवन मे पूर्णतः उतारा है। गाँधी भी अहिंसा को परम धर्म मानते थे। उनके अनुसार विचारनुसार अहिंसा का अर्थ समस्त है प्राणियों के प्रति प्रेम और सहयोग की भावना से है। उनके विचारानुसार "सभी प्राणियों के प्रति बुरी भावना का अभाव होना चाहिए।" अर्थात् सभी के प्रति सद्भावना होनी चाहिए। उनकी अहिंसा सभी से प्रेम

करने की और कष्ट सहने की प्रेरणा देती है। वे सत्य को साध्य और अहिंसा का साधक मानते थे। उनके अनुसार सत्य की प्राप्ति अहिंसा के द्वारा ही सम्भव हो सकती है।"गांधीजी ने सत्य के एक सिद्धान्त से एक स्वाभाविक परिणाम निकाला। वह यह है कि सत्य और अहिंसा को एक-दूसरे से अलग करना प्रायः असम्भव है। ये एक सिक्के के दो पहलू हैं।" अहिंसा का अर्थ गांधीजी के शब्दों में अच्छी तरह समझा जा सकता है-"अहिंसा समस्त जीवधारियों के प्रति बुरी भावना का अभाव है। अपनी गतिशीत अवस्था में इसका अर्थ है-जान-बूझकर कष्ट सहन करना। अपने क्रियाशील रूप में यह समस्त जीवधारियों के प्रति अच्छी भावना है।

- प्राकृतिक संसाधनों का संरक्षण (Conservation of Natural Resources): गांधी जी ने प्राकृतिक संसाधनों के विवेकपूर्ण उपयोग की बात की थी और उन्होंने पर्यावरण की रक्षा के लिए प्रयास किए थे। विकास के साथ-साथ, हमें हमारे पर्यावरण का संरक्षण भी करना होगा, और गांधी जी की विचारधारा हमें इस दिशा में मार्गदर्शन देती है। प्राकृतिक संसाधनों का संतुलित उपयोग और जलवायु परिवर्तन के प्रति जागरूकता जरूरी होगी।
- आध्यात्मिक और मानसिक विकास (Spiritual and Mental Growth): गांधी जी ने हमेशा आत्म-निर्भरता के साथ-साथ मानसिक और आत्मिक शांति की भी बात की। उनका मानना था कि केवल भौतिक विकास से समाज समृद्ध नहीं होता, बल्कि आध्यात्मिक और मानसिक विकास भी आवश्यक है। २०४७ के विकसित भारत में, यह सोच समाज को मानसिक तनाव और अस्तित्व की परेशानियों से उबरने में मदद कर सकती है। इस प्रकार, गांधी जी के विचार "विकसित भारत २०४७" की रूपरेखा में पूरी तरह से प्रासंगिक हैं। उनके सिद्धांतों को अपनाकर हम न केवल एक आर्थिक रूप से सक्षम भारत बना सकते हैं, बल्कि

एक नैतिक और सामाजिक दृष्टि से भी सशक्त राष्ट्र की ओर बढ़ सकते विकसित भारत २०४७ में गांधी जी के विचारों की चुनौती और संभावनाएँ महात्मा गांधी के विचारों की प्रासंगिकता "विकसित भारत २०४७" में निश्चित रूप से महत्वपूर्ण है, लेकिन इसे साकार करने के रास्ते में कई चुनौतियाँ भी हैं। साथ ही, गांधी जी के सिद्धांतों को अपनाने से समाज को कई संभावनाएँ भी प्राप्त हो सकती हैं। यहाँ हम गांधी जी के विचारों को विकसित भारत में लागू करने के दौरान आने वाली चुनौतियों और संभावनाओं का विश्लेषण करेंगे।

चुनौतियाँ

- आधुनिकता और उपभोक्तावाद: गांधी जी ने स्वदेशी उत्पादों और आत्मनिर्भरता पर बल दिया था, लेकिन आज का समाज उपभोक्तावाद की ओर बढ़ता जा रहा है। वैश्वीकरण और विदेशी वस्त्रों की उपभोक्तावादी संस्कृति ने भारतीय समाज में एक नई दिशा दी है, जो गांधी जी के विचारों से मेल नहीं खाती। आत्मनिर्भरता की भावना को फिर से स्थापित करना और स्वदेशी उत्पादों का प्रोत्साहन देना चुनौतीपूर्ण हो सकता है, क्योंकि यह अंतरराष्ट्रीय बाजार की प्रतिस्पर्धा में एक बड़ा कदम होगा।
- सामाजिक असमानताएँ और जातिवाद: गांधी जी का प्रमुख उद्देश्य सामाजिक असमानता और जातिवाद को समाप्त करना था। हालांकि भारतीय समाज में कानूनन जातिवाद को समाप्त कर दिया गया है, फिर भी वास्तविकता में यह अभी भी व्याप्त है। समाज के विभिन्न वर्गों के बीच भेदभाव को समाप्त करना और समानता को स्थापित करना एक बड़ी चुनौती होगी, क्योंकि यह मानसिकता और सामाजिक संरचनाओं में गहरे पैठी हुई है।
- अहिंसा और हिंसा की बढ़ती प्रवृत्तियाँ: गांधी जी का अहिंसा का सिद्धांत शांति और सद्भाव के लिए था। आजकल, भारतीय समाज और वैश्विक परिप्रेक्ष्य में हिंसा और असहमति के मामले बढ़ते जा रहे हैं। विशेष रूप से आतंकवाद, जातिवाद, धार्मिक संघर्ष, और

हिंसा के बढ़ते मामलों के बीच गांधी जी के अहिंसा के सिद्धांत को लागू करना एक गंभीर चुनौती बन सकता है। हिंसा के प्रति समाज की बढ़ती सहनशीलता को बदलना कठिन होगा।

- प्राकृतिक संसाधनों का अत्यधिक दोहन: गांधी जी ने हमेशा प्राकृतिक संसाधनों के संरक्षण की बात की थी, लेकिन आज के समय में बढ़ती जनसंख्या, औद्योगिकीकरण, और उपभोक्तावाद के कारण प्राकृतिक संसाधनों का अत्यधिक दोहन हो रहा है। जलवायु परिवर्तन और पर्यावरणीय संकट को देखते हुए, गांधी जी के सिद्धांतों का पालन करना चुनौतीपूर्ण हो सकता है, क्योंकि विकास के लिए अक्सर पर्यावरणीय नुकसान होता है।
- मानसिक और आध्यात्मिक विकास की उपेक्षा: गांधी जी ने मानसिक और आध्यात्मिक विकास को भौतिक विकास के समान महत्वपूर्ण बताया था। आज के युग में जहाँ भौतिक सुख-सुविधाओं की ओर अधिक ध्यान दिया जाता है, वहां मानसिक शांति और आध्यात्मिक उन्नति की दिशा में काम करना कठिन हो सकता है। यह चुनौती समाज को आध्यात्मिक उन्नति की ओर अग्रसर करने के लिए आवश्यक कदम उठाने की आवश्यकता को दर्शाता है।

संभावनाएँ

- आत्मनिर्भरता और खादी की वापसी: गांधी जी का सपना था कि भारत आत्मनिर्भर बने। २०४७ में, यदि हम खादी और स्वदेशी उत्पादों का समर्थन करते हैं, तो यह न केवल भारतीय अर्थव्यवस्था को मजबूत कर सकता है, बल्कि ग्रामीण रोजगार को बढ़ावा भी दे सकता है। आत्मनिर्भरता की ओर बढ़ने से भारत का आर्थिक ढांचा सुदृढ़ हो सकता है और स्थानीय उद्योगों को बढ़ावा मिल सकता है।
- सामाजिक समानता और समरसता: गांधी जी के विचारों के आधार पर हम एक ऐसा समाज बना सकते हैं जहाँ भेदभाव और

असमानता की कोई जगह न हो। जातिवाद, लैंगिक भेदभाव और अन्य सामाजिक असमानताओं को समाप्त करने के लिए शिक्षा और जागरूकता के माध्यम से गांधी जी के सिद्धांतों का पालन किया जा सकता है। यह एक समरस और समान समाज की संभावना को जन्म दे सकता है, जहाँ हर व्यक्ति को समान अवसर मिले।

- शांति और अहिंसा की वैश्विक प्रेरणा: यदि हम गांधी जी के अहिंसा के सिद्धांतों को अपनाते हैं, तो भारत वैश्विक स्तर पर एक शांति दूत के रूप में उभर सकता है। दुनिया में बढ़ते संघर्षों और हिंसा के बीच, भारत गांधी जी के विचारों के साथ शांति की दिशा में नेतृत्व कर सकता है। यह भारतीय कूटनीति और अंतरराष्ट्रीय संबंधों में भी एक सकारात्मक परिवर्तन ला सकता है।[8]
- प्राकृतिक संसाधनों का संतुलित उपयोग और पर्यावरण संरक्षण: गांधी जी के विचारों को अपनाने से हम प्राकृतिक संसाधनों का विवेकपूर्ण उपयोग कर सकते हैं। जलवायु परिवर्तन, वनों की कटाई और प्रदूषण जैसे मुद्दों पर गांधी जी के सिद्धांतों का पालन करते हुए हम पर्यावरण को संरक्षित कर सकते हैं। यह सतत विकास की दिशा में महत्वपूर्ण कदम साबित हो सकता है, जहाँ विकास और पर्यावरण का संतुलन बनाए रखा जा सके।
- मानसिक शांति और सामाजिक समृद्धि: गांधी जी के मानसिक और आध्यात्मिक विकास के सिद्धांतों को अपनाने से समाज में मानसिक तनाव, अवसाद और आत्महत्या की बढ़ती प्रवृत्तियों पर काबू पाया जा सकता है। समाज में मानसिक स्वास्थ्य को प्राथमिकता देने से समृद्धि और शांति का माहौल बन सकता है, जिससे लोगों की जीवन गुणवत्ता में सुधार होगा। इससे न केवल समाज का मानसिक और शारीरिक स्वास्थ्य बेहतर होगा, बल्कि देश में एक खुशहाल और शांतिपूर्ण समाज की स्थापना भी हो सकती है।

निष्कर्ष

महात्मा गांधी के विचारों का औचित्य आज के समय में भी उतना ही प्रासंगिक है जितना उनके समय में था। उनके सिद्धांतों की प्रासंगिकता न केवल भारतीय समाज में, बल्कि वैश्विक स्तर पर भी महत्वपूर्ण है। सत्य, अहिंसा, समानता, आत्मनिर्भरता, और पर्यावरण संरक्षण जैसे गांधी जी के विचार आज के समाज को एक सशक्त, शांतिपूर्ण और समृद्ध दिशा दे सकते हैं। यदि हम गांधी जी के सिद्धांतों को अपने जीवन में लागू करें, तो हम एक बेहतर और अधिक समृद्ध समाज की स्थापना कर सकते हैं।

सन्दर्भ सूची

1. गांधी, महात्मा, "हिंद स्वराज्य", अहमदाबाद, 1909,पृष्ट 45-50
2. डॉ एमके मिश्रा, डॉ कमल दाधीच गांधी दर्शन,दिल्ली, 2011,पृष्ट 7-8
3. वहीं, पृष्ट 32-34
4. गांधी मोहनदास करमचंद अहमदाबाद 1955, सर्वोदय नव प्रकाशन, पृष्ठ 156, 157।
5. गाँधी, मोहनदास करमचंद, अहमदाबाद 1960 पृ०- 209-210, मेरे सपनों का भारत, नवजीवन प्रकाशन मंदिर।
6. पराशर, डॉ० भगतराम, अक्टूबर 1979, गाँधी जी की कुटीर नीति और उसकी प्रासंगिकता, पोजना।
7. सिंह, प्रताप, 1984, पृ० 91-92 गाँधी जी का दर्शन, रिसर्च पब्लिकेशन, नई
8. मिश्रा एमके डॉ ,डॉ कमल दाधीच गांधी दर्शन,दिल्ली, 2011,पृष्ट 1

कृत्रिम बौद्धिकता एवं भारतीय ज्ञान परम्परा का विकसित भारत २०४७ में भूमिका

प्रो (डॉ.) रमेश चन्द वर्मा
सेवानिवृत प्राचार्य एवं अधिष्ठाता
कोटा विश्वविद्यालय, कोटा, भारत

कृत्रिम बुद्धिमत्ता (एआई) और भारतीय ज्ञान परंपरा दोनों की विकसित भारत की भूमिका एक महत्वपूर्ण विषय है।

वर्तमान में वैश्विक स्तर पर ए.आई. कृत्रिम या बनावटी बौद्धिकता का प्रचार प्रसार पूर्ण ओजस्विता को प्राप्त करते हुए इसने जीवन के प्रत्येक क्षेत्र विज्ञान, वाणिज्य, कंला, कौशल, चिकित्सा, उद्योग, शिक्षा, व्यापार, खेल, परिवहन एवं अन्‍त्रतजाल आदि में अपना अस्तित्व बना लिया है। यह निश्चित है कि ए.आई. कृत्रिम है, बनावटी है, नकली है, वायवीय है, अतः हमारे परम्परागत ज्ञान के बराबरी तो यह किसी भी प्रकार से नहीं कर सकता है। यह ए.आई. अभ्युदय को दिखा सकता है, निश्रेयस् तक पहुँचाना इसका सामर्थ्य नहीं है। प्रेयस् मार्ग बता सकता है श्रेयस् मार्ग इससे परे है। जाक निश्रेयस्/श्रेयस् की प्राप्ति नहीं होती, इस मानव योनि में जन्म लेना निरर्थक है। "यतो अभ्युदय निश्रेयस् रिंग्दिधः स धर्मः ।।

उक्त लेख में ए.आई. की उत्पत्ति, प्रकार, लाभ, परिणाम, नुकसान, आदि को बताकर अन्त में भारतीय ज्ञान परम्परा के निकष पर ए.आई. को तराशने का प्रयास किया है। मेरी मति-उडुप अत्यल्प है जिससे ज्ञान सागर को पार करना चाहता हूँ। एतदर्थ सुधिजन से क्षमानुसान चाहता हूँ। "तितिर्बुदुस्तरम् मोहाद्, उडुपेन अस्मि सागरम्।" ए.आई का आविष्कार / जन्म ए.आई. कृत्रिम बौद्धिकता की शुरूआत 1950 के दशक में हुई। इसके माध्यम से कम्प्यूटर सिस्टम या रोबोटिक सिस्टम तैयार किया गया जिसे उन्हीं तों के आधार पर चलाने का प्रयास किया गया, जिस आधार पर मानव मस्तिष्क वर्तमान में विश्व में लगभग 70.000 कम्पनियों ए.आई. पर कार्य कर रही है जिनमें से 17500 अमेरिका में है। ए.आई. के

आविष्कारक या जन्मदाता ब्रिटिश कम्प्यूटर वैज्ञानिक एलेन मैथिसन ट्यूरिंग है। जिनका जन्म 23 जून 1912 मैदावेल लन्दन में हुआ तथा मृत्यु 7 जून 1954 विल्गरलो लन्दन में हुई। ये गणितज्ञ, तर्कज्ञ, किप्टेनोलिएट, दार्शनिक और जीव विज्ञानी थे। 1950 में इन्होंने पहली बार ए.आई. पर एक लेख प्रस्तुत किया जिसका शीर्षक कम्प्यूटिंग मशीनरी एण्ड इन्टेलिजेन्स रखा" इनसे पूर्व चीन में भी अबेकस नामक गणना यन्त्र का उल्लेख मिलता है जो 5000 वर्ष पूर्व का माना जाता है। चीन में ही ट्यूरिंग मशीन से पूर्व एनिएक ई.एन.आई.ए.सी. नामक मशीन का उल्लेख 1945 से प्राप्त होता है। लेकिन कियात्मक रूप से पहला कम्प्यूटर ट्यूरिंग मशीन ही है ए.आई. की कोडिंग / नामकरण ट्यूरिंग की मृत्यु के बाद अमेरिकी प्रोफेसर जॉन मैकार्थी जो डार्ट माउथ कॉलेज में प्रोफेसर थे जिनका जन्म 4.9.1927 व मृत्यु 24.10.2011 को हुई। ने ट्यूरिंग की सोचने वाली मशीन के बारे में विचारों को स्पष्ट करने और विकसित करने के लिए 1956 में एक ग्रीष्मकालीन कार्यशाला का आयोजन किया जिसका नामकरण आर्टिफिसियल इन्टेलीजेन्सी (ए.आई. रखा) इसी कार्यशाला से इस मशीन का नामकरण / कोडिंग ए.आई. हो गया।

ए.आई. परिभाषा

- कम्प्यूटर द्वारा नियन्त्रित रोबोट या फिर मनुष्य की तरह बुद्धिमत्तापूर्ण सोचने वाला सॉफटवेयर बनाने का एक तरीका है। इसमें मानव मस्तिष्क कैसे सोचता है, कैसे सीखता है, कैसे निर्णय लेता है और कैसे काम करता है, इन प्रश्नों का अध्ययन कर डाटा एकत्रित किये जाते है।
- कृत्रिम बुद्धिमत्ता ए.आई. प्रोधोगिकियों का एक समूह है जो कम्प्यूटरों को विभिन्न प्रकार के कार्य करने में सक्षम बनाता है, जिसमें बोली गयी और लिखी गयी भाषा को देखने, समझने, अनुवाद करने और डेटा विश्लेषण करने की क्षमता शामिल
- ए. आई. मशीनों को मानवीय बुद्धिमत्ता की नकल करने वाले कार्य करने की क्षमता से लैस करना है, जैसे की आलोचनात्मक रूप से सोचना और ज्ञान प्राप्त करना[4]

- ए.आई. मशीनों द्वारा मानव की संज्ञानात्मक प्रक्रियाओं का अनुकरण है। यह प्रकियाओं को संचालित करता है, और आई.टी. सिस्टम में संज्ञानात्मक कम्प्यूटिंग मानव विचार की प्रक्रियाओं का अनुकरण लागू करके मानव बुद्धि का अनुकरण करता है।

ए.आई. के विभिन्न नामकरण

- चैट जी०पी०टी०
- जैमिनी
- मेटा
- ग्रोक
- अमेजान
- अल्फावेट
- माइक्रोसॉफट
- एप्पल

ए.आई. के आवश्यक तत्व ए.आई. एक्सन समिट 2025 जो फांस की राजधानी पेरिस में सम्पन्न हुई जिसमें 90 देशों के प्रतिनिधियों ने भा लिया। इसमें फांस के राष्ट्रपति ने अध्यक्षता करते हुए कहा कि ए. आई. के लिए दो तत्व मुख्य है 1. एनर्जी, उर्जा 2. हुमन रिसोर्स, मानव संसाधन ये दोनो ही तत्व हमारे पास पर्याप्त मात्रा में है। ए.आई. मशीन पर उर्जा खपत एक प्रश्न पूछने पर जो उत्तर दिया जाता है उसमें 0.0029 किलोवाट उर्जा की खपत होती जो की गूगल से 10 गुना ज्यादा है। ए.आई. मशीन पर एक दिन का अनुमानित व्यय 7 लाख डॉलर अर्थात 60 करोड़ रूपये
ए.आई. की तीन वैश्विक शक्तियों

- अमेरिका यह ए.आई. को रेगुलेट नहीं करने पर जोर देती है अर्थात ए.आई. का कार्य स्वतंत्र होना चाहए उस पर किसी भी तरह का नियंत्रण नहीं होना चाहिए और न कोई कानून कायदे लागू होने चाहिए।
- यूरोप- ए.आई. पर सख्त नियम बने और सरकारी निवेश के माध्यम से नैतिक व सुरक्षित बनाया जावे।

- चीन राज्य समर्थित टेक कम्पनियों के जरिये बडे पैमाने पर ए.आई. का विकास होना चाहिए। दुनिया का सबसे बडा ए.आई. प्रोजेक्ट स्टारगेट के नाम से है जो अमेरिकी राष्ट्रपति ट्रम्प ने शपथ लेने के दूसरे ही दिन घोषित कर दिया जिसके लिए पॉच सौ मिनिलियन डॉलर का बजट प्रस्तुत किया है। एलिन मस्क ने मार्च 2023 में एक्स.ए.आई. नामक प्रोजेक्ट प्रस्तुत किया था। भारत में भी भाविश अग्रवाल ने एक ए.आई. कम्पनी बनाई है जिसका नाम ही कृत्रिम है। यह प्रोजेक्ट 2026 में अपना पहला ए.आई. यूनिकार्न आयोजित करेगा। जिसमें पहली देशी चिप प्रस्तुत की जायेगी।

चीन के ए.आई. प्रोजेक्ट का नाम है डीपसीक आर प्रथम ए.आई. फरवरी 2025 में सम्पन्न ए.आई. एक्शन समिट में सह अध्यक्षता कर रहे भारत के प्रधानमंत्री मोदी ने दो संदेश दिये 1. भारत स्वयं का लार्ज लेंग्वेज मॉडल बना रहा है 2. तकनीक ने नोकरिया बढाई है कम नही की है। ए.आई. भी रोजगार बढाएगा। ए.आई. से मानवता को जोखिम पेरिस में सम्पन्न समिट का निष्कर्ष यह रहा है कि इन्सानों को ए.आई. की क्षमता पर कन्ट्रोल करने के उपाय के बारे में सोचना चाहिए इसके साथ ही ए.आई. की सुरक्षा और इसके खतरों समझने पर ज्यादा ध्यान देना चाहिए। क्योंकि यह इन्सानों के लिए खतरनाक साबित हो सकता है। ऐसे में ए.आई. पर कड़ी निगरानी और सख्त नियमों की जरूरत है। ए.आई. के क्षेत्र में नोबल पुरूस्कार 2024 में फिजिक्स के क्षेत्र में दो प्रोफेसर को संयुक्त रूप से फिजिक्स का नोवल पुरूस्कार दिया गया। 1. जेफी हिंटन 2. जॉन होफ फील्ड इनमें से हिंटन को ए.आई. का गॉड फादर माना जाता है। इन्होंने मशीनों को सोचने समझने की शक्ति देने के लिए डीप लर्निंग पर एक शोध पत्र 2006 में लिखा। 2012 में गुगल को जॉईन किया और 2023 में छोड दिया। और ए.आई. से जुडे काम को बड़ी भूल बताते हुए चेतावनी दी की चेट बाटस हम से ज्यादा समझदार हो जायेगें। इनके गलत इस्तेमाल का जोखिम होगा। जॉन होफ फील्ड ने इन्सानी ब्रेन की नकल करके सूचना स्टोर करने के लिए नोटस का एक कृत्रिम नेटवर्क बनाया जिसे बोल्टजमेन मशीन का नाम दिया।

भारतीय ज्ञान परम्परा

भारतीय ज्ञान परम्परा का प्रारम्भ ऋग्वेद के नासदीय एवं पुरुष सूक्त से निसृत होकर वेदान्त तक पहुँचता है वेदान्त का एक अर्थ वेदों का अन्तिम साहित्य एवं दूसरा अर्थ वेदार्थ भी होता है। इस दृष्टि से प्रथम ईषावास्योपनिषद् में ब्रहामण्ड को शुन्य बताकर दूसरे ही मन्त्र में तीन विशेष शब्द दिये है सत्य, धर्म और दृष्टि जिनका स्वतंत्र अर्थ समझना अपेक्षित है। "हिरणमयेन पात्रेण सत्यस्य अपिहितम् मुखम् तत् त्वम् पूषन्, अपावृणु सत्यधर्माय दृष्ट्ये" जो सत् अस्तित्व के योग्य है वह तत्व सत्य है, सत् तत्व जिस आधार से समझा जा सकता है वह धर्म है अर्थात सत्कर्म है और इस धर्म, सत्कर्म को जानने की दृष्टि इन्द्रिय है जिनको यन्त्र भी कहते है यही दर्शन है। दर्शन दृष्टि का अर्थ मात्र देखना ही नहीं पंच ज्ञानेन्द्रियों अर्थात पंच यन्त्रों द्वारा अनुभवित ज्ञान देखना, सुनना, स्पर्शानुभव करना, रसास्वादन करना और बोलना ये पाँचो है। यही पंच यन्त्र है पादादि पन्च कर्मेन्द्रिय पंचतन्त्र है। षडयन्त्र है ही नहीं अतः षड्यन्त्र एक झूठ है, असत्य है यह ए.आई. भी षड्यंत्र है जिसका अस्तित्व तात्विक हो ही नहीं सकता है।

भारतीय ज्ञान परम्परा

- भारतीय दर्शन परम्परा में "ज्ञानमीमांसा" की सूक्ष्मतम समीक्षा प्रस्तुत की गयी है। प्रमाणों के आधार पर ज्ञान का ज्ञान कैसे होता है। यह बताया गया है प्रस्थान त्रयी उपनिषद ब्रहम सूत्र और श्रीमद् भगवद् गीता से पांरगत होती हुई यह ज्ञान सरिता अष्टादश पुराणों एवं वीर महाकाव्यों रामायण एवं महाभारत में परिपोषित होती हुई अभ्युद्य से निकलकर निश्रेयस् तक पहुँचती है। विश्व गुरु का स्थान हमें अभ्युदय से प्राप्त नीं हुआ है निःश्रेयस से हुआ है। संक्षेप में समझे तो श्रीमद् भगवद् गीता के ये श्लोक प्रर्याप्त है। इन्द्रियाणि पराणि आहुः इन्द्रियेभ्यः परम् मनः। मनसस्तु परा बुद्धिः यो बुद्धेः परतस्तु सः।। गीता-3.42
- तद्विद्धि प्रणिपातेन, परिप्रश्नेन सेवया। उपदेक्ष्यन्ति ते ज्ञानम्, ज्ञानिनः तत्वदर्शिनः ।। गीता 4.34

- अनपेक्षः शुचिर्दक्षः, उदासीनो गतव्यथः । सर्वारम्भपरित्यागी, यो मद् भक्तः स में प्रियः।। गीता 12.16

कृत्रिम बुद्धिमत्ता (एआई) और भारतीय ज्ञान परंपरा में विकसित भारत की भूमिका एक महत्वपूर्ण विषय है। यहाँ कुछ महत्वपूर्ण बिंदु दिए गए हैं: *कृत्रिम बुद्धिमत्ता और भारतीय ज्ञान परंपरा*

- *कृत्रिम बुद्धिमत्ता की परिभाषा*: कृत्रिम बुद्धिमत्ता एक ऐसी तकनीक है जो मशीनों को मानव जैसी बुद्धिमत्ता प्रदान करती है।
- *भारतीय ज्ञान परंपरा का महत्व*: भारतीय ज्ञान परंपरा में वेद, उपनिषद, और अन्य प्राचीन ग्रंथ शामिल हैं जो हमें जीवन के विभिन्न पहलुओं के बारे में सिखाते हैं।
- *कृत्रिम बुद्धिमत्ता और भारतीय ज्ञान परंपरा का समन्वय*: कृत्रिम बुद्धिमत्ता और भारतीय ज्ञान परंपरा का समन्वय करके, हम जीवन के विभिन्न पहलुओं को बेहतर ढंग से समझ सकते हैं और उनके बीच संबंध बना सकते हैं। *विकसित भारत में कृत्रिम बुद्धिमत्ता और भारतीय ज्ञान परंपरा की भूमिका*
    - *राष्ट्र निर्माण*: कृत्रिम बुद्धिमत्ता और भारतीय ज्ञान परंपरा राष्ट्र निर्माण में महत्वपूर्ण भूमिका निभा सकते हैं।
    - *आर्थिक विकास*: कृत्रिम बुद्धिमत्ता और भारतीय ज्ञान परंपरा आर्थिक विकास में महत्वपूर्ण भूमिका निभा सकते हैं।
    - *सामाजिक न्याय*: कृत्रिम बुद्धिमत्ता और भारतीय ज्ञान परंपरा सामाजिक न्याय में महत्वपूर्ण भूमिका निभा सकते हैं।
    - *पर्यावरण संरक्षण*: कृत्रिम बुद्धिमत्ता और भारतीय ज्ञान परंपरा पर्यावरण संरक्षण में महत्वपूर्ण भूमिका निभा सकते हैं।

- *महिला सशक्तिकरण*: कृत्रिम बुद्धिमत्ता और भारतीय ज्ञान परंपरा महिला सशक्तिकरण में महत्वपूर्ण भूमिका निभा सकते हैं।
- *बाल अधिकार*: कृत्रिम बुद्धिमत्ता और भारतीय ज्ञान परंपरा बाल अधिकारों का सम्मान करने में महत्वपूर्ण भूमिका निभा सकते हैं।
- *वैश्विक शांति*: कृत्रिम बुद्धिमत्ता और भारतीय ज्ञान परंपरा वैश्विक शांति में महत्वपूर्ण भूमिका निभा सकते हैं।

निष्कर्ष

कृत्रिम बुद्धिमत्ता और भारतीय ज्ञान परंपरा दोनों की विकसित भारत में भूमिका बहुत महत्वपूर्ण होगी। यह हमें जीवन के विभिन्न पहलुओं को बेहतर ढंग से समझने और उनके बीच संबंध बनाने में मदद करेगा। यह हमें नए अवसरों और चुनौतियों का सामना करने में मदद करेगा और हमें एक बेहतर भविष्य की ओर ले जाएगा।

सन्दर्भ सूची

1. दैनिकभास्कर 01 जुलाई 2024 से 20 मार्च 2025 तक प्रकाशित लेख
2. मैरी के प्रैट स्वतंत्र पत्रकार अमेरिका लेख 19 सितम्बर 2024
3. किस्टीयन हेमण्ड प्रोफेसर कम्प्यूटर विज्ञान नार्थ वेस्टन यूनिवर्सिटी, यूके लेख 24. 07.2024
4. रितुपर्णा चकवर्ती सह संस्थापक टीमलीज सर्विसज भारत लेख 25.07.2024
5.वीकीपीडिया ए.आई. गूगल सर्च
6. रीड हॉफ मेन सह संस्थापक, लिंक्ड इन लेख 27.07.2024
7.जॉन मेकार्थी प्रोफेसर डार्ट माउथ कॉलेज अमेरिका
8. एलैन मैथिसन ट्यूरिंग प्रोफेसर लन्दन
9. ऋग्वैद दशम् मण्डल पितृ सूक्त। नासदीय सूक्त
10. ईशा वास्योपनिषद- गीता प्रेस गोरखपुर 01 से 18 श्लोक

11. तैतिरीय उपनिषद् शिक्षा वल्ली
12.श्रीमद् भगवद् गीता 3.42/4.34/12.16

विकसित भारत २०४७ और भारतीय ज्ञान परंपरा का अंतर्संबंध

प्रो. (डॉ.) सीता सिन्हा
पूर्व प्राचार्य, मालतीधारी कॉलेज,
नौबतपुर, पटना बिहार
राजनीति विभाग, बीडी कॉलेज, पटना, बिहार, भारत

प्रस्तावना

भारत एक ऐसा देश है, जहां विविधताओं के बावजूद एकात्मता का अद्‌भुत उदाहरण देखने को मिलता है। भारतीय ज्ञान परंपरा, सदियों से इस देश की सामाजिक, और सांस्कृतिक धारा को निर्देशित करती है। भारतीय संस्कृति और परंपरा का आधार ज्ञान, सत्य और धर्म की खोज निहित है। २०४७ तक भारत को विकसित राष्ट्र निर्माण की दिशा में प्रयास का भारतीय ज्ञान परंपरा से गहरा संबंध है। भारतीय ज्ञान परंपरा में केवल अतीत की नींव नहीं है, बल्कि यह आज के संदर्भ में भी विकास की निर्धारित दिशा में सहायक है।

इस आलेख में हमने भारत २०४७ और भारतीय ज्ञान परंपरा के बीच के अंतर संबंधों को समझने का प्रयास किया है। हम देख रहे हैं कि किस प्रकार भारतीय ज्ञान परंपरा ने समाज को दिशा दी है और किस प्रकार भारत को २०४७ तक एक विकसित राष्ट्र के रूप में स्थापित किया जा सकता है।

भारतीय ज्ञान परंपरा का स्वरूप

भारतीय ज्ञान परंपरा प्राचीन काल से ही एक गहरी और समृद्ध परंपरा रही है। वेद, उपनिषद, भगवद गीता, संस्कृत साहित्य, दर्शन, गणित, ज्योतिष, आयुर्वेद, संगीत, कला और साहित्य के क्षेत्र में भारतीय योगदान प्रमुख है। भारतीय ज्ञान परंपरा का उद्देश्य केवल भौतिक सुख की प्राप्ति नहीं है, बल्कि आत्मज्ञान और मोक्ष की प्राप्ति की ओर भी संकेत है।[1]

प्राचीन भारत में गुरुकुल प्रणाली के माध्यम से शिक्षा का प्रसार होता था, जिसमें ज्ञान केवल निम्न स्तर पर नहीं था, बल्कि आध्यात्मिक और मानसिक विकास पर भी बल दिया गया था। यह पारंपरिक आत्मनिर्भरता, व्यक्तित्व और समाज की प्रति जिम्मेदारी की भावना को चकित कर देता था।

वैदिक ऋषि धर्म और देववादमें विश्वास रखते है। यज्ञो-दान द्वारा अब और मरनेके बाद भी, वह सुखी रहना चाहते थे। इस विश्वकी तहमें क्या है ? इस चलके पीछे क्या कोई अचल शक्ति है? यह विश्व प्रारंभमें कैसा था? इन विचारोंका धुंधला सा! आभास मात्र हमें ऋग्वेदके नासदीय सूक्त' और यजुर्वेदके अन्तिम अध्याय' में मिलता है। नासदीय सूक्तमें है-

"उस समय नः सत् (होना) था न अ-सत् । न अन्तरिक्ष था न उसके परे ब्योम था।

किसने सबको ढाँका था ? और कहाँ ? और किसके द्वारा रक्षित ?
क्या वहाँ पानी अथाह था ? ॥१॥
तब न मृत्यु था न अमर मौजूद;
सत और दिनमें वहाँ भेद न था।
वहाँ वह एकाकी स्वावलंबी शक्तिसे श्वसित था,
उसके अतिरिक्त न कोई था उसके ऊपर ॥२॥
अंधकार वहाँ आदिमें अंधेरेमें छिपा था;
वह मूल स्रोत जिससे यह विश्व उत्पन्न हुआ, और क्या वह बनाया गया या अकृत था, (इसे) वही जानता या नहीं जानता है, जो कि उच्चतम द्यौलोकसे शासन करता है, जो सर्वदर्शी स्वामी है।" ॥७॥

यहाँ हम उन प्रश्नोंको उठते हुए देखते हैं, जिनके उत्तर आगे चलकर दर्शनकी बुनियाद कायम करते हैं। विश्व पहिले क्या था ?- इसका उत्तर किसीने सत् अर्थात् वह सदा से ऐसा ही मौजूद रहा-दिया। किसीने कहा कि वह अ-सत्-नहीं मौजूद अर्थात् सृष्टिसे पहिले कुछ नहीं था। इस सूक्तके ऋषिने पहिले वाद के प्रतिवादका प्रतिवाद (प्रतिषेध) करके -"नहीं सत् था नहीं असत्" – द्वारा अपने संवादको पेश किया। उसने उस विश्वसे पहिलेकी शून्य अवस्थामें भी एक सत्ताकी कल्पना की, जो कि उस मृत-शून्य जगत्में भी सजीव थी।[2]

भारतीय ज्ञान परंपरा और समाज का संबंध

भारतीय ज्ञान परंपरा ने समाज की संरचना को समझने में भी मदद की है। भारतीय दर्शन में सामाजिक, मानसिक और आत्मिक संतुलन को सर्वोपरि माना गया है। उदाहरण स्वरूप, महात्मा गांधी के विचार भारतीय ज्ञान परंपरा का एक आधुनिक रूप थे, जो सत्य, अहिंसा और स्वराज की अवधारणा पर आधारित थे।[2]

गांधी जी का यह विचार दृढ़ था स्वय अपनी सहयता सबसे अच्छी सहयता है।

लोग तभी सक्रियता एवं पूर्ण आस्था के साथ कार्यक्रमों में भाग लेंगे। गांधी जी चाहे हरिजनों के साथ कार्य करते थे तथा उन्हें यह अनुभव कराने का प्रयत्न करते थे कि उनकी भलाई उन्हीं में निहित है।

गांधी जी ने आत्म-अनुशासन को जीवन की शैली माना तथा इसका उन्ह अपने जीवन में अभ्यास भी किया। उनका यह दृढ़ विश्वास था कि नैतिक शक्ति के द्वारा बड़े से बडे साम्राज्य से टक्कर ली जा सकती है और उसे हराया भी जा सकता है। उनके अनुसार सत्य और अहिंसा न केवल व्यक्ति के लिए आवश्यक हैं बल्कि समूहाँ, समुदायें तथा राष्ट्रों के विास के आधार भी है। उनका विचार था कि ल्क्ष्य साधनों के औचित्य को सिद्ध नहीं करते हैं बल्कि साधन स्वयं महत्वपूर्ण है। गांधी जी ने समाज कल्याण को "सर्वोदय" के रूप में समझा जिसका तात्पर्य सभी क्षेत्रों में सभी का कल्याण है। लेकिन साथ ही साथ भारतीय समाज के निर्बल एवं दर्बल वर्ग के कल्याण पर विशेष बल दिया। इसीलिए उन्होंने रचनात्मक कार्यों का शुभारम्भ किया। गांधी जी ने सामाजिक बुराइयें को दूर करने के लिए जन आन्दोलन छेडा। उन्होंने जनमत तैयार किया तथा जन साधारण के स्तर से कार्यक्रमों को प्रारम्भ किया।

गांधीजी 'सादा जीवन, उच्च विचार' के समर्थक थे। वे अपरिग्रह में विश्वास रखते थे। उन्होंने अपने न्यासधारिता के सिद्धान्त में यह प्रतिपादित किया कि जिन लोगों के पास अपनी तथा अपने आश्रितों की आवश्यकता की पूर्ति से अधिक धन वस्तुएं । उन्हें आवश्यकताग्रस्त लोगों की धरोहर के रूप में अपने पास रखना चाहिए और इससे सहायता की आवश्यकता रखने वाले व्यक्तियों की तुरन्त सहायता करनी चाहिए। गांधीजों का दर्शन

"श्रम की महत्ता" पर आधारित है जो कि समाज कार्य दर्शन का महत्वपूर्ण अंग है। उनका श्रम की महत्ता में अटूट विश्वास था तथा उनका यह मत था कि जीविकोपार्जन का अधिकार सभी को मिलना चाहिए, और इसे साकार करने का वे सर्दव प्रयत्न करते रहे। उन्होंने अपने विचारों को दूसरों पर थोपने का प्रयास कभी भी नहीं किया। उनका यह प्रयास था कि लोगों में जागृति आवे जिससे वे स्वयं परिवर्तन का प्रयास करें। इस प्रकार कहा जा सकता है कि गांधीजी ने भारत में व्यावसायिक समाज कार्य की नींव डाली। गाँव का पुनसंगठन गाँवों के स्वास्थ्य और सफाई की ओर पर्यंत ध्यान दिए बिना अधूरा रहेगा। गाँधी जी देश में राष्ट्रीय और सामाजिक सफाई की भावना को विकसित किया।[3]

भारतीय समाज की विविधता को समझने के लिए भारतीय ज्ञान परंपरा का भी समर्थन किया जा रहा है। यह परंपरा हमेशा एकता में विविधता को स्वीकार करती है और समाज में समरसता स्थापित करने का कार्य करती है।

विकसित भारत २०४७ का दृष्टिकोण

भारत का लक्ष्य २०४७ तक एक विकसित राष्ट्र बनना है, जहां हर नागरिक को समान अवसर मिलें और हर क्षेत्र में आत्मनिर्भरता और आत्मसम्मान की भावना पैदा हो। इस दृष्टिकोण में तकनीकी और आर्थिक प्रगति के साथ-साथ सामाजिक न्याय, पर्यावरण संरक्षण और मानसिक विकास पर भी ध्यान दिया जा रहा है।

प्रौद्योगिकी, विज्ञान और उद्योग के क्षेत्र में विकास के बावजूद, यह आवश्यक है कि भारतीय संस्कृति और ज्ञान परंपरा की परंपरा को कायम रखा जाए। विकसित भारत २०४७ की परिकल्पना में भारतीय परंपरा और आधुनिकता का संतुलन आवश्यक है।

भारतीय ज्ञान परंपरा का योगदान

विकसित भारत २०४७ की दिशा में भारतीय ज्ञान परंपरा की कई महत्वपूर्ण भूमिकाएँ हैं:

- आध्यात्मिक और मानसिक विकास: भारतीय ज्ञान परंपरा में मानसिक शांति, योग और ध्यान का महत्व बताया गया है। ये तत्व आज के पहलू जीवन में भी लुप्त हैं। एक मानसिक रूप से मजबूत समाज ही एक मजबूत और समृद्ध राष्ट्र की नींव रखी जा सकती है।मानसिक रूप से अपने को मजबूत बनाने के लिए तथा चित्त के विकारों को दूर करने के लिए

तथा चित्त को एकाग्र बनाने के लिए महर्षि पतञ्जलि ने योग के अभ्यासियों को जप करने का परामर्श दिया है। उनका आदेश एवं उपदेश है कि अन्य -मनस्क माह से 'प्रणव-जप की साधना व्यर्थ है अर्थानुसन्धान के साथ 'प्रणव-साधन अभ्यस है। जिसने अपने चित्त-रूपी मन्दिर में ईश्वर की मूर्तित प्रतिष्ठित कर ली है, अर्थात् जिसमें अपने ध्यान का केन्द्रबिन्दु एकमात्र ईयवर को बना लिया है, उसके अविचल आन द्रवीभूत हुआ ईश्वर उसपर कृपा की वर्षा करता है। ईश्वर को इस कृपा से साधकों को अन्तिम अवस्था 'असम्प्रज्ञात' को प्राप्त करता है। कहने का तात्पर्य यह है, अन्य साधकों की अपेक्षा ईश्वर के कृपापात्र को यह लाभ होता है कि उसके लिए से पूर्व की वितर्क आदि अवस्थाओं पर विजय प्राप्त करना आवश्यक नहीं रहता। लेकिन साधारण साधक साधना-क्रम का उल्लंघन नहीं कर सकता।[4]

सामाजिक समरसता: भारतीय परंपरा ने हमेशा ही समाज में एकता और भाईचारे को बढ़ावा दिया है।२०४७ तक, भारत को विभिन्न धार्मिक, सांस्कृतिक और सामाजिक संवादों के बीच सामंजस्य बनाए रखने की आवश्यकता होगी, जो भारतीय ज्ञान परंपरा द्वारा जारी किया गया है।

- आत्मनिर्भरता: भारतीय ज्ञान परंपरा में आत्मनिर्भरता और अनुशासन को बल दिया गया है। गांधीजी के स्वदेशी आंदोलन से लेकर 'आत्मनिर्भर भारत' तक, यह परंपरा भारत के आत्म-संस्कृति के प्रयास को दिशा दे रही है।[5]
- प्राकृतिक निर्माण का संरक्षण: भारतीय ज्ञान परंपरा में प्रकृति और पर्यावरण का संरक्षण महत्वपूर्ण है। २०४७ तक भारत के सामने महाकाव्य का समाधान निकालने की आवश्यकता होगी,

और भारतीय परंपरा में निहित प्रकृति के साथ संतुलन का विचार इस दिशा में सहायक हो सकता है।[6]

प्रौद्योगिकी एवं ज्ञान आधारित अर्थव्यवस्था

आज के समय में, भारत की खोज यह है कि वह तकनीकी दृष्टि से अग्रणी बनी है। भारतीय ज्ञान परंपरा में जो वैज्ञानिक दृष्टिकोण और दार्शनिक सोच की विशेषताएँ थीं, उनका आधुनिक विज्ञान और प्रौद्योगिकी में महत्वपूर्ण योगदान हो सकता है। उदाहरण स्वरूप, आयुर्वेद, गणित और खगोलशास्त्र में भारतीय विद्वानों ने प्राचीन काल में ही कई महत्वपूर्ण सिद्धांतों की खोज की थी, जो आज के वैज्ञानिक शोध में सहायक हो सकते हैं।

भारतीय ज्ञान परंपरा में प्रौद्योगिकी एवं तकनीकी विकास एक महत्वपूर्ण विषय है। भारतीय ज्ञान परंपरा में प्रौद्योगिकी एवं तकनीकी विकास के बारे में कई महत्वपूर्ण सूत्र दिए गए हैं। यहाँ कुछ महत्वपूर्ण बिंदु दिए गए हैं:

भारतीय ज्ञान परंपरा में प्रौद्योगिकी एवं तकनीकी विकास के मुख्य बिंदु*

- *विज्ञान और प्रौद्योगिकी का महत्व*: भारतीय ज्ञान परंपरा में विज्ञान और प्रौद्योगिकी को बहुत महत्व दिया गया है।
- *गणित और खगोल विज्ञान*: भारतीय ज्ञान परंपरा में गणित और खगोल विज्ञान के क्षेत्र में बहुत महत्वपूर्ण योगदान दिया गया है। (ब्रह्मस्फुटसिद्धांत)
- *चिकित्सा विज्ञान*: भारतीय ज्ञान परंपरा में चिकित्सा विज्ञान के क्षेत्र में बहुत महत्वपूर्ण योगदान दिया गया है। (चरक संहिता)
- *मेटलर्जी और इंजीनियरिंग*: भारतीय ज्ञान परंपरा में मेटलर्जी और इंजीनियरिंग के क्षेत्र में बहुत महत्वपूर्ण योगदान दिया गया है। (कौटिल्य का अर्थशास्त्र)
- *कृषि और जल प्रबंधन*: भारतीय ज्ञान परंपरा में कृषि और जल प्रबंधन के क्षेत्र में बहुत महत्वपूर्ण योगदान दिया गया है। (कृषि पराशर)
- भारतीय ज्ञान परंपरा और शिक्षा का संबंध

विकसित भारत २०४७ की परिकल्पना में शिक्षा का एक महत्वपूर्ण स्थान है। भारतीय ज्ञान परंपरा में शिक्षा का उद्देश्य केवल रोजगार प्राप्ति तक सीमित नहीं था, बल्कि यह जीवन के सर्वांगीण विकास की ओर भी संकेत करता था। 'सर्वे भवन्तु सुखिनः' (सर्व सुखी हों) और 'विद्या ददाति विनयम्' (ज्ञान शिष्य देता है) जैसे विचार शिक्षा के विद्यार्थियों को स्पष्ट करते हैं।
भारतीय ज्ञान परंपरा और शिक्षा का विकसित भारत में बहुत महत्व है। यहाँ कुछ महत्वपूर्ण बिंदु दिए गए हैं:
भारतीय ज्ञान परंपरा और शिक्षा के महत्व

- *सांस्कृतिक विरासत*: भारतीय ज्ञान परंपरा और शिक्षा हमारी सांस्कृतिक विरासत का एक महत्वपूर्ण हिस्सा है।
- *ज्ञान और विकास*: भारतीय ज्ञान परंपरा और शिक्षा हमें ज्ञान और विकास के अवसर प्रदान करती है।
- *राष्ट्र निर्माण*: भारतीय ज्ञान परंपरा और शिक्षा हमें राष्ट्र निर्माण में महत्वपूर्ण भूमिका निभाने का अवसर प्रदान करती है।
- *व्यक्तिगत विकास*: भारतीय ज्ञान परंपरा और शिक्षा हमें व्यक्तिगत विकास के अवसर प्रदान करती है।
- *सामाजिक न्याय*: भारतीय ज्ञान परंपरा और शिक्षा हमें सामाजिक न्याय के अवसर प्रदान करती है।
- *आर्थिक विकास*: भारतीय ज्ञान परंपरा और शिक्षा हमें आर्थिक विकास के अवसर प्रदान करती है।
- *पर्यावरण संरक्षण*: भारतीय ज्ञान परंपरा और शिक्षा हमें पर्यावरण संरक्षण के अवसर प्रदान करती है।
- *महिला सशक्तिकरण*: भारतीय ज्ञान परंपरा और शिक्षा हमें महिला सशक्तिकरण के अवसर प्रदान करती है।
- *बाल अधिकार*: भारतीय ज्ञान परंपरा और शिक्षा हमें बाल अधिकारों का सम्मान करने के अवसर प्रदान करती है।
- *वैश्विक शांति*: भारतीय ज्ञान परंपरा और शिक्षा हमें वैश्विक शांति के अवसर प्रदान करती है।

भारतीय संस्कृति और वैश्विक पहचान

भारत को एक विकसित राष्ट्र बनाने के लिए भारतीय संस्कृति की वैश्विक पहचान बहुत जरूरी है। भारतीय ज्ञान परंपरा का अंतर्राष्ट्रीयकरण, जैसे योग, आयुर्वेद, और भारतीय दर्शन को विश्वभर में मान्यता प्राप्त हो रही है। यह भारत की संस्कृति को वैश्विक मंच पर प्रस्तुत करने का एक माध्यम है।

निष्कर्ष

विकसित भारत २०४७ की परिकल्पना के अंतर्गत भारतीय ज्ञान परंपरा का एक केंद्रीय स्थान है। यह न केवल भौतिक और तकनीकी विकास में सहायक हो सकता है, बल्कि समाज के मानसिक और आध्यात्मिक विकास में भी एक महत्वपूर्ण भूमिका निभा सकता है। भारतीय ज्ञान परंपरा में निहित मानवता, सत्य और शांति की भावना से भारतीय समाज को दिशा मिल सकती है, जिससे २०४७ तक एक समृद्ध और समृद्ध भारत का निर्माण संभव हो सके।

सन्दर्भ सूची

1.यजुर्वेद, अध्याय 40 (ईश-उपनिषद)।

2.राहुल सांकृत्यायन, दर्शन दिग्दर्शन, इलाहाबाद 1961, p 390

3.डॉ कमल दाधीच,डॉ एमके मिश्रा गांधी दर्शन,दिल्ली, 2011, पृष्ट, 82

4. इसमें कोई संदेह नहीं कि आलस्य की प्रमाद का विस्तार, निरंतर भ्रम का दर्शन, धराशायी होना, अशांति होना, मन का विक्षेप और विघ्न होना। महर्षि पतंजलि, योग सूत्र, 1/3

5. ऋग्वेद १.१६४.१)

• कुलकर्णी, दूसरे। " भार"भारतीय ज्ञान परंपरा और वैश्विक संदर्भ", भारतीय संस्कृति शोध पत्रिका, 2023।

• मिश्रा, राकेश. "विकसित भारत की ओर"विकसित भारत की ओर: २०४७ का दृष्टिकोण",

चाणक्य की शिक्षा नीति

प्रो. (डॉ.) रागनी वर्मा
विभागाध्यक्ष, संकाय संस्कृत
गंगा देवी महिला महाविद्यालय (पी.पी.यू.)
पटना, भारत

चाणक्य प्राचीन भारत के एक महान आचार्य अर्थशास्त्री, कूटनीतिज्ञ शिक्षक एवं राजनीतिज्ञ थे। चाणक्य मौर्य साम्राज्य के संस्थापक चन्द्रगुप्त मौर्य के महामंत्री एवं गुरु भी थे। उनका काल लगभग ईशा पूर्व चौथी शताब्दी मानी जाती है।

आचार्य चाणक्य ने ही 'अर्थशास्त्र' नामक ग्रंथ की रचना की, जो कौटिल्य और आचार्य विष्णुगुप्त नामों से भी स्मरण किया जाता है। ये ग्रंथ राज्य प्रशासन, राजनीति, अर्थव्यवस्था शिक्षा, सैन्यनीति, कृषि, वाणित्य आदि विषयों पर आधारित हैं।

कौटिल्य अर्थशास्त्र शिक्षा नीति उनके यथार्थवादी, व्यावहारिक एवं राष्ट्रहितकारी द्दष्टिकोण को दर्शाती है। उनके अनुसार शिक्षा का उद्देश्य केवल ज्ञान देना नहीं बल्कि चरित्र, नीति, कर्तव्य-बोध एवं राष्ट्र निर्माण करना है।

कौटिल्य ने अर्थशास्त्र के आरम्भ में इसके प्रथम अधिकरण में विद्या समुद्देश्य पर विचार किया है जिसमें शिक्षा विषयक बातों का उल्लेख है कि आन्वीक्षिकी अर्थात् तर्कशास्त्र सभी विद्याओं में प्रदीप के समान है एवं यह सभी कार्यों का साधन तथा धर्मो का आश्रय है। इसी प्रकार त्रयी की स्थापना के क्रम में उनहोंने वेदों और वेदाओं पर भी चारों वर्णों के द्वारा विद्या-सम्बन्धी बातों एवं ब्रह्मचारी के कार्यों का उल्लेख किया है। वे यह मानते हैं कि आन्वीक्षिकी (तर्कशास्त्र, त्रयी वेद विद्या) और वार्ता (वृति अथवा अर्थ विद्या) इन सभी विद्याओं की समृद्धि राज्य शक्ति पर निर्भर है। उन्होंने शिक्षा का सम्बन्ध राजा से भी जोड़ा है-

विद्या विनीतो राजा हि प्रजानां विनये रतः।

अनन्यां पृथ्वी भुङ्क्ते सर्वभूत हिते रतः ।।

शिक्षा प्राप्त करने के क्षेत्र में ज्ञानियों एवं वृद्ध जनों की संगति बहुत ही उपादेय है इसलिए "वृद्ध संयोग" नामक अध्याय में वृद्धों की संगति राजकुमारों की शिक्षा एवं उनकी दिनचर्या का उल्लेख किया गया है। प्रजा हित के लिए राजा का विद्याविनीत होना परम आवश्यक है। इन्द्रियों को जीतना ही विद्या और विनय हेतु होता है। काम, क्रोध, लोभ, मोह, मद और हर्ष आदि वृत्तियों का त्याग करने से ही जितेन्द्रियता की सिद्धि होती है। अतः विद्या प्राप्त करने और अपने में अनुशासन लाने का फल है इन्द्रिय जय। जो जितेन्द्रिय होते हैं, वे चीरकाल तक सुख भोगते हैं। इन्द्रियों को वश में न रखने वाला चक्रवर्ती राजा का भी शीघ्र ही पतन हो जाता है।

अवशेन्द्रियश्चातुन्तोऽपि राजा सद्यो विनश्यति।

कौटिल्य-अर्थशास्त्र प्राचीन भारत के राज-प्रबन्ध, व्यापार, युद्ध और शान्ति इत्यादि विषयों पर प्रकाश डालनेवाला अद्वितीय ग्रंथ है। वास्तव में इसका प्रमुख विषय राजनीति है परन्तु इसके अतिरिक्त इसके अन्तर्गत अर्थशास्त्र, समाजशास्त्र, शिक्षाशास्त्र, सैन्यशास्त्र, रसायनशास्त्र आदि भूगर्भ विद्या आदि कई विषयों का समावेश है। कौटिल्य अर्थशास्त्र शिक्षा के अध्ययन के लिए एक उपादेय साधनश्रोत है, जिसमें उन्होंने अनेक पूर्ववर्ती आचार्यों को उद्धृत किये हैं। यथा-वृहस्पति, शुक्र, भारद्वाज, विशालाक्ष, पराशर, पिशुन, कौणवदन्त, कात्यायन, कणिक इत्यादि।

आचार्य कौटिल्य ने शासन के साथ उसके घनिष्ट सम्बन्ध का प्रतिपादन किया है। राजा का शासन एवं शिक्षा में अन्योन्याश्रय सम्बन्ध है। कौटिल्य ने विद्या की अवधारणा पर विशद रूप से विचार किया है। विद्या विवेक प्राप्ति का द्वार है, इसलिए शासक का परम कर्तव्य है कि राजकुमारों को उचित शिक्षा प्राप्त करवाना एवं जनसामान्य को भी शिक्षित करना। इसके लिए आवश्यक है कि शासक भी शिक्षित हो क्योंकि विद्याहीन राजा जनता में विनय की स्थापना नहीं कर सकता है।

विद्यायें चार है- आन्वीक्षिकी (सूक्ष्म तत्वों) का अन्वीक्षण कराने वाली दर्शन विद्या, त्रयी (वेद विद्या), वार्ता (वृति अथवा जीविका को सिखाने वाली अर्थ विद्या) तथा दण्डनीति (राज्य में दण्ड-व्यवस्था रखने वाली शासन विद्या)। इस सम्बन्ध में आचार्य कौटिलय से पूर्व आचार्यों ने भी अपने विचार

व्यक्त किये थे, जिसमें मत वैभिन्न था जिसका उल्लेख कोटिल्य ने किया है। मनु के अनुयायी आचार्य तीन ही विद्याओं को मानते थे, जैसे त्रयी, वार्ता और दण्डनीति। वे आन्वीक्षिकी को स्वतंत्र विद्या नहीं मानते थे। उनकी मान्यता थी कि इसका समावेश 'त्रयी के ही अन्तर्गत है। वृहस्पति के अनुयायी केवल वार्ता और दण्डनीति को ही विद्या का अंग समझते हैं। आचार्य कौटिल्य ने वास्तव में चार विद्या को माना है और उसकी यथार्थता धर्म और अधर्म के ज्ञान पर आधारित है।

आचार्य कौटिल्य ने त्रयी, वार्ता और दण्डनीति के साथ आन्वीक्षिकी पर विशेष बल दिया क्योंकि वेद धर्म का मूल है। शिक्षा, कल्प, व्याकरण, निरुक्त, छन्द और ज्योतिष वेदांग है, जिनके विना वेदों का अध्ययन पूर्ण नहीं होता है। ऋक्, यजुर्वेद तथा साम त्रयी नाम से जाने जाते हैं। वार्ता जीविका का साधन है और दण्डनीति इन सबों को संचारित करती है। 'त्रयी' में निरूपित धर्म चारों वर्णों और चारों आश्रक्षों को अपने-अपने कर्तव्यों का पालन करने की शिक्षा देती है। आश्रम का उल्लेख करते हुए कौटिल्य ने शिक्षा ग्रहण करने वाले व्यक्ति के धर्मों का उल्लेख किया है- नियमित स्वाध्याय करना, 'अग्निहोत्र' करना, भिक्षाटन करना, गुरु के समीप रह कर अध्ययन करना तथा उनकी अनुपस्थिति में गुरु-पुत्र या अपने समान शारवाध्यायी के निकट रहकर अध्ययन करना। राजा का काम 'त्रयी धर्म की स्थापना करना है क्योंकि वर्णाश्रम धर्म में नियमित एवं त्रयी धर्म से रक्षित प्रजा सर्वदा सुखी रहती है। आचार्य कौटिल्य ने सर्वलोकहितकारी राष्ट्र का स्वरूप अर्थशास्त्र में निम्नवत् वचन से स्पष्ट किया. है-

प्रजासुखे सुखं राज्ञः प्रजानां च हिते हितम् ।
नात्मप्रियं हितं राज्ञः प्रजानां तु प्रियं हितम् ।।

आचार्य कौटिल्य ने 'वार्ता' और दण्डनीति इन दो विद्याओं की व्याख्या करते हुए कहा है कि वार्ता के तीन अंग है। यथा-'कृषि', 'पशुपालन' और 'व्यापार यह विद्या धान्य, पशु, हिरण्य, ताम्र आदि खनिज पदार्थों और सेवक को देने वाली परम उपकारिणी विद्या है। उनका विचार है कि 'आन्वीक्षिकी' 'त्रयी' और वार्ता की सफलता दण्डनीति पर निर्भर है। 'दण्ड' या शासन को प्रतिपादित करने वाली नीति ही दण्डनीति कहलाती है। महाभारत में भी 'दण्डनीति विद्या के विशाल स्वरूप का वर्णन किया गया

है। कौटिल्य अर्थशास्त्र और महाभारत में कहा गया है कि लोगों को समुचित मार्ग पर ले चलने वाले राजा को सदा उद्यत रहना चाहिए।

शिक्षा सुपात्र को ही योग्य बना सकती है। कठोपनिषद् में बताया गया है कि किसी विषय को सुन कर उसको ग्रहण कर उस पर बार-बार सोच-विचार कर उसे पाया जा सकता है। ये सभी युगों और स्थानों के लिए आवश्यक है। आज भी छात्रों में इन गुणों को होना आवश्यक है। जो छात्र इन गुणों से युक्त रहता है, वह मेधावी होता है एवं विवेक-बुद्धि द्वारा सारतत्व को प्राप्त करता है। कौटिल्य विद्या हेतु पात्रता पर अधिक बल देते हैं। विद्या से वही छात्र योग्य होता है जो सुश्रूज्ञा, श्रवण, ग्रहण, धारण, विज्ञान तथा तर्क-वितर्क में विवेक तथा बुद्धि से काम लेता है। कौटिल्य ने 'विद्या' ग्रहण करने के लिए पात्रता के जिन तत्वों का उल्लेख किया है, उनका बहुत ही महत्व है यथा 'सुश्रूषा' यानि गुरु सेवा की उत्कट इच्छा। कौटिल्य ने 'विद्या' एवं विनय के परिणामों पर भी विचार किया गया है। उनका विचार है कि दोनों की परिणति इन्द्रिय जय में होती है। यदि विद्या ग्रहण की जाय परन्तु इन्द्रियों पर विजय नहीं पायी गयी तो विद्या ग्रहण करना व्यर्थ है। अतः सारे शास्त्रों का मूल इन्द्रियजय है।

प्राचीन भारत में शिक्षा दान की पवित्र वस्तु थी। छात्र एवं शिक्षक में पुत्र एवं पिता का सम्बन्ध रहता था। चाणक्य-कौटिल्य के अनुसार विद्या की प्राप्ति छात्र के अध्ययन काल तक ही सीमित नहीं है बल्कि इसका क्षेत्र काफी विस्तृत है। उनका विचार है कि शिक्षा की वृद्धि के लिए सदा विद्यावृद्धों की संगति में रहना चाहिए। ऐसे लोगों में केवल शास्त्रीय ज्ञान ही नहीं बल्कि व्यावहारिक ज्ञान भी होता है। अतः ज्ञान संवर्धन के लिए विद्यावृद्ध व्यक्तियों की संगति निरंतर करनी चाहिए। आचार्य कौटिल्य का विचार है कि शास्त्र श्रवण से बुद्धि का विकास होता है और यही विद्या का सार है। जो विद्वान राजा प्राणिमात्र के हित की कामना में संलग्न रहता है, प्रजा के शासन और शिक्षण में लगा रहता है, वह दीर्घ काल तक पृथ्वी पर निर्बाध शासन करता है।

राज्य कार्य बिना सहायता के नहीं हो सकता। अकेला चक्र नहीं चल सकता। अतः राजा अपने सहायक मन्त्रियों को नियुक्त करे और उसकी सलाह लेकर सब राज्य-कार्य करें।

सहायसाध्य राजत्वं, चक्रमेकं न वर्तते ।
कुर्वीत सचिवास्तस्मात् तेषां च क्षणुयान्मतम् ।।

भारद्वाज मुनि का मत है कि राजा अपने साथ पढ़ने वालों में से अमात्य नियुक्त करे, क्योंकि उन्हें अध्ययन-काल से अच्छी तरह देख चुका होता है और उनकी शुद्धता तथा सामर्थ्य से परिचित हो चुका होता है। ऐसे अमात्य राजा के विश्वासी पात्र होते हैं।

दसवीं सदी के प्रारम्भ में राजशेखर ने अपनी काव्य मीमांसा में पाटलिपुत्र के विद्या केन्द्र होने की बात कही है। "यहाँ वर्ष, उपवर्ष पाणिनि, पिंगल, व्याडि, वररूचि और पतंजलि परीक्षित होकर ख्याति को प्राप्त हुए।" मौर्यकाल (325 = 188 ई० पू०) में पाटलिपुत्र की सर्वाधिक उन्नति हुई। कौटिल्य द्वारा लिखित अर्थशास्त्र में पाटलिपुत्र उल्लेख नहीं है, बल्कि नदी संगम पर राजधानी स्थापित करने की चर्चा अवश्य है।

कौटिल्य ने शिक्षा की सुव्यवस्थित तथा व्यापकै अवधारणा को प्रतिपादित किया। उनके शिक्षा सम्बन्धी विचार आज भी प्रासंगिक है। उन्होंने तर्क और बुद्धि पर जोर दिया जो व्यावहारिक ज्ञान कुशलता एवं कल्याण के लिए आवश्यक था। कौटिल्य ने एक निश्चित शिक्षा व्यवस्था की रूप रेखा रखी।

सन्दर्भ सूची

1. कौटिल्य अर्थशास्त्र
2. महाभारत
3. कठोपनिषद
4. संस्कृत के कालजयी अमर ग्रंथ-कौटिल्य अर्थशास्त्र-रूपान्तरकार- प्रो० इन्द्र

विकसित भारत २०४७ और भारतीय ज्ञान प्रणाली में पर्यावरण

प्रो. ज्योति स्वरूप दुबे
अध्यक्ष दर्शनशास्त्र विभाग,
हमीदिया विश्वविद्यालय, भोपाल, भारत

"विकासित भारत २०४७" एक दृष्टि है जो भारत को 100 साल की स्वतंत्रता के बाद एक प्रगतिशील, समृद्ध और सामाजिक रूप से न्यायिक राष्ट्र बनाने के लिए तैयार कर रही है। इस योजना के तहत २०४७ तक भारत को एक विकसित और सुशासित राष्ट्र बनाने का लक्ष्य रखा गया है। विकसित भारत २०४७ के लिए पर्यावरण समग्र विकास एक महत्वपूर्ण पहलू है। भारत, अपनी प्राचीन सभ्यता, सांस्कृतिक वास्तुकला और आध्यात्मिक सोच के कारण, पर्यावरण संरक्षण के लिए हमेशा एक व्यापक और दूरदर्शी दृष्टिकोण से जुड़ा हुआ है। भारतीय ज्ञानप्रणाली में पर्यावरण से संबंधित विचार और धारणाएं एक समग्र दृष्टिकोण से अलग हैं, जहां मनुष्य और प्रकृति के बीच एक सहजीविता का संबंध स्थापित किया गया है। यह विचार, भारतीय संस्कृति, दर्शन, और परंपरा के विभिन्न मत शामिल हैं।

भारतीय ज्ञानप्रणाली एवं पर्यावरण भारतीय ज्ञानप्रणाली में पर्यावरण का संरक्षण केवल एक आवश्यकता नहीं, बल्कि एक धार्मिक और सांस्कृतिक उत्तरदायित्व है। वेद, उपनिषद, पुराण, महाभारत, रामायण और अन्य धार्मिक ग्रंथों में प्रकृति को दिव्य रूप में पूजा जाता है। उदाहरण के तौर पर, वेदों में प्राचीन भारतीय समाज ने पृथ्वी, जल, आकाश और अग्नि को जीवन का आधार और ब्रह्मांड के स्रोत के रूप में माना है।

हिंदू धर्म में यह सिद्धांत है कि पृथ्वी एक मां के समान है, जिसे 'भूमि माता' कहा जाता है। यहां तक कि भारतीय समाज में वृक्षों और नदियों को भी पवित्र और संरक्षित माना जाता है। विशेष रूप से गंगा नदी को पवित्र और जीवनदायिनी के रूप में पूजा जाता है। इसी प्रकार, भारतीय परंपरा

में "वृक्ष पूजा" का वोग भी बहुत पुराना है, जिसे संतुलन बनाए रखना महत्वपूर्ण है।यजुर्वेद में पर्यावरण संरक्षण और समग्र विकास के बारे में कई महत्वपूर्ण सूत्र दिए गए हैं। इस लेख में, हम यजुर्वेद के परिप्रेक्ष्य में विकसित भारत २०४७ और पर्यावरण समग्र विकास के बारे में चर्चा करेंगे। यदि हम **यजुर्वेद** की बात करें, तो ये पुरानी हिंदू वेदों में से एक है जो सामाजिक और धार्मिक जीवन के विकास पर ज़ोर देता है।

यजुर्वेद में पर्यावरण संरक्षण-यजुर्वेद में पर्यावरण संरक्षण के बारे में कई महत्वपूर्ण सूत्र दिए गए हैं। यजुर्वेद के अनुसार, पृथ्वी हमारी माता है और हमें इसकी रक्षा करनी चाहिए। (यजुर्वेद १.५.१) यजुर्वेद के अनुसर प्रकृति को देवी की रूप में पूजा की जाती है, और इसलिए उसका संरक्षण और समर्थन हमेशा किया जाना चाहिए। यजुर्वेद के कुछ सिद्धांत और मंत्रों में प्रकृति और पर्यावरण से संबंध एक गहरा सम्मान दिखता है। विकसिता भारत २०४७ एवं यगुर्वेद में निहित पर्यावरण विकास **यदि हम यजुर्वेद** की बात करें, तो ये पुरानी हिंदू वेदों में से एक है जो सामाजिक और धार्मिक जीवन के विकास पर ज़ोर देता है। यजुर्वेद के अनुसर, सामाजिक समृद्धि और व्यक्ति के आध्यात्मिक विकास पर ध्यान देने से सामाजिक और राजनीतिक विकास संभव है। वहा सूर्य, जल, वायु, चंद्रमा आदि के महत्व को स्वीकार करते हुए उसे ईश्वर की भक्ति में डूबने की बात कही गई है।

यहां सूर्य जल, वायु, चंद्रमा आदि के महता को स्वीकार करते हुए उसे ईश्वर की ही भक्ति में डूबने की बात कही गई है।[1] सूर्य का यह देवत्व महान है जो संसार के मध्य यजुर्वेद में अग्नि की महत्व बताते हुए कहा गया है। यह 339 देवता अग्नि की सेवा करते हैं। वे धृत के द्वारा अग्नि को संचित करते हैं और उनकी प्रीति के लिए कुशाहों को विधाता है फिर उन्हें होता के रूप मे वरण करते है। [2]

यहां सूर्य की महिमा बताते हुए कहा गया है सूर्य तुम तरुणी रूप, विश्व दर्शन और दीप्ति मान के करता हो, तुम ही जगत को दीप्तिमान करते हो।[3]

यहां बसंत ऋतु के माध्यम से पृथ्वी जल वायु की महता को व्यक्त किया गया है। यजुर्वेद में कहा गया है-और औषधि मधुर रस से युक्त हो

वैसा प्रयत्न हम किया करें बसंत में राति कोमल और प्रातःकाल से लेकर दिन मधुर पृथ्वी की धूल मधुर, गुण युक्त और प्रकाश भी मधुर रक्षक के समान हमारे लिये होवे। मेसे उस बसन्त ऋतुक सेवन करो ॥ यहां बसंत ऋतु के माध्यम से पृथ्वी जल, वायु, नदिया, पीपल आदि की महता को व्यक्त किया गय बसंत में राति कोमल और प्रातःकाल से लेकर दिन मधुर पृथ्वी की धूल मधुर, गुण युक्त और प्रकाश भी मधुर रक्षक के समान हमारे लिये होवे। मेसे उस बसन्त ऋतुक सेवन करो ॥

बसन्त में हमारे लिए पीपल आदि वनस्पति भी कोमत मधुर और सूर्य भी कोमल तापयुक्त होवे और हमारे लिये हो मधुर दुग्ध बाली हो ॥२६॥ बसन्त में जलों के आधारभूत मेध में हे मानव तु स्थिर हो। जिसते सूर्य तुझे न तपाये। सबों में प्रकाशमान अग्नि तुझे ना तपाये, सुन्दर पूर्ण अवयवों वाली प्रजा तेरे अनुकूल हो, शुद्ध गुण युक्त वर्षा प्राप्त होवे, अनुकूल विशेष विचार करो॥[4]

यजुर्वेद में औषधि की महता के रूप में पेड़ पौधों की महता बताई गई है। वहां कहा गया है।

ओषधयः समववन्त सोमेन सह राज्ञा । यस्मै कृणोति ब्राह्मणस्त राजन् पारयामसि ॥६६॥

नाशवित्री बलासस्थानंस उपचितामसि ।

अबो शास्य पक्ष्माणां पाकारोरसि नाशनी ॥६७॥

वां पन्धर्वाऽभवनैस्त्वामिम्ग्रस्त्वां बृहस्पतिः ।

स्वामोषधे सोमो राजा विद्वान् यक्ष्मादमुच्यत ॥८॥ सहस्व में अरातीः

सहस्व वृतनायतः ।

सहस्व सर्व पाप्मान सहमानास्पोषवे ॥६६ ।

दीर्घायुस्त ओषधे खनिता यस्मै च त्वा खनाम्यहम् ।

अथ त्वं दोर्घायुभू त्वा शतवल्शा वि रोहतात् ॥१००॥

हे मानवो ! जो सर्वोत्तम सोमलता के साथ वर्तमान औषधी हैं। उनके ज्ञान के लिए आप परस्पर में संवाद करो ।[5]

हे बंद्य ! हे राज पुरुष ! हम वेदों उपवेदों का ज्ञाता जिस रोगी के लिये इन औषधियों को ग्रहण करता है। उसको इन औषधों हे रोग सागर से पार पहुँचाते हो ।॥६६॥

हे बंद्यो ! जो कफ की व्याधो अर्श की व्याधि तथा अन्य बड़े हुए रोगों की नाश करने वाली औषधी हैं और जो रोग यक्ष्मा भगन्दर आदि और मुख के रोग, मर्मों का छेदन करने वाले शूल की निवारण करने वाली हैं उनको तुम जानो ।

हे मानवो ! जिस औषधि से रोगी क्षय रोग से छूट जाँय उसे उपयोग में लाओ और उसको गान विद्या में कुशल पुरुष ग्रहण करें और उसको ऐश्वर्यशाली मनुष्य तथा वेदज्ञजन सुन्दर गुणवान सर्व शास्त्रज्ञ तथा राजा

उस औषधि को खोजे ।[6]

यहां औषधि के रूप में वाट वृक्षति की बात कही गई है। उनके सेवन से व्यक्ति के रोग नष्ट होते हैं बल बढ़ती है दीर्घायु और सुखी रहने की बात कही गई है।

हे औषधों के ज्ञाता पुरुष ! तेरी जिस औषधि का खोदने बाला में जिस प्रयोजन का जिस पुरुष के लिये खोदता है। उससे तू दीर्घायु हो और बड़ी आयु वाला होकर तू जो बहुत अंकुरो वाली औषधि हैं उसे सेवन करके सुखी हो ॥

हे वैद्यजन ! जो हमको अभीष्ट सुख देता है वह तू हमारा सङ्गी हो। जो उत्तम औषधी है जिसके वट वृक्षादि समीप होने वाले हैं उस औषधि से हमको सुख दे ।[7]

हे स्त्री ! तू जो असंख्य शुभ गुणों से युक्त विशेषकर जिनमें सोमलता प्रधान औषधि है उनके विषय में जानकार है। इससे कल्याणकारिणी हृदय के लिये समर्थ इच्छा सिद्धि के लिये योग्य होती है हमारे लिये उनका उपदेश कर ।[8]

हे विद्वानो ! आप जो जानी हुई तथा सुनी हुई और जो समीप हो अथवा दूर देश में प्राप्त हो सकती हों उन सब वृक्षादि औषधियों को निकट में प्राप्त कर शारीरिक बल को जैसे वैद्य सिद्ध करते हैं वे इन श्रौषधों का ज्ञान इस कन्या को दीजिये [9] वहा कहा गया है मानवो ! मैं जिस प्रयोजन के लिये औषधि को खोदता हैं। वह सोदी हुई तुमको दुख न देवे और तुम्हारे लिये हमारे लिये, निरोग बनावे तया दो पेर वाले मनुष्यों और चौपाये गौ आदि सब उस औषधि से निरोग हों ॥[10]

हे मानवो ! जो सर्वोत्तम सोमलता के साथ वर्तमान औषधी है। उनके ज्ञान के लिए आप परस्पर में संवाद करो । हे बंध ! **भारत २०४७** के लिए यजुर्वेद से जुड़े कुछ महत्वपूर्ण तत्वों को देखा जा सकता है:

- **संपूर्ण सामाजिक विकास (समग्र सामाजिक विकास)** : यजुर्वेद में यह संदेश दिया गया है कि एक समाज को तभी सफलता मिलती है जब सभी लोग अपने कर्मों को धार्मिक और सामाजिक रूप से सही दिशा में लगाते हैं। आज भी, भारत के विकास का एक महत्वपूर्ण केंद्र सामाजिक समृद्धि है। विकासशील भारत २०४७ में, सभी वर्गों के लिए समान अवसर और न्याय की व्यवस्था होनी चाहिए, जो कि यजुर्वेद के सिद्धांत के अनुरूप है।
- **स्वास्थ्य और शक्ति का विकास (स्वास्थ्य और शक्ति विकास)** : यजुर्वेद में शरीर और मन की सेहत को बढ़ावा देने का विचार है। भारत को २०४७ तक दुनिया की एक प्रमुख और सेहतमंद राष्ट्र बनाने के लिए, हमें अपने स्वास्थ्य और शक्ति पर ध्यान देना होगा। इसमें योग, व्यायाम और अच्छे जीवन के सिद्धांत अपनाना शामिल हो सकते हैं।[11]
- **आध्यात्मिक और मानसिक विकास** : यजुर्वेद में यह भी कहा गया है कि आध्यात्मिक विकास उसका मानसिक और भावनात्मक स्थिति को सुधारने में मदद करता है। आज भी, भारत में यह जरूरी है कि व्यक्ति अपने आध्यात्मिक और मानसिक विकास पर ध्यान दे। विकासशील भारत २०४७ में, आध्यात्मिक विचार और मानसिक सुख की या फिर भी ध्यान दिया जाना चाहिए।[12]
- **प्रकृति और पर्यावरण का संरक्षण (प्रकृति और पर्यावरण संरक्षण)** : यजुर्वेद में प्रकृति और पर्यावरण का महत्व समझा गया है। भारत को २०४७ तक सतत विकास की तरफ बढ़ना होगा, जिसमें प्रकृति के साथ सामाजिक और आर्थिक विकास की सही संतुलन बनेगा। पर्यावरण का संरक्षण और प्रकृति के साथ

मेल-जोल से ही हम विकास की सही दिशा में आगे बढ़ सकते हैं।[13]

- **समष्टि विकास (सामूहिक प्रगति)** : यजुर्वेद में एक समाज और एक जुट होकर काम करने का प्रचार है। विकासशील भारत २०४७ में, हमें सभी नागरिकों को एकजुट करना होगा ताकि सभी का विकास हो सके। यजुर्वेद के अनुसर, जब लोग मिल कर काम करते हैं तो वो अपने लक्ष्यों को आसान से प्राप्त करते है [14] आधुनिक भारत और पर्यावरण विकसित भारत की परिकल्पना में भी पर्यावरण की अहम भूमिका है। हालाँकि, औद्योगिकीकरण और शहरीकरण के अनुरूप भारतीय वैज्ञानिक दृष्टिकोण पर दबाव डाला गया है, फिर भी भारतीय समाज ने अपने प्राचीन सिद्धांतों को आधुनिक विज्ञान और प्रौद्योगिकी के साथ जोड़ने की कोशिश की है। आज भारत में "स्वच्छ भारत अभियान", "पृथ्वी दिवस", और "जल जीवन मिशन" के माध्यम से पर्यावरण संरक्षण की दिशा में कदम बढ़ाए जा रहे हैं। इसके अलावा, भारतीय संविधान में भी पर्यावरण संरक्षण का प्रावधान किया गया है। भारतीय संविधान के भाग IV (राज्य के नीति निर्देशक सिद्धांत) में पर्यावरण संरक्षण को एक महत्वपूर्ण नीति लक्ष्य के रूप में शामिल किया गया है। साथ ही, भारतीय पर्यावरण संरक्षण को संवैधानिक अधिकार के रूप में स्वीकार किया गया है, और कई मामलों में पर्यावरण संरक्षण सुनिश्चित करने

निष्कर्ष

भारतीय ज्ञान परम्परा में पर्यावरण संरक्षण का केवल एक बाहरी उपाय नहीं, बल्कि एक गहरी और प्रतिष्ठित सोच है जो जीवन से जुड़ी हर अवधारणा से जुड़ी है। वेदों में प्रकृति के प्रति जो श्रद्धा और सम्मान व्यक्त किया गया है, वह आज भी भारतीय समाज के वैचारिक दृष्टिकोण को आकार देता है। प्राचीन काल से लेकर वर्तमान तक, भारत ने पर्यावरण को एक शुद्ध और जीवनदायिनी तत्व माना है। विकसित भारत की दिशा में जहां विकास और प्रगति को प्राथमिकता दी जा रही है, वहीं यह भी

महत्वपूर्ण है कि हम अपने प्राचीन मसालों को जोड़ें और उसे आधुनिक संदर्भ में साकार करें। भारत में विकसित **यजुर्वेद** का योगदान पर्यावरण संरक्षण क्षेत्र में महत्वपूर्ण है। यजुर्वेद की शिक्षाओं से जीवन के हर पहलू को स्थापित करने के दृष्टिकोण से प्राकृतिक तत्वों का उपयोग और संरक्षण जोरों पर है। भारत में यजुर्वेद की समझ को फिर से स्थापित करना और उसका पालन करना आज के प्रमुख संकटों से एक स्थिर और समग्र समाधान हो सकता है।

सन्दर्भ सूची

1.वेद अनुरागी, आचार्य गोपाल प्रसाद कौशिक, यजुर्वेद,मथुरा,1968,पृष्ठ ,224

2 वहीं, पृष्ठ,571

3 वहीं पृष्ठ,578-579

4 वहीं, पृष्ठ,248-239

5 वहीं, पृष्,223

6 वहीं ,पृष्ठ,223

7 वहीं, पृष्ठ,224

8 वहीं ,पृष्ठ,221

9 वहीं, पृष्ठ,221

10 वहीं, पृष्ठ 221

11 यजुर्वेद*: यजुर्वेद के अनुसार, पृथ्वी हमारी माता है और हमें इसकी रक्षा करनी चाहिए। (यजुर्वेद १.५.१

12 "विकसित भारत २०४७: एक दृष्टि"*: द इकोनॉमिक टाइम्स में प्रकाशित

13. "यजुर्वेद और पर्यावरण संरक्षण"*: द हिंदू में प्रकाशित

14 पर्यावरण संरक्षण और समग्र विकास"*: हिंदुस्तान टाइम्स में प्रकाशित

विकसित भारत २०४७ और भारतीय ज्ञान प्रणाली में अहिंसा

प्रो. नितीश दुबे
दर्शनशास्त्र विभाग, D A V, कानपुर, भारत

परिचय

विकसित भारत २०४७ के लिए भारतीय ज्ञान प्रणाली में अहिंसा एक महत्वपूर्ण पहलू है। भारतीय ज्ञान प्रणाली में अहिंसा का महत्व वेदों, उपनिषदों, और पुराणों में वर्णित है। इस आलेख में, हम भारतीय ज्ञान प्रणाली में अहिंसा के महत्व और विकसित भारत २०४७ के लिए इसके महत्व पर चर्चा करेंगे।

भारतीय ज्ञान प्रणाली में अहिंसा

भारतीय ज्ञान प्रणाली में अहिंसा का महत्व वेदों, उपनिषदों, और पुराणों में वर्णित है। वेदों में अहिंसा को सबसे बड़ा धर्म बताया गया है।

- वेदों में अहिंसा: वेदों में अहिंसा एक महत्वपूर्ण विषय है। वेदों में अहिंसा के बारे में कई महत्वपूर्ण सूत्र दिए गए हैं।
- ऋग्वेद में अहिंसा: ऋग्वेद में अहिंसा का विचार सीधे तौर पर नहीं आता है, लेकिन इसके मंत्रों में शांति, सद्‌गुण और सिद्धांत के सिद्धांतों को प्रमुखता दी गई है, जो अहिंसा के सिद्धांत की ओर संकेत करते हैं। यहां कुछ ऐसे मंत्रों का उल्लेख किया गया है जो हिंसा से बचने, दया और सत्य के मार्ग पर चलने के सिद्धांत को स्थापित करते हैं:
- "सत्यं ब्रह्म" (ऋग्वेद 10.129.4) – यह मंत्र सत्य को ब्रह्म , अर्थात परम सत्य के रूप में प्रस्तुत करता है । इसका संदेश यह है कि व्यक्ति सत्य के मार्ग पर है(ऋग्वेद 10.129.4) – यह मंत्र सत्य को ब्रह्म, अर्थात परम सत्य के रूप में प्रस्तुत करता है। इसका संदेश

यह है कि व्यक्ति को सत्य के मार्ग पर चलना चाहिए, और हिंसा या असत्य का कोई स्थान नहीं है।

• "**असतो मा सद्गमय**" (ऋग्वेद 10.44) ।से अमृत की ओर से की प्रेरणा(ऋग्वेद 10.44.1) – यह मंत्र मानव को असत्य से सत्य, अंधकार से प्रकाश और मृत्यु से अमृत की ओर चलने की प्रेरणा देता है। इसे हिंसा और नकारात्मकता से बचने की दिशा में एक कदम के रूप में देखा जा सकता है।

- **"ईश्वराय नमः"** (ऋग्वेद 10.121.3) – इस मंत्र में ईश्वर की प्रति श्रद्धा और प्रार्थना की गयी है। इसे अहिंसा का एक संकेत माना जा सकता है, क्योंकि व्यक्ति को ईश्वर के साथ एकात्मता की भावना में अपने कर्मों में संयम और दया दिखानी चाहिए।
- **"समानं हृदयं, समानं मंत्रम्, समानं हंसा इति"** (ऋग्वेद 10.191.2) – इस श्लोक में समानता और एकता के विचार को बढ़ावा दिया गया है, जो समानता हिंसा को रोकता है और एक-दूसरे की प्रति दया और सहिष्णुता की भावना को बढ़ावा देता है। इन मंत्रों और श्लोकों में न केवल शारीरिक, बल्कि मानसिक और हिंसा से भी मुक्ति की प्रेरणा दी गई है, जिसमें यह बताया गया है कि ऋग्वेद में अहिंसा के सिद्धांत की प्रेरणा भाषा के रूप में दी गई है।

  इन वाक्यों में हम देख सकते हैं कि ऋग्वेद के विचारों में शांति, दया, और सत्य की ओर से होने वाले महत्व को बार-बार उजागर किया गया है, जो बाद में हिंदू धर्म के अहिंसा सिद्धांत की स्थापना हुई।

यजुर्वेद में अहिंसा

यजुर्वेद में भी अहिंसा के बारे में चर्चा की गई है। यजुर्वेद के अनुसार, जो व्यक्ति सभी जीवों में आत्मा को देखता है, वह अहिंसा का पालन करता है। (यजुर्वेद ४०.८)

सामवेद में अहिंसा

सामवेद में भी अहिंसा के बारे में चर्चा की गई है। सामवेद के अनुसार, अहिंसा सबसे बड़ा धर्म है। (सामवेद १.१५.१)

अथर्ववेद में अहिंसा

अथर्ववेद में भी अहिंसा के बारे में चर्चा की गई है। अथर्ववेद के अनुसार, जो व्यक्ति सभी जीवों में आत्मा को देखता है, वह अहिंसा का पालन करता है। (अथर्ववेद १०.१०.१)

यजुर्वेद में अहिंसा

यहां ऐसे श्लोक मिलेंकी हैंअहिंसा के विचार को विशेष रूप से मानवीय, धार्मिक, और समाज में शांति और सहयोग को बढ़ावा देने के रूप में प्रस्तुत किया गया है। यजुर्वेद मंत्रों में ऐसे कई श्लोक शामिल हैं जो अहिंसा, दया और सदाचार की बातें करते हैं। अहिंसा के सिद्धांत को यजुर्वेद में जीवन के आचार, आस्था और व्यवहार के रूप में व्यक्त किया गया है। यहां कुछ प्रमुख यजुर्वेद के श्लोक दिए गए हैं जो अहिंसा के विचार प्रस्तुत करते हैं:

- **"शांति मन्त्रोति शांति शांतिम्"** (यजुर्वेद 36.18) -(यजुर्वेद 36.18) – इस श्लोक में शांति की प्रार्थना की गयी है। शांति का वास्तविक अर्थ तभी संभव है जब कोई हिंसा न हो और समाज में एकता और सहयोग हो। अहिंसा के बिना सच्ची शांति संभव नहीं है।
- **"न हिंसायामि देहिनं"** (यजुर्वेद 7.38) – इस श्लोक में यह संदेश दिया गया है किहै जिसमें यह कहा गया है(यजुर्वेद 7.38) – इस श्लोक में यह संदेश दिया गया है कि हमें किसी भी वस्तु का अपमान नहीं करना चाहिए। यह श्लोक अहिंसा के सिद्धांत को अभिव्यक्त करता है, जिसमें कहा गया है कि हमें सिद्धांतों के प्रति हिंसा या उपदेश से बचना चाहिए।
- **"आ नो भद्राः क्रतवो यन्तु विश्वतः"**व्यक्ति ऐसा है और यह हम सभी को प्रेरित करता है(यजुर्वेद 36.6) – यह मंत्र सभी मंत्रों के

लिए शुभकामनाएँ देता है और यह प्रेरित करता है कि हम सभी एक-दूसरे के कल्याण के लिए कार्य करें। इसमें अहिंसा और एकजुटता का संदेश है, जो सभी सुख-शांति की कामना करते हैं।

- **"वयं रक्षामहे सर्वे"** (यजुर्वेद 7.6) – इस श्लोक में सभी मोक्ष की रक्षा की बात बताई गई है। अहिंसा का यह सिद्धांत यह है कि हम सभी देशों की रक्षा करें, न कि किसी को नुकसान पहुंचाएं। यजुर्वेद में इस प्रकार के श्लोकों के माध्यम से अहिंसा और सद्गुणों की शिक्षा दी जाती है। यहां शारीरिक, मानसिक और शारीरिक हिंसा से बचने का संदेश दिया गया है, जिससे समाज में सामंजस्य और शांति बना रहे। ऋग्वेद में अहिंसा का विचार प्रमुख रूप से जीवन के विविध संकल्पों में सद्गुणों और सिद्धांतों के रूप में प्रकट होता है। हालाँकि, ऋग्वेद में सीधे तौर पर "अहिंसा" शब्द का उल्लेख नहीं है, लेकिन इसके मंत्रों और श्लोकों में उपदेशों के प्रति दया, एकता सम्मान, और अहिंसा और संप्रदाय के विचारों को महत्व दिया गया है। ऋग्वेद के कुछ मंत्रों में अहिंसा के सिद्धांत को इस प्रकार व्यक्त किया गया है: 1. **"सत्यं ब्रह्म"** – सत्य ही ब्रह्म है, इसका अर्थ यह है कि व्यक्ति को सत्य और दया के मार्ग पर चलने के लिए प्रेरित किया जाता है, और इसमें हिंसा या असत्य का स्थान नहीं होता है। 2. **"असतो मा सद्गमय"** – यह मंत्र मनुष्य को असत्य से सत्य की ओर, अंधकार से प्रकाश की ओर, और मृत्यु से अमृत की ओर जाने का लक्ष्य देता है, जो अहिंसा के मार्ग को उसकी दिशा में एक प्रेरणा देता है। 3. **"ईश्वराय नमः"** – ईश्वर के प्रति श्रद्धा और सत्य को स्वीकार करते हैं हिंसा के विपरीत आस्था और सिद्धांत को अपनाते हैं। ऋग्वेद के सिद्धांतों में न केवल शारीरिक बल्कि मानसिक और भाषाई हिंसा से भी मुक्ति की प्रेरणा दी गई है, क्योंकि व्यक्ति के आचार-विचार और वाणी का उस पर और समाज पर प्रभाव पड़ता ऋग्वेद में अहिंसा का विचार सीधे तौर पर नहीं आता है, लेकिन इसके मंत्रों में शांति, सद्गुण और

सिद्धांत के सिद्धांतों को प्रमुखता दी गई है, जो अहिंसा के सिद्धांत की ओर संकेत करते हैं। यहां कुछ ऐसे मंत्रों का उल्लेख किया गया है जो हिंसा से बचने, दया और सत्य के मार्ग पर चलने के सिद्धांत को स्थापित करते हैं:

- **"सत्यंब्रह्म"** (ऋग्वेद 10.129.4) – यह मंत्र सत्य को ब्रह्म , अर्थात परम सत्य के रूप में प्रस्तुत करता है । इसका संदेश यह है कि व्यक्ति सत्य के मार्ग पर है(ऋग्वेद 10.129.4) – यह मंत्र सत्य को ब्रह्म, अर्थात परम सत्य के रूप में प्रस्तुत करता है। इसका संदेश यह है कि व्यक्ति को सत्य के मार्ग पर चलना चाहिए, और हिंसा या असत्य का कोई स्थान नहीं है।
- "असतो मा सद्गमय" (ऋग्वेद 10.44) ।से अमृत की ओर से की प्रेरणा(ऋग्वेद 10.44.1) – यह मंत्र मानव को असत्य से सत्य, अंधकार से प्रकाश और मृत्यु से अमृत की ओर चलने की प्रेरणा देता है। इसे हिंसा और नकारात्मकता से बचने की दिशा में एक कदम के रूप में देखा जा सकता है।
- **"ईश्वराय नमः"** (ऋग्वेद 10.121.3) – इस मंत्र में ईश्वर की प्रति श्रद्धा और प्रार्थना की गयी है। इसे अहिंसा का एक संकेत माना जा सकता है, क्योंकि व्यक्ति को ईश्वर के साथ एकात्मता की भावना में अपने कर्मों में संयम और दया दिखानी चाहिए।
- **"समानं हृदयं, समानं मंत्रम्, समानं हंसा इति"** (ऋग्वेद 10.191.2) – इस श्लोक में समानता और एकता के विचार को बढ़ावा दिया गया है, जो समानता हिंसा को रोकता है और एक-दूसरे की प्रति दया और सहिष्णुता की भावना को बढ़ावा देता है।

इन मंत्रों और श्लोकों में न केवल शारीरिक, बल्कि मानसिक और हिंसा से भी मुक्ति की प्रेरणा दी गई है, जिसमें यह बताया गया है कि ऋग्वेद में अहिंसा के सिद्धांत की प्रेरणा भाषा के रूप में दी गई। इन वाक्यों में हम देख सकते हैं कि ऋग्वेद के विचारों में शांति, दया, और सत्य की ओर से होने वाले महत्व को बार-बार उजागर किया गया है, जो बाद में हिंदू धर्म के अहिंसा सिद्धांत की स्थापना हुई। **यजुर्वेद** में अहिंसा का विचारगया । यजुऐसे श्लोक

मिलेंकी हैंअहिंसा के विचार को विशेष रूप से मानवीय, धार्मिक, और समाज में शांति और सहयोग को बढ़ावा देने के रूप में प्रस्तुत किया गया है। यजुर्वेद मंत्रों में ऐसे कई श्लोक शामिल हैं जो अहिंसा, दया और सदाचार की बातें करते हैं। अहिंसा के सिद्धांत को यजुर्वेद में जीवन के आचार, आस्था और व्यवहार के रूप में व्यक्त किया गया है। यहां कुछ प्रमुख यजुर्वेद के श्लोक दिए गए हैं जो अहिंसा के विचार प्रस्तुत करते हैं:

- **"शांति मन्नोति शांति शांतिम्"** (यजुर्वेद 36.18) -(यजुर्वेद 36.18) – इस श्लोक में शांति की प्रार्थना की गयी है। शांति का वास्तविक अर्थ तभी संभव है जब कोई हिंसा न हो और समाज में एकता और सहयोग हो। अहिंसा के बिना सच्ची शांति संभव नहीं है।
- **"न हिंसायामि देहिनं"** (यजुर्वेद 7.38) – इस श्लोक में यह संदेश दिया गया है किहै जिसमें यह कहा गया है(यजुर्वेद 7.38) – इस श्लोक में यह संदेश दिया गया है कि हमें किसी भी वस्तु का अपमान नहीं करना चाहिए। यह श्लोक अहिंसा के सिद्धांत को अभिव्यक्त करता है, जिसमें कहा गया है कि हमें सिद्धांतों के प्रति हिंसा या उपदेश से बचना चाहिए।
- **"आ नो भद्राः क्रतवो यन्तु विश्वतः"**व्यक्ति ऐसा है और यह हम सभी को प्रेरित करता है(यजुर्वेद 36.6) – यह मंत्र सभी मंत्रों के लिए शुभकामनाएँ देता है और यह प्रेरित करता है कि हम सभी एक-दूसरे के कल्याण के लिए कार्य करें। इसमें अहिंसा और एकजुटता का संदेश है, जो सभी सुख-शांति की कामना करते हैं।
- **"वयं रक्षामहे सर्वे"** (यजुर्वेद 7.6) – इस श्लोक में सभी मोक्ष की रक्षा की बात बताई गई है। अहिंसा का यह सिद्धांत यह है कि हम सभी देशों की रक्षा करें, न कि किसी को नुकसान पहुंचाएं। यजुर्वेद में इस प्रकार के श्लोकों के माध्यम से अहिंसा और सद्गुणों की शिक्षा दी जाती है। यहां शारीरिक, मानसिक और शारीरिक हिंसा से बचने का संदेश दिया गया है, जिससे समाज में सामंजस्य

और शांति बनी इन श्लोकों में अहिंसा के सिद्धांत का प्रतिपादन किया गया है, जो जीवन के सभी सिद्धांतों में दया, सहनशीलता और शांति की ओर संकेत करता है। सामवेद मे अहिंसा सामवेद में अहिंसा के सिद्धांत का स्पष्ट उल्लेख नहीं है, लेकिन इसके मंत्रों और गायन के माध्यम से शांति, सद्‌गुण और जीवन के हर पहलू में अनुकूलता को महत्व दिया गया है, जो हिंसा और संघर्ष से दूर रहने की प्रेरणा देते हैं। सामवेद मुख्यतः संगीत और गायन का वेद है, और इसका मुख्य उद्देश्य देवताओं की पूजा और मानवता के लिए शांति और कल्याण की प्राप्ति है। इसके श्लोक में अहिंसा के विचार न केवल शारीरिक बल्कि मानसिक और आत्मिक शांति को भी बढ़ावा दिया गया है। यहां कुछ उदाहरण दिए गए हैं:

- **"ॐ शांति शांति शांति"** (सामवेद) – यह शांति(सामवेद) – यह शांति की प्रार्थना का मंत्र है, जो अहिंसा के सिद्धांत को व्यक्त करता है। शांति का अर्थ केवल बाहरी शांति नहीं है, बल्कि आंतरिक शांति भी है, जिसमें हिंसा और द्वंद्व से दूर रहकर आत्मिक शांति की प्राप्ति होती है।
- **"सर्वे भवन्तु सुखिनः, सर्वे सन्तु निरामयाः"** (सामवेद(सामवेद) – यह श्लोक सभी के सुखी और निरोगी होने की कामना करता है। यहां यह संदेश दिया जाता है कि यदि हम कल्याण कर्मचारियों के प्रति हिंसा से बचते हैं और एक-दूसरे की कामना करते हैं, तो ही हम सामूहिक सुख और शांति प्राप्त कर सकते हैं।
- **"आ नो भद्राः क्रतवो यंतु विश्वतः"** (सामवेद) – इस मंत्र में यह प्रार्थना की गई है कि सभी अच्छे विचार और कार्य दुनिया में लाएँ। इसमें अहिंसा का विचार आया है, क्योंकि यदि हम अच्छे विचारों से प्रेरित होते हैं, तो हम न तो सिद्धांतों के प्रति हिंसा करेंगे और न ही किसी को नुकसान पहुंचाएंगे। सामवेद के श्लोकों में हम देख सकते हैं कि अहिंसा का विचार शांति, सामूहिक कल्याण और दया के रूप में प्रकट हुआ है। सामवेद में यह संदेश दिया गया है कि

शांति और धार्मिकता से जीवन को बेहतर बनाया जा सकता है, और यह तभी संभव है जब हम हिंसा और

संदर्भ सूची

1. *ऋग्वेद*: ऋग्वेद में अहिंसा के बारे में कई महत्वपूर्ण सूत्र दिए गए हैं। (ऋग्वेद ५.५१.१)

- ऋग्वेद 10.129.4
- ऋग्वेद 10.44.1
- ऋग्वेद 10.121.3
- ऋग्वेद 10.191.2

2. *यजुर्वेद*: यजुर्वेद में भी अहिंसा के बारे में चर्चा की गई है। (यजुर्वेद ४०.८)

- यजुर्वेद 36.18
- यजुर्वेद 7.38
- यजुर्वेद 36.6
- यजुर्वेद 7.6

3. *सामवेद*: सामवेद में भी अहिंसा के बारे में चर्चा की गई है। (सामवेद १.१५.१)

4. *अथर्ववेद*: अथर्ववेद में भी अहिंसा के बारे में चर्चा की गई है। (अथर्ववेद १०.१०.१)

विकसित भारत २०४७ और भारतीय ज्ञान परम्परा का अंतर्संबंध

प्रो एन. पी. तिवारी
सेवानिवृत्त प्रोफेसर दर्शनशास्त्र विभाग
पटना विश्वविद्यालय , पटना, भारत

प्रस्तुत विषय के दो भाग हैं – विकसित भारत २०४७ तथा भारतीय ज्ञान परम्परा । एक अन्य भाग है- इन दोनों पदों में अंतर्संबंध| विकसित भारत २०४७ भविष्य का संकेतक है। यह एक आदर्श या लक्ष्य है जिसकी प्राप्ति के लिए वर्तमान में प्रयास करना आवश्यक है। यह प्रयास सरकार के साथ-साथ जनता को स्वयं करना चाहिए। प्रयास उक्त लक्ष्य की प्राप्ति के साधनों को विकसित करने की है। उन साधनों में महत्वपूर्ण साधन प्रत्येक व्यक्ति के स्वस्थ रहने, शिक्षित होने, आर्थिक स्वावलम्बन प्राप्त करने, सामाजिक समरसता और एकता की प्राप्ति, जातीय और साम्प्रदायिक समानता एवं सद्भावना आदि हैं।

स्वस्थ रहने की एक महत्वपूर्ण शर्त स्वच्छता है। भारत सरकार ने 2014 के बाद से इस पर अधिकाधिक बल दिया। अब तो स्कूल और कॉलेज के पाठ्यक्रमों में स्वच्छता अभियान एक प्रमुख विषय बन गया है। गांधीजी भी स्वच्छता पर बल देते थे। स्वच्छता का सम्बन्ध न केवल शारीरिक स्वास्थ्य से है, बल्कि मानसिक स्वास्थ्य से भी है। इस संदर्भ में यदि भारतीय ज्ञान परम्परा की ओर देखा जाय, तो हमारा ध्यान योग दर्शन के "नियम" नामक एक प्रावधान पर जाता है। वह प्रावधान है शौच । शौच का शाब्दिक अर्थ पवित्रता है। तन की शुद्धता या पवित्रता के लिए नित्य स्नान करने का परामर्श दिया गया है।

मन की शुद्धता या पवित्रता के लिए वासना को नियंत्रित करने या बुरे विचारों को मन में नहीं आने देने का परामर्श दिया गया है। बुरे विचार हैं- काम, क्रोध, लोभ, मोह, मद, मत्सर । इनका प्रतिकार दया, करुणा, क्षमा, विनय और मैत्री जैसे सद्गुणों से करना चाहिए। इन गुणों पर वैदिक

ऋषियों से लेकर गांधी- विवेकानन्द जैसे आधुनिक मनीषियों ने भी बल दिया है। विकसित भारत २०४७ के लिए भी वर्तमान में इन सद्गुणों की आवश्यकता है।

आजतक हम जिस पद्धति से शिक्षा ग्रहण करते रहे हैं, उसे मैकाले की पद्धति कही जाती है। राष्ट्रीय शिक्षा नीति 2020 द्वारा इस पद्धति को विलोपित करने का प्रयास किया गया है। इस नीति द्वारा मातृभाषा के साथ-साथ क्षेत्रीय भाषा के माध्यम से शिक्षा देने की बात कही गयी है। भारतीय ज्ञान परम्परा में शिक्षा का माध्यम तत्कालीन लोकभाषा थी। वैदिक शिक्षा संस्कृत में, बौद्ध शिक्षा पाली में और जैन शिक्षा प्राकृत में दी जाती थी। उस समय शिक्षा का मुख्य प्रतिपाद्य विषय वेद से लेकर वेदांग, न्याय-मीमांसा, वेदान्त आदि थे। अलंकार, छंद, नृत्य, संगीत आदि का भी ज्ञान दिया जाता था।

आधुनिक समय में भी इन विषयों का ज्ञान दिया जाता है, लेकिन आंग्ल भाषा या हिन्दी या क्षेत्रीय भाषा में। इन भाषाओं में शिक्षा देना अनुचित नहीं है, अनुचित है संस्कृत, पाली और प्राकृत भाषा का तिरस्कार करना। इन भाषाओं को पुनर्जीवित किये बिना विकसित भारत की परिकल्पना असम्भव है। यही कारण है कि भारत सरकार इस दिशा में भी प्रयासरत है। हमें भी इस दिशा में कार्यरत होना चाहिए, तभी २०४७ में भारत विकसित हो सकता है।

यदि प्रत्येक भारतीय चाहे वह किसी जाति या धर्म या सम्प्रदाय का हो, आर्थिक रूप से समृद्ध होता है, तो भारत में गरीब-अमीर का विभेद मिट जायेगा, जाति-सम्प्रदाय समाप्त हो जायेगा। आर्थिक समानता सामाजिक समानता लाती है, और सामाजिक समानता धार्मिक एकता और सद्भावना को प्रशस्त करती है। महात्मा गांधी ने धर्म-सम्प्रदाय समभाव को ही निरपेक्षता की संज्ञा दी है। यह निरपेक्षता ही अंग्रेजी का सेकुलरिज्म है। भारत तो प्राचीन काल से ही सेकुलर राष्ट्र रहा है, तभी तो सभी धर्म और सभ्यता को आत्मसात कर लिया है। जितने भी आक्रान्ता और लुटेरे आये, उन्होंने भारत को तहस-नहस करने का भरपूर प्रयास किया, परन्तु सफल नहीं हुए।

आज भी भारतीय संस्कृति और राष्ट्रीय एकता को छिन्न-भिन्न करने का प्रयास किया जा रहा है। परन्तु भारतीय संस्कृति इतनी सुदृढ़ है, कि उसे खंडित करना मुश्किल है। इस संस्कृति की सबसे बड़ी विशेषता राष्ट्रवाद है। राष्ट्रवाद वह संकल्पना है जो केवल एक भूभाग नहीं है, केवल जनसंख्या का संग्रह मात्र नहीं, बल्कि वह संप्रभु होने के साथ-साथ एक समान संस्कृति और उन्नत सभ्यता का भी प्रतीक है। यह सांस्कृतिक राष्ट्रवाद है जिसमें नारी की अस्मिता पूजनीय है। यह वह राष्ट्रवाद है जहां लोपामुद्रा, मैत्रेयी, गार्गी जैसी विदुषी जन्म लेती हैं।

भारत एक ऐसा राष्ट्र है जो प्राचीन काल से ही शान्ति और अहिंसा को अपनाता रहा है। परन्तु आवश्यकता पड़ने पर यह राष्ट्र युद्ध से भी पीछे नहीं रहा। ऋग्वेद (10.152.3) में कहा गया है कि हे वीरो ! दुष्ट राक्षसों का नाश करो। हिंसकों को मार डालो। शत्रुओं के पराक्रम को चूर कर दो, अभिमान को कुचल दो, नष्ट कर दो, उन्हें मार भगाओ और निरापद जीवनयापन करो। निरापद जीवनयापन का तात्पर्य ही है कि शांति और सुख से रहना। यह तभी सम्भव है, जब हम युद्ध से विरत रहें।

युद्ध केवल बाह्य नहीं होता, आन्तरिक भी होता है। हमारे अन्दर जो द्वन्द्व चलता है, उसको शमन करना ही शान्ति है। शान्ति को सम्पूर्णता में प्राप्त करना ही विकसित भारत का उद्देश्य है और साधन है— भारतीय ज्ञान परम्परा, उसकी प्रेरणा और अनुकरण। अतः विकसित भारत और भारतीय ज्ञान परम्परा में अनिवार्यतः अन्तर्सबंध है।

आन्तरिक द्वन्द्व का शमन तो योग के विभिन्न साधनों द्वारा ही सम्भव है। भारतीय ज्ञान परम्परा का एक प्रमुख शास्त्र योगसूत्र है, जिसमें यम, नियम, आसन, प्राणायाम, प्रत्याहार, धारणा, ध्यान और समाधि अपनाने की बात की गयी है। बौद्ध दर्शन में भी अष्टांगिक मार्ग द्वारा किसी-न-किसी रूप में योग के अंगों को स्वीकारा गया है। सम्यक वाक् सत्य-वाणी का द्योतक है। यह सत्य-स्वीकृति है। जैन दर्शन के महाव्रत के अंतर्गत भी सत्य कहने का निर्देश दिया गया है। वेदोपनिषद में भी "सत्यमेव जयते" और "सत्यं वद" की बात की गयी है। इसी तरह इन सभी शास्त्रों और दर्शनों में अहिंसा, अस्तेय, अपरिग्रह और ब्रह्मचर्य की बात की गयी है। अहिंसा शान्ति का द्योतक है, तो अस्तेय और अपरिग्रह लोभ-संवरण और संतोष

का पर्याय है। अस्तेय दूसरों की वस्तुओं को नहीं चुराना है। पर लालच या अभाव में ही चोरी होती है। अभाव को शारीरिक-मानसिक श्रम द्वारा दूर किया जा सकता है।

लालच ही हमें "और-और" के जाल में फंसाता है और हम में संचय की प्रवृत्ति उत्पन्न होती है। अपरिग्रह इस प्रवृत्ति पर अंकुश लगाता है कि जितनी आवश्यकता है उतना ही संचय करना। यह संतोषम् परमसुखम् की ओर ले जाता है। योगशास्त्र में संतोष को नियम माना गया है। कहा गया है कि मानव-जीवन में प्राप्त भोग और भोगसाधन से अधिक की अपेक्षा या तृष्णा नहीं रखना, अंत: करण में संतुष्टि का भाव उदय होना संतोष है। इसी प्रकार तपादि अन्य नियमों का पालन करने से मानव-जीवन सफल और संतुष्ट होता है। उसे आनन्द की प्राप्ति होती है। आनन्द ही तो विकसित भारत का पर्याय है।

भारतीय ज्ञान परम्परा के अंतर्गत आनन्द तो ब्रह्म मात्र है। आनन्दित होना ब्रह्म होना है। ब्रह्म का शाब्दिक अर्थ है विकसित होना। यही तो (विकसित) भारत २०४७ का लक्ष्य है कि भारत का एक-एक नागरिक सुखी और सम्पन्न हो, आनन्द को प्राप्त करे। आनन्द की प्राप्ति तभी होगी जब मनुष्य प्रकृति तथा अन्य जीव-जन्तुओं के साथ सामंजस्य स्थापित करें, क्योंकि प्रकृति, मनुष्य, अन्य जीव-जन्तु यहां तक कि नदी-नाले, पर्वत, पेड़-पौधे सभी तो ब्रह्म मात्र हैं। पूर्व, पश्चिम, उत्तर, दक्षिण, ऊपर, नीचे आदि सभी ब्रह्म मात्र हैं। अतएव सभी विकसित हैं।

हम मैकाले की शिक्षा पद्धति के कारण अपने इस शाश्वत विकास को भूल चुके हैं और अंधेरे की दुनिया में चले गये हैं। गरीबी, बेरोजगारी, हिंसा – चाहे बलात्कार हो या हत्या आदि से संत्रस्त हो रहे हैं। इस संत्रस्तता से मुक्ति या उसका निराकरण का एकमात्र उपाय विकसित भारत है और उसका मूल्यवान साधन भारतीय ज्ञान परम्परा का पुनरावलोकन, पुनर्निरीक्षण और पुनर्विश्लेषण है। अतएव कहा जा सकता है कि सामाजिक, आर्थिक, प्राकृतिक, जैविक, धार्मिक, आध्यात्मिक, सांस्कृतिक आदि सभी दृष्टिकोणों से विकसित भारत २०४७ तथा भारतीय ज्ञान परम्परा के बीच परस्पर नियत सम्बन्ध है। नियत सम्बन्ध ही अंतसंबंध कहलाता है।

वस्तुतः भारतीय ज्ञान परम्परा की समृद्धि के बिना विकसित भारत २०४७ की संकल्पना निरर्थक है। विकसित भारत २०४७ के लिए बौद्ध विज्ञानवाद का चेतनाप्रवाह तथा अद्वैतवाद के ब्रह्मवाद की पुनर्व्याख्या आवश्यक है। इनकी पुनर्व्याख्या में ही निहित वे सूत्र हैं जो भारत को २०४७ में विकसित बना सकते हैं।

विकास का एक पैमाना नैतिकता भी है। यही कारण है कि जैन दर्शन ने नैतिकता पर बल दिया है। हर क्षेत्र में नैतिकता की परम आवश्यकता है चाहे वह व्यापार हो या राजनीति, शिक्षा हो या समाज। आज हर क्षेत्र में नैतिकता का ह्रास हो चुका है। भारतीय ज्ञान परम्परा द्वारा इसे पुनः प्रतिष्ठित कर भारत को समग्रता में विकसित करने में हमारा योगदान अवश्य होना चाहिए। विकसित भारत २०४७ के लिए भारतीय ज्ञान परम्परा की समृद्धि अनिवार्य है और राष्ट्रीय शिक्षा नीति 2020 इसके लिए उपयुक्त समाधान है।

अंतः निष्कर्षतः कहा जा सकता है कि राष्ट्रीय शिक्षा नीति 2020, भारतीय ज्ञान परम्परा और विकसित भारत २०४७ में आन्तरिक सम्बन्ध है।

संदर्भ सूची

1. ऋग्वेद 10-152.3
2. योगसूत्र, 2.40
3. वहीं, साधन पाद, 29
4. वहीं, (व्यासमावय), 2.30
5. अथर्ववेद, 19.9.13
6. ताण्ड्य ब्राह्मण,8.6.13

विकसित भारत २०४७ और भारतीय ज्ञान परंपरा का अंतर्संबंध

प्रो. शुकदेव भोई
पूर्व कुलपति,
विनोद बिहारी मेहतो कोयांचल विश्वविद्यालय,
धनबाद, झारखण्ड
आचार्य, साहित्य विभाग,
श्री लाल बहादुर शास्त्री राष्ट्रीय संस्कृत विश्वविद्यालय,
कटवारिया सराय, नई दिल्ली, भारत

शोध-सार

भारत सरकार द्वारा प्रस्तुत "विकसित भारत 2047" की परिकल्पना एक व्यापक और बहुआयामी दृष्टिकोण को दर्शाती है, जो केवल आर्थिक प्रगति तक सीमित नहीं है, बल्कि सांस्कृतिक चेतना, नैतिकता, शिक्षा, स्वास्थ्य, तकनीक, पर्यावरण संरक्षण और वैश्विक नेतृत्व की संपूर्णता को समाहित करती है। यह लक्ष्य तभी सार्थक हो सकता है जब भारत अपनी प्राचीन ज्ञान परंपरा के मूल स्रोतों से जुड़कर आधुनिकता के साथ उसका सृजनात्मक समन्वय स्थापित करे। भारतीय ज्ञान परंपरा केवल पुस्तकीय ज्ञान का संकलन नहीं है, बल्कि एक समग्र जीवन-दृष्टि है, जो व्यक्ति, समाज और प्रकृति के बीच सामंजस्य स्थापित करती है। वेद, उपनिषद, दर्शन, योग, आयुर्वेद, ज्योतिष, नाट्यशास्त्र, साहित्य और नीति-शास्त्र जैसे विविध आयामों में विकसित यह परंपरा ज्ञान को केवल सूचना या तकनीक के रूप में नहीं, अपितु चेतना के उत्थान के साधन के रूप में देखती है।वेद एवं उपनिषद ब्रह्म, आत्मा, प्रकृति और मानव के संबंधों की गहन व्याख्या करते हैं, जो आध्यात्मिक मानववाद की नींव रखते हैं। योग और ध्यान न केवल व्यक्तिगत मानसिक एवं शारीरिक स्वास्थ्य के साधन हैं, बल्कि कार्यक्षमता, संतुलन और सामाजिक सह-अस्तित्व की भावना को भी प्रोत्साहित करते हैं। आयुर्वेद और प्राकृतिक चिकित्सा स्वास्थ्य के समग्र

दृष्टिकोण को प्रस्तुत करते हैं, जो आज के समय में न केवल विकल्प, बल्कि आवश्यकता बन चुके हैं। नीति-शास्त्र एवं अर्थशास्त्र में चाणक्य, विदुर, भास्कराचार्य आदि के विचार आज भी शासन, नैतिकता, रणनीति और सामाजिक न्याय के संदर्भ में अत्यंत प्रासंगिक हैं। भारतीय साहित्य एवं काव्य परंपरा संवेदनशीलता, नैतिकता और मूल्यबोध को सृजनात्मक रूप में समाज तक पहुँचाने का सशक्त माध्यम है।

विकसित भारत के लिए निर्धारित आधुनिक लक्ष्यों को यदि भारतीय ज्ञान परंपरा के आलोक में देखा जाए, तो शिक्षा में नवाचार के क्षेत्र में गुरुकुल परंपरा की समावेशी, नैतिक एवं संवादपरक शिक्षा प्रणाली को आधुनिक तकनीकों जैसे कृत्रिम बुद्धिमत्ता और डिजिटल लर्निंग के साथ जोड़ा जा सकता है। स्वास्थ्य एवं कल्याण के क्षेत्र में योग, आयुर्वेद, ध्यान और पंचकर्म जैसी भारतीय प्रणालियाँ न केवल रोगों की चिकित्सा करती हैं, बल्कि जीवनशैली संबंधी रोगों की रोकथाम में भी सहायक हैं। पर्यावरणीय स्थिरता के लिए भारतीय दर्शन 'वसुधैव कुटुम्बकम्' और 'ऋतं सत्यम् धर्मम्' जैसे सिद्धांतों पर आधारित है, जो प्रकृति के साथ सह-अस्तित्व की भावना को बढ़ावा देते हैं। जैविक कृषि, पंचमहाभूत सिद्धांत और यज्ञ जैसे पारंपरिक उपाय वर्तमान पारिस्थितिक संकट के समाधान प्रस्तुत करते हैं।

नैतिक नागरिकता और सामाजिक समरसता की दृष्टि से भारतीय संस्कृति में कर्तव्यबोध, आत्मसंयम और सेवा को विशेष महत्व प्राप्त है। महात्मा गांधी के 'सत्य और अहिंसा' तथा स्वामी विवेकानंद के 'मानव सेवा ही ईश्वर सेवा' जैसे विचार नागरिक चेतना को सुदृढ़ कर सकते हैं। वैश्विक नेतृत्व के संदर्भ में भारतीय ज्ञान परंपरा में सार्वभौमिकता का भाव निहित है। 'सर्वे भवन्तु सुखिनः' और 'एकं सद्विप्रा बहुधा वदन्ति' जैसे सिद्धांत विश्व शांति और सहयोग के लिए नैतिक आधार प्रस्तुत करते हैं। इस शोध आलेख में यह विश्लेषण किया जाएगा कि किस प्रकार भारतीय ज्ञान परंपरा के मूल तत्त्वों को समकालीन शिक्षा, स्वास्थ्य, नीति और तकनीक से जोड़ा जा सकता है; कैसे स्वदेशी विज्ञान एवं पारंपरिक प्रौद्योगिकी को पुनः प्रासंगिक बनाया जा सकता है; तथा किस प्रकार आधुनिक भारत की नीतिगत संरचना में भारतीय दर्शन एवं नैतिकता की अंतःप्रेरणा प्रभावी

भूमिका निभा सकती है। अतः स्पष्ट है कि "विकसित भारत 2047" की संकल्पना तभी यथार्थ रूप ले सकती है जब वह अपने सांस्कृतिक मूल्यों और ज्ञान-विज्ञान की समृद्ध विरासत से पोषित हो। भारतीय ज्ञान परंपरा इस विकास यात्रा की आध्यात्मिक और नैतिक दिशा निर्धारित कर सकती है, जिससे भारत एक आत्मनिर्भर, संतुलित एवं वैश्विक पथप्रदर्शक राष्ट्र के रूप में उभर सकता है।

मुख्य शब्द
विकसित भारत, ज्ञान परंपरा, योग, आयुर्वेद, दर्शन, नैतिकता, वैश्विक नेतृत्व

वेद एवं उपनिषद

वेद एवं उपनिषद ब्रह्म, आत्मा, प्रकृति और मानव के संबंधों की गहन व्याख्या करते हैं, जो आध्यात्मिक मानववाद की नींव रखते हैं। "विकसित भारत 2047" की परिकल्पना केवल आर्थिक, तकनीकी और भौतिक विकास तक सीमित नहीं है, बल्कि यह सांस्कृतिक पुनरुत्थान, नैतिक मूल्यों की पुनर्स्थापना तथा आत्मनिर्भरता और आध्यात्मिक उत्थान को भी समाहित करती है। इस व्यापक लक्ष्य की प्राप्ति में भारतीय ज्ञान परंपरा विशेष रूप से वेदों और उपनिषदों की भूमिका अत्यंत महत्वपूर्ण है। वेद विशेषतः ऋग्वेद, यजुर्वेद, सामवेद और अथर्ववेद में केवल देवताओं की स्तुतियाँ या यज्ञ-विधियाँ ही वर्णित नहीं हैं, बल्कि वे ब्रह्मांड, प्रकृति, जीवन के उद्देश्य और मानव अस्तित्व के गूढ़ तत्त्वों पर भी चिंतन प्रस्तुत करते हैं। ऋग्वेद के नासदीय सूक्त में सृष्टि की उत्पत्ति का अत्यंत गहन दार्शनिक विवेचन मिलता है, जिसमें कहा गया है कि प्रारंभ में सब कुछ अंधकार और अव्यक्त अवस्था में था, और उसी से 'एक' तत्त्व का उद्भव हुआ। यह विचार आधुनिक अस्तित्ववादी दर्शन से भी अधिक गहराई लिए हुए है।

उपनिषदों में यह चिंतन और विकसित होकर "ब्रह्म सत्यं जगन्मिथ्या, जीवो ब्रह्मैव नापरः" के रूप में व्यक्त होता है, जिसमें ब्रह्म और आत्मा की एकता का बोध कराया गया है। बृहदारण्यक उपनिषद का कथन "आत्मा वा अरे द्दष्टव्यः, श्रोतव्यः, मन्तव्यः, निदिध्यासितव्यः"आत्मचिंतन और

बौद्धिक अनुशीलन को प्रोत्साहित करता है। भारतीय संविधान में उल्लिखित 'न्याय, स्वतंत्रता, समता और बंधुत्व' जैसे मूल्य भी उपनिषदों की शिक्षाओं से साम्य रखते हैं। ईशोपनिषद का "ईशावास्यमिदं सर्वं" सिद्धांत समस्त जगत में एकत्व की भावना स्थापित करता है, जिससे सामाजिक समानता और न्याय की प्रेरणा मिलती है। वर्तमान समय में पर्यावरण संकट, मानसिक असंतुलन और सामाजिक विघटन जैसी समस्याओं का समाधान उपनिषदों की संतुलित जीवन-दृष्टि में निहित है। अतः वेद और उपनिषद केवल धार्मिक ग्रंथ नहीं, बल्कि विकसित भारत के लिए आध्यात्मिक और दार्शनिक आधारशिला हैं।

योग एवं ध्यान

योग और ध्यान न केवल व्यक्तिगत मानसिक एवं शारीरिक स्वास्थ्य के साधन हैं, बल्कि कार्यक्षमता, संतुलन और सामाजिक सह-अस्तित्व की भावना को भी प्रोत्साहित करते हैं। भारत की योग परंपरा अत्यंत प्राचीन है, जिसका मूल वेदों और उपनिषदों में निहित है। पतंजलि के योगसूत्र, भगवद्गीता का योग-दर्शन, उपनिषदों में वर्णित ध्यान की विधियाँ तथा बौद्ध परंपरा की विपश्यना मिलकर एक समग्र जीवन पद्धति प्रस्तुत करते हैं। योग केवल साधना नहीं, बल्कि अनुशासित, संतुलित और समरस जीवन का मार्ग है। "विकसित भारत 2047" के संदर्भ में स्वास्थ्य, मानसिक संतुलन और कार्यक्षमता अत्यंत महत्वपूर्ण हैं। आधुनिक जीवनशैली में तनाव, अवसाद, अनिद्रा, उच्च रक्तचाप और मोटापा जैसी समस्याएँ बढ़ रही हैं। योग इन समस्याओं के समाधान के रूप में अत्यंत प्रभावी है। अंतरराष्ट्रीय स्तर पर योग की स्वीकृति जैसे 21 जून को अंतरराष्ट्रीय योग दिवस घोषित किया जाना इसकी वैश्विक उपयोगिता का प्रमाण है। विश्व स्वास्थ्य संगठन (WHO) ने भी योग और ध्यान को मानसिक स्वास्थ्य के लिए प्रभावी माना है।

योग की अष्टांग प्रणाली यम, नियम, आसन, प्राणायाम, प्रत्याहार, धारणा, ध्यान और समाधि शरीर, मन और आत्मा का समन्वय स्थापित करती है। शिक्षा में योग को शामिल करने से विद्यार्थियों में अनुशासन, आत्मविश्वास और नेतृत्व क्षमता का विकास होता है। अतः योग और ध्यान

विकसित भारत की आधारशिला हैं, जो स्वास्थ्य, नैतिकता और राष्ट्रनिर्माण के लिए अत्यंत आवश्यक हैं।

आयुर्वेद एवं प्राकृतिक चिकित्सा

आयुर्वेद स्वास्थ्य के समग्र दृष्टिकोण को प्रस्तुत करता है, जो आज के समय में केवल विकल्प नहीं, बल्कि आवश्यकता बन चुका है। यह भारत की प्राचीन चिकित्सा प्रणाली है, जिसका मूल अथर्ववेद में मिलता है। चरक संहिता, सुश्रुत संहिता और अष्टांग हृदय जैसे ग्रंथ इसके शास्त्रीय आधार हैं। आयुर्वेद का उद्देश्य है "स्वस्थस्य स्वास्थ्य रक्षणं, आतुरस्य विकार प्रशमनम्"। अर्थात् यह केवल उपचार नहीं, बल्कि निवारक स्वास्थ्य प्रणाली है। त्रिदोष सिद्धांत (वात, पित्त, कफ), सप्तधातु और पंचमहाभूत सिद्धांत व्यक्ति-आधारित चिकित्सा को बढ़ावा देते हैं। आधुनिक चिकित्सा जहाँ रोग पर केंद्रित है, वहीं आयुर्वेद व्यक्ति-केंद्रित दृष्टिकोण प्रस्तुत करता है। प्राकृतिक चिकित्सा जैसे जल, वायु, सूर्य, मिट्टी और उपवास भी भारतीय परंपरा का महत्वपूर्ण भाग है। महात्मा गांधी ने इसे सुलभ और प्रभावी स्वास्थ्य पद्धति माना। आज जीवनशैली जनित रोगों मधुमेह, तनाव, मोटापा आदि के उपचार में आयुर्वेद अत्यंत उपयोगी है। सरकार द्वारा AYUSH प्रणाली के माध्यम से आयुर्वेद को बढ़ावा दिया जा रहा है। अतः आयुर्वेद और प्राकृतिक चिकित्सा विकसित भारत के लिए एक सशक्त, सुलभ और सतत स्वास्थ्य मॉडल प्रस्तुत करते हैं।

नीति शास्त्र एवं अर्थशास्त्र

भारतीय नीति शास्त्र और अर्थशास्त्र केवल राजनीति तक सीमित नहीं हैं, बल्कि सामाजिक संतुलन, न्याय और उत्तरदायित्व पर आधारित जीवन-व्यवस्था को प्रस्तुत करते हैं। आचार्य चाणक्य, विदुर और भास्कराचार्य जैसे विद्वानों के विचार आज भी अत्यंत प्रासंगिक हैं। चाणक्य का 'अर्थशास्त्र' शासन, अर्थव्यवस्था, कर-व्यवस्था, कृषि, उद्योग और विदेश नीति का व्यापक विवेचन प्रस्तुत करता है। उनका सिद्धांत "धर्मस्य मूलं अर्थः" न्याय और समृद्धि के संतुलन पर बल देता है। विदुर नीति में नैतिक शासन, कर्तव्य और न्याय का गहन विश्लेषण है। "धर्मो रक्षति रक्षितः"

सिद्धांत बताता है कि नैतिकता ही शासन की आत्मा है। भास्कराचार्य का योगदान यह दर्शाता है कि प्राचीन भारत में अर्थशास्त्र वैज्ञानिक दृष्टिकोण से विकसित था। गणना, पारदर्शिता और निर्णय प्रक्रिया में सटीकता पर बल दिया गया। वर्तमान समय में भ्रष्टाचार, असमानता और नीति-असंतुलन जैसी चुनौतियों के समाधान हेतु इन सिद्धांतों की पुनर्स्थापना आवश्यक है। कर-व्यवस्था, प्रशासनिक पारदर्शिता और आत्मनिर्भरता जैसे विषय आज भी उतने ही प्रासंगिक हैं। अतः भारतीय नीति शास्त्र और अर्थशास्त्र विकसित भारत 2047 के लिए मार्गदर्शक सिद्ध हो सकते हैं।

भारतीय साहित्य एवं काव्य परंपरा

भारतीय साहित्य एवं काव्य परंपरा संवेदनशीलता, नैतिकता और मूल्यबोध को सृजनात्मक रूप में समाज तक पहुँचाने का सशक्त माध्यम रही है। यह परंपरा वैदिक ऋचाओं से लेकर आधुनिक कविता, उपन्यास और नाटक तक विस्तृत है। यह केवल भावनात्मक अभिव्यक्ति या सौंदर्य-विलास का साधन नहीं, बल्कि सामाजिक शिक्षण, नैतिक जागरूकता और सांस्कृतिक पुनर्निर्माण का प्रभावी माध्यम रही है। ऋग्वेद की ऋचाएँ जहाँ प्रकृति के साथ संवाद स्थापित करती हैं, वहीं उपनिषदों में विचारों की गहराई दिखाई देती है। महाभारत, विशेषतः भगवद्गीता, में कर्म, धर्म और मानव जीवन के संघर्षों का दार्शनिक एवं काव्यात्मक समाधान मिलता है। कालिदास, भवभूति और बाणभट्ट जैसे महान कवियों ने न केवल सौंदर्य और प्रेम का वर्णन किया, बल्कि अपने युग की सामाजिक एवं सांस्कृतिक संवेदनाओं को भी अभिव्यक्त किया। कालिदास की 'अभिज्ञान शाकुंतलम्' और 'कुमारसंभवम्' जैसे काव्य मातृत्व, त्याग, प्रकृति-प्रेम और नारी गरिमा के आदर्श प्रस्तुत करते हैं।

मध्यकालीन संत साहित्य कबीर, तुलसीदास, सूरदास और मीराबाई ने समाज में व्याप्त भेदभाव, पाखंड और नैतिक पतन पर तीखा प्रहार किया। तुलसीदास की 'रामचरितमानस' लोककल्याण और धर्म का समन्वय प्रस्तुत करती है, जबकि कबीर के दोहे सामाजिक समरसता और आत्मज्ञान का संदेश देते हैं। आधुनिक युग में रवीन्द्रनाथ ठाकुर, मैथिलीशरण गुप्त, प्रेमचंद, निराला, महादेवी वर्मा और अज्ञेय जैसे

साहित्यकारों ने सामाजिक विषमता, स्वतंत्रता संग्राम, स्त्री-विमर्श और आधुनिकता के संकटों पर प्रभावशाली लेखन किया। भारतीय साहित्य केवल भाषाई विविधता का प्रतीक नहीं है, बल्कि यह भारतीय समाज के विविध अनुभवों, भावनाओं, संघर्षों और आदर्शों का दर्पण है। साहित्य ने जनमानस में नैतिकता, करुणा, कर्तव्यबोध, सहिष्णुता और सामाजिक उत्तरदायित्व की भावना को जागृत किया है।

"विकसित भारत 2047" की परिकल्पना में साहित्य की भूमिका अत्यंत महत्वपूर्ण है। आज जब तकनीकी विकास और कृत्रिम बुद्धिमत्ता के कारण मानवीय संवेदनाओं में कमी आ रही है, तब साहित्य इस शून्य को भरने का सामर्थ्य रखता है। राष्ट्रीय शिक्षा नीति 2020 में भारतीय भाषाओं और साहित्य को बढ़ावा देना इसी दिशा में एक महत्वपूर्ण कदम है। अतः भारतीय साहित्य केवल अतीत की धरोहर नहीं, बल्कि वर्तमान की चेतना और भविष्य की दिशा है। यह राष्ट्रीय पुनरुत्थान की आत्मा है।

विकसित भारत के लिए आधुनिक लक्ष्य और उनका भारतीय संदर्भ

शिक्षा में नवाचार

भारतीय गुरुकुल परंपरा में समावेशी, नैतिक और संवादपरक शिक्षा का स्वरूप था। यहाँ शिक्षा केवल जानकारी का हस्तांतरण नहीं, बल्कि जीवन-दृष्टि, मूल्यबोध और सामाजिक उत्तरदायित्व का प्रशिक्षण थी। आचार्य और शिष्य के बीच प्रत्यक्ष संवाद, प्रकृति के सान्निध्य में अध्ययन तथा आत्म-अनुशासन आधारित शिक्षण प्रणाली इसे अत्यंत प्रभावी बनाती थी। यदि इस परंपरा को आधुनिक तकनीकों जैसे कृत्रिम बुद्धिमत्ता (AI), डिजिटल लर्निंग, वर्चुअल रियलिटी (VR), ऑगमेंटेड रियलिटी (AR) और ओपन एजुकेशनल रिसोर्सेज (OER) के साथ जोड़ा जाए, तो एक समावेशी और मूल्य-आधारित शिक्षा प्रणाली विकसित की जा सकती है। राष्ट्रीय शिक्षा नीति 2020 में इसी समन्वय की परिकल्पना की गई है, जिसमें भारतीय परंपरा और आधुनिक विज्ञान का सहअस्तित्व सुनिश्चित किया गया है। इसमें स्थानीय भाषाओं, नैतिक शिक्षा, योग और कौशल विकास को भी स्थान दिया गया है। यदि शिक्षक को आचार्य, कक्षा को संवाद-केंद्र और

विद्यार्थी को जिज्ञासु साधक के रूप में देखा जाए, तो शिक्षा का वास्तविक नवाचार संभव है। टैगोर, गांधी, श्री अरविंद और स्वामी विवेकानंद के शिक्षा-दर्शन इस दिशा में प्रेरणास्रोत हैं।अतः विकसित भारत 2047 के लिए शिक्षा प्रणाली को केवल तकनीकी दक्षता तक सीमित न रखकर, उसे मानवीय मूल्यों और सृजनात्मकता से युक्त बनाना आवश्यक है।

स्वास्थ्य और कल्याण

योग, आयुर्वेद, ध्यान और पंचकर्म जैसी भारतीय प्रणालियाँ न केवल रोगों का उपचार करती हैं, बल्कि जीवनशैली संबंधी रोगों की रोकथाम में भी अत्यंत प्रभावी हैं। भारतीय स्वास्थ्य प्रणाली समग्र दृष्टिकोण पर आधारित है, जिसमें शारीरिक, मानसिक, सामाजिक और आध्यात्मिक स्वास्थ्य का संतुलन आवश्यक माना गया है। आधुनिक युग में तनाव, अवसाद, मधुमेह, हृदय रोग और मोटापा जैसी समस्याएँ तेजी से बढ़ रही हैं। ऐसे में योग और ध्यान मानसिक शांति तथा आत्म-नियंत्रण प्रदान करते हैं, जबकि आयुर्वेद 'स्वस्थस्य स्वास्थ्य रक्षणं, आतुरस्य विकार प्रशमनम्' के सिद्धांत पर कार्य करता है। विकसित भारत 2047 के लक्ष्य स्वस्थ जनसंख्या और उत्पादक मानव संसाधन तभी संभव हैं जब भारतीय स्वास्थ्य प्रणालियों को सार्वजनिक नीति में प्रमुख स्थान दिया जाए। आयुष मंत्रालय की योजनाएँ जैसे राष्ट्रीय आयुष मिशन, वेलनेस सेंटर और विद्यालय आधारित योग कार्यक्रम इस दिशा में महत्वपूर्ण प्रयास हैं। ग्रामीण क्षेत्रों में जहाँ आधुनिक चिकित्सा सुविधाएँ सीमित हैं, वहाँ आयुर्वेद और प्राकृतिक चिकित्सा सुलभ और प्रभावी विकल्प प्रस्तुत करती हैं। साथ ही, योग और ध्यान का उपयोग जेलों, विद्यालयों और पुनर्वास केंद्रों में मानसिक स्वास्थ्य सुधार हेतु किया जा सकता है।

विश्व स्वास्थ्य संगठन (WHO) भी अब "Integrative Healthcare" की अवधारणा को बढ़ावा दे रहा है, जिसमें पारंपरिक और आधुनिक चिकित्सा का समन्वय किया जाता है। कोविड-19 के समय भारतीय पारंपरिक उपायों ने जनस्वास्थ्य में सकारात्मक भूमिका निभाई। अतः स्वास्थ्य और कल्याण का भारतीय मॉडल जो सस्ता, सुलभ, सतत और समग्र है विकसित भारत 2047 की आधारशिला बन सकता है।

पर्यावरणीय स्थिरता

भारतीय दर्शन 'वसुधैव कुटुम्बकम्' और 'ऋतं सत्यं धर्मम्' जैसे सिद्धांतों पर आधारित है, जो प्रकृति के साथ सहयोग और सह-अस्तित्व की भावना को प्रकट करते हैं। यह दृष्टिकोण प्रकृति को उपभोग की वस्तु नहीं, बल्कि माता और पूज्य तत्व के रूप में देखता है। वैदिक मंत्रों में जल, अग्नि, वायु, पृथ्वी और आकाश जैसे पंचमहाभूतों की स्तुति की गई है, जिससे यह स्पष्ट होता है कि पर्यावरण संरक्षण भारतीय संस्कृति की आत्मा में निहित है। विकसित भारत 2047 की रूपरेखा में, जब हम औद्योगीकरण, नगरीकरण और उपभोक्तावाद के बढ़ते प्रभाव के कारण पर्यावरणीय असंतुलन जैसे जलवायु परिवर्तन, प्रदूषण और जैव विविधता में कमी का सामना कर रहे हैं, तब भारतीय पर्यावरण दृष्टिकोण एक नैतिक और व्यावहारिक समाधान प्रस्तुत करता है। 'यज्ञ' केवल धार्मिक कर्मकांड नहीं, बल्कि पर्यावरणीय संतुलन की एक विधि है, जिसमें औषधीय वनस्पतियों का हवन, वायुमंडल की शुद्धि और सामूहिक सहभागिता शामिल है। ऋग्वेद का 'माता भूमिः पुत्रोऽहं पृथिव्याः' मंत्र स्पष्ट करता है कि मनुष्य पृथ्वी का रक्षक है, भक्षक नहीं।

जैविक कृषि, जो रासायनिक उर्वरकों और कीटनाशकों से मुक्त होती है, भारतीय कृषि परंपरा का मूल रही है। आज वैश्विक स्तर पर जब 'Natural Farming' और 'Zero Budget Farming' जैसे मॉडल लोकप्रिय हो रहे हैं, तब भारत अपनी पारंपरिक प्रणाली को पुनर्जीवित कर वैश्विक नेतृत्व कर सकता है। ऋषियों ने पर्यावरणीय नियमों को धर्म से जोड़ा जैसे वनों की रक्षा, जल स्रोतों की पवित्रता और अरण्य संस्कृति जिससे संरक्षण एक आंतरिक दायित्व बन गया। आज के संकट जल संकट, वायु प्रदूषण, तापमान वृद्धि यह संकेत देते हैं कि तकनीकी समाधान के साथ नैतिक दृष्टिकोण भी आवश्यक है। प्रधानमंत्री नरेंद्र मोदी द्वारा प्रतिपादित 'Mission LiFE' (Lifestyle for Environment) इसी परंपरा की आधुनिक अभिव्यक्ति है। अतः पर्यावरणीय स्थिरता को केवल तकनीकी नहीं, बल्कि सांस्कृतिक और नैतिक प्रश्न मानना होगा।

नैतिक नागरिकता और सामाजिक समरसता

भारतीय संस्कृति में कर्तव्यबोध, आत्मसंयम और सेवा को विशेष महत्व प्राप्त है। यहाँ व्यक्ति का मूल्य केवल उसके अधिकारों से नहीं, बल्कि उसके आचरण और समाज के प्रति उसकी जिम्मेदारी से आँका जाता है। 'स्वधर्मे निधनं श्रेयः', 'सर्वे भवन्तु सुखिनः' तथा 'धर्मो रक्षति रक्षितः' जैसे सिद्धांत इस बात को स्पष्ट करते हैं कि कर्तव्य, समता और सेवा भारतीय जीवन के केंद्र में हैं। महात्मा गांधी के 'सत्य और अहिंसा', 'स्वराज' और 'सर्वोदय' के विचार नैतिक चेतना के पुनरुत्थान के आधार हैं। वहीं स्वामी विवेकानंद का 'मानव सेवा ही ईश्वर सेवा' का संदेश सामाजिक उत्तरदायित्व को सुदृढ़ करता है। उनका कथन "देश को चरित्रवान नागरिकों की आवश्यकता है" आज भी प्रासंगिक है। 'पञ्चमहायज्ञ' की अवधारणा यह दर्शाती है कि व्यक्ति का जीवन केवल निजी नहीं, बल्कि सामाजिक, पारिवारिक और प्राकृतिक उत्तरदायित्वों से जुड़ा है। आधुनिक भारत में जब जाति, धर्म और भाषा के आधार पर विभाजन की प्रवृत्तियाँ बढ़ रही हैं, तब 'एकं सद्विप्रा बहुधा वदन्ति' और 'अतिथि देवो भवः' जैसे विचार समरस समाज की दिशा में मार्गदर्शन कर सकते हैं। राष्ट्रीय शिक्षा नीति 2020 में नैतिकता और चरित्र निर्माण पर बल दिया गया है। यदि इसे व्यवहारिक रूप दिया जाए, तो भारत को एक जिम्मेदार और समरस समाज के रूप में विकसित किया जा सकता है।

वैश्विक नेतृत्व

भारतीय ज्ञान परंपरा में सार्वभौमिकता का भाव निहित है। 'सर्वे भवन्तु सुखिनः', 'वसुधैव कुटुम्बकम्' और 'एको देवः सर्वभूतेषु गूढः' जैसे वैदिक विचार मानवता की एकता का संदेश देते हैं। 'एकं सद्विप्रा बहुधा वदन्ति' यह स्पष्ट करता है कि सत्य एक है, पर उसकी अभिव्यक्ति अनेक रूपों में होती है। यह विचार वैश्विक सहिष्णुता और बहुलता का आधार है। आज जब विश्व जलवायु संकट, युद्ध, आर्थिक असमानता और सांस्कृतिक संघर्षों से जूझ रहा है, तब भारतीय दृष्टिकोण शांति और संतुलन का मार्ग दिखा सकता है। महात्मा गांधी का ट्रस्टीशिप सिद्धांत, श्री अरविंद का आध्यात्मिक उत्कर्ष, रवीन्द्रनाथ ठाकुर की 'विश्वभारती' और स्वामी

विवेकानंद का शिकागो भाषण ये सभी भारत की वैश्विक भूमिका के उदाहरण हैं। भारत की विदेश नीति जैसे 'Neighbourhood First', 'Act East', 'SAGAR' और G20 में 'One Earth, One Family, One Future'इसी दृष्टिकोण की आधुनिक अभिव्यक्तियाँ हैं। योग, आयुर्वेद, ध्यान और भारतीय संस्कृति भारत की 'सॉफ्ट पावर' को सुदृढ़ करते हैं। अतः भारत का वैश्विक नेतृत्व शक्ति नहीं, बल्कि सेवा और सहयोग पर आधारित होना चाहिए।

संदर्भ ग्रंथ सूची

7. ऋग्वेद, मण्डल 10 – विश्वशांति सूक्त।
8. राधाकृष्णन, डॉ. (संपा.). उपनिषद संग्रह। ऑक्सफोर्ड यूनिवर्सिटी प्रेस।
9. स्वामी चिन्मयानंद। भगवद्गीता (भाष्य सहित)।
10. पतंजलि। योगसूत्र (टीका: स्वामी हरिहरानंद अरण्य)।
11. आचार्य चरक। चरक संहिता (टीका: डॉ. पी. वी. शर्मा)।
12. आचार्य चाणक्य। कौटिल्य अर्थशास्त्र (संपादक: आर. पी. कांगले)।
13. विवेकानंद रचनावली। रामकृष्ण मिशन प्रकाशन।
14. गांधी वाङ्मय। नवजीवन ट्रस्ट, अहमदाबाद।
15. श्री अरविंद। The Ideal of Human Unity तथा The Life Divine।
16. टैगोर, रवीन्द्रनाथ। Nationalism तथा विश्वभारती संस्थान पर वक्तव्य।
17. भारत सरकार, शिक्षा मंत्रालय। राष्ट्रीय शिक्षा नीति 2020।
18. Ministry of AYUSH। National AYUSH Mission Reports (2020–2024)।
19. नरेंद्र मोदी। G20 एवं Mission LiFE पर भाषण।
20. World Health Organization (WHO)। Integrative Health Systems Reports।

21. नीति आयोग। लोक स्वास्थ्य एवं नीति अध्ययन संबंधी दस्तावेज।

सर्वेभवन्तु सुखिनः: विकसित भारत २०४७ में भारतीय दार्शनिक मूल्य

डॉ सुनीता कुमारी
संस्कृत विभाग,
जमशेदपुर वूमेनस यूनिवर्सिटी, झारखंड, भारत

प्रस्तावना

"सर्वे भवन्तु सुखिनः" भारतीय सभ्यता का वह सार्वभौमिक मंत्र है जिसने समस्त मानवता को समता, करुणा, लोक-कल्याण और वैश्विक शांति का मार्ग दिखाया। भारतीय दर्शन में मानव जीवन केवल व्यक्तिगत उन्नति तक सीमित नहीं, बल्कि समष्टिगत कल्याण उसके मूल भाव में निहित है। विकसित भारत २०४७ की परिकल्पना केवल आर्थिक समृद्धि तक सीमित नहीं, बल्कि सांस्कृतिक चेतना, नैतिक मूल्यों तथा वैश्विक नेतृत्व पर आधारित एक समग्र विकास मॉडल है। इस राष्ट्रीय संकल्प में भारतीय ज्ञान परंपरा की दार्शनिक धारा विशेष रूप से प्रासंगिक है।

भारतीय दार्शनिक मूल्य की पृष्ठभूमि

भारत की दार्शनिक परंपरा हजारों वर्ष पुरानी है, जिसमें वेद, उपनिषद्, गीता, बौद्ध-जैन साहित्य और स्मृति ग्रंथों में समाज-कल्याण का संदेश केंद्रीय रूप में उपस्थित है।

कुछ प्रमुख दार्शनिक सूत्र:

लोकसंग्रहः — गीता में लोकहित का सिद्धांत

वसुधैव कुटुम्बकम् — सभी को एक विश्व परिवार के रूप में देखना

अहिंसा परमो धर्मः — समाज और राष्ट्र के लिए करुणा व सहअस्तित्व

ये मूल्य आज भी भारत की नीतियों, शिक्षा, राजनीति, संस्कृति और वैश्विक संबंधों को दिशा प्रदान करते हैं।

"सर्वे भवन्तु सुखिनः" का दार्शनिक अर्थ

यह मंत्र मात्र प्रार्थना नहीं, बल्कि एक वैश्विक नैतिक दर्शन है। इसका अर्थ —सभी सुखी हों, सभी निरोग हों, सभी का जीवन मंगलमय हो और किसी को दुख का अनुभव न हो। यह मंत्र चार स्तरों पर विकास की अवधारणा देता है:

स्तर अर्थ व्यक्तिगत आत्म-शांति, अनुशासन, नैतिकता सामाजिक न्याय, समानता, सद्भाव, सहयोग राष्ट्रीय आत्मनिर्भरता, लोककल्याण, नीति-धर्म वैश्विक शांति, मानवीयता, पर्यावरण संरक्षण

विकसित भारत २०४७: लक्ष्य और परिप्रेक्ष्य

भारत के स्वतंत्रता के 100 वर्ष पूर्ण होने पर "विकसित भारत २०४७" का उद्देश्य है—

आर्थिक रूप से शक्तिशाली राष्ट्र

तकनीकी रूप से अग्रणी नेतृत्व

समतामूलक समाज

सांस्कृतिक रूप से आत्मविश्वासी राष्ट्र

यह मॉडल केवल GDP वृद्धि पर आधारित नहीं, बल्कि

मानव कल्याण, सांस्कृतिक मूल्यों और सतत विकास पर आधारित है।

विकसित भारत के निर्माण में भारतीय दर्शन की भूमिका

भारतीय दर्शन तीन आयामों में राष्ट्रनिर्माण का आधार प्रस्तुत करता है:

- नैतिक मूल्य
  - सत्य
  - करुणा
  - दया
  - संयम
  - सेवा
- सामाजिक मूल्य
  - समानता
  - न्याय

  - समरसता
  - सहिष्णुता
- वैश्विक मूल्य
  - शांति
  - पर्यावरण संरक्षण
  - सर्व-जीव
  - कल्याण

भारतीय दर्शन विश्व की उन विशिष्ट चिन्तन परंपराओं में से है जो केवल ज्ञान-विमर्श तक सीमित नहीं, बल्कि जीवन-व्यवहार, समाज व्यवस्था, नैतिकता, आध्यात्मिकता और मानव कल्याण का समग्र स्वरूप प्रस्तुत करता है। भारतीय दार्शनिक मूल्य मानवता, सत्य, अहिंसा, समता, करुणा, आध्यात्मिकता और विश्वबंधुत्व पर आधारित हैं। भारतीय दर्शन में जीवन का उद्देश्य केवल भौतिक सफलता नहीं, बल्कि आत्मोन्नति, मुक्ति, और समस्त प्राणियों के कल्याण का मार्गदर्शन करना है।

भारतीय दार्शनिक मूल्यों का स्वरूप

भारतीय दार्शनिक मूल्य सार्वभौमिक, शाश्वत और मानवतावादी हैं। इनका मूल भाव है—> "आत्मनो मोक्षार्थं, जगद्धिताय च।" (व्यक्ति की मुक्ति के साथ-साथ जगत का कल्याण)

मुख्य मूल्य:

- सत्य (Satya) – वचन, कर्म और विचार में सत्यता
- अहिंसा (Ahimsa) – किसी भी प्राणी को कष्ट न पहुँचाना
- धर्म (Dharma) – न्याय, कर्तव्य और समरसता
- करुणा (Karuna) – संवेदना और सहानुभूति
- समता (Samatā) – सभी प्राणियों में एकत्व दृष्टि
- सह-अस्तित्व (Co-existence) – मनुष्य–प्रकृति–समाज का संतुलन
- वसुधैव कुटुम्बकम् – समस्त विश्व को परिवार मानना

भारतीय दर्शन का आधार

भारतीय दर्शन का आधार वेद, उपनिषद्, गीता, स्मृति, पुराण, बौद्ध-जैन ग्रंथों, और छः आस्तिक दर्शनों के सिद्धांतों पर आधारित है।

प्रमुख दार्शनिक आधार

आधार व्याख्या वेद ज्ञान, अनुष्ठान और सामाजिक व्यवस्था का आधार उपनिषद आत्म-ज्ञान, अद्वैत, ब्रह्म की अनुभूति गीता कर्मयोग, भक्तियोग, ज्ञानयोग और लोकसंग्रह धर्मसूत्र/स्मृति सामाजिक जीवन और नैतिक प्रणाली दर्शनशास्त्र न्याय, सांख्य, योग, मीमांसा, वेदांत इत्यादि

चार पुरुषार्थों का सिद्धांत

भारतीय दार्शनिक मूल्यों का मुख्य आधार पुरुषार्थ चतुष्टय है:

- पुरुषार्थ अर्थ
- धर्म नैतिक और सामाजिक संयम
- अर्थ आर्थिक संसाधनों का न्यायसंगत अर्जन
- काम इच्छाओं की मर्यादित पूर्ति
- मोक्ष आत्मज्ञान से जन्म-मरण के चक्र से मुक्ति
- ये चारों मिलकर संतुलित जीवन-दर्शन प्रदान करते हैं।

भारतीय नैतिकता का स्वरूप

भारतीय नैतिकता केवल नियम पालन नहीं, बल्कि आंतरिक शुद्धि एवं आत्म-विकास की प्रक्रिया है। यहाँ नैतिकता का आधार:

- आत्म-नियंत्रण
- संयम
- सद्भावना
- लोकहित

भौतिक और आध्यात्मिक मूल्यों का संतुलन भारतीय नैतिकता का प्रमुख तत्व है।

भारतीय दर्शन में सामाजिक मूल्य

भारतीय दर्शन समाज को एक सह-अस्तित्व प्रणाली के रूप में देखता है जिसमें—

वर्णाश्रम धर्म

सेवा और त्याग

अध्यात्म और लोकहित

महत्वपूर्ण आयाम हैं।

उपनिषद के अनुसार:

> "ईशावास्यमिदं सर्वम्" — (समस्त जगत में ईश्वर विद्यमान है)

अतः प्रत्येक प्राणी सम्मान योग्य है।

भारतीय दर्शन केवल विचारों की एक प्रणाली नहीं है, बल्कि जीवन को जीने की एक कला, संस्कृति और मूल्य-व्यवस्था है। भारतीय दर्शन का मूल उद्देश्य केवल बौद्धिक जिज्ञासा नहीं, बल्कि मानव व्यक्तित्व का समग्र विकास और समाज का नैतिक निर्माण है। समाजीकरण (Socialization) उस प्रक्रिया को कहा जाता है जिसके माध्यम से व्यक्ति सामाजिक नियमों, मान्यताओं, संस्कृति, व्यवहार और मूल्य-व्यवस्था को सीखता है। भारतीय दर्शन में यह समाजीकरण केवल सामाजिक ढांचे तक सीमित नहीं, बल्कि आध्यात्मिक, नैतिक और सार्वभौमिक मानव मूल्यों के साथ जुड़ा हुआ है।

भारतीय दर्शन के विभिन्न darshan — वेदांत, सांख्य, योग, जैन, बौद्ध, न्याय तथा मीमांसा — सबका लक्ष्य मानव को सामाजिक, नैतिक और आध्यात्मिक रूप से परिपक्व बनाना है। इस प्रकार, भारतीय दर्शन में समाजीकरण मूल्यों का स्वरूप अत्यंत गहन, बहुआयामी और मानव-कल्याण उन्मुख है। समाजीकरण के प्रमुख भारतीय दार्शनिक मूल्य

- धर्म (Moral Duty and Righteousness): धर्म भारतीय समाजीकरण प्रक्रिया का केंद्रीय मूल्य है। यहां धर्म का अर्थ संकीर्ण धार्मिक कर्मकांड से नहीं, बल्कि जीवन के नैतिक नियमों और आचरण से है। मनुस्मृति में कहा गया है— "धारणात् धर्म इत्याहुः" – अर्थात जो धारण करने योग्य हो वही धर्म है। धर्म का सामाजिक अर्थ है— सत्य बोलना न्याय करना सह-अस्तित्व बनाए रखना

अपने भूमिका-निर्वाह में ईमानदार होना धर्म व्यक्ति को समाज के प्रति जिम्मेदार बनाता है और सामाजिक समरसता स्थापित करता है

- अहिंसा (Non-Violence): जैन दर्शन और बौद्ध दर्शन ने अहिंसा के मूल्य को अत्यंत महत्वपूर्ण स्थान दिया है। अहिंसा केवल बाहरी हिंसा से बचना नहीं, बल्कि— वाणी की हिंसा (कठोर शब्द)विचार की हिंसा (द्वेष, क्रोध, ईर्ष्या) और सामाजिक अन्याय से भी बचने का नाम है। महात्मा गांधी ने अहिंसा को भारतीय समाजीकरण की आत्मा कहा। इससे सहिष्णुता, सद्भावना और सह-अस्तित्व की भावना विकसित होती है।
- सत्य (Truthfulness): उपनिषदों में कहा गया है—"सत्यं वद, धर्मं चर।" सत्य को विश्व व्यवस्था (ऋत) का आधार माना गया है। सत्य का सामाजिक स्वरूप है—
  पारदर्शिता
  विश्वसनीयता
  ईमानदारी
  आचार और विचार में एकरूपता
- भारतीय दर्शन का वैश्विक संदेश: भारतीय दर्शन केवल भारत तक सीमित नहीं, बल्कि विश्व के लिए संदेश देता है:
  वसुधैव कुटुम्बकम
  यत्र विश्वं भवत्येकनीडम्
  सर्वे भवन्तु सुखिनः
  यह मूल्य वैश्विक शांति, सह-अस्तित्व, करुणा और पर्यावरण संरक्षण की प्रेरणा देते हैं।

भारतीय दार्शनिक मूल्य और शिक्षा नीति (NEP–2020)

नई शिक्षा नीति में स्पष्ट रूप से भारतीय ज्ञान परंपरा, योग, संस्कृत, अध्यात्म और नैतिक मूल्यों को शिक्षा व्यवस्था के केंद्र में रखा गया है।

यह शिक्षा को केवल डिग्री प्राप्ति नहीं बल्कि चरित्र निर्माण, राष्ट्र निर्माण, और मानवता की सेवा का साधन मानती है।

- "सर्वे भवन्तु सुखिनः" और आधुनिक विज्ञान
  भारतीय ज्ञान परंपरा विज्ञान के विरुद्ध नहीं, बल्क विज्ञान का दर्शन है।
  योग और मानसिक स्वास्थ्य
  आयुर्वेद और चिकित्सा
  सूर्य सिद्धांत, ज्योतिष और खगोल
  पाणिनि की व्याकरण और आधुनिक AI भाषा मॉडल
  ये प्रमाण हैं कि ज्ञान और मूल्य साथ चल सकते हैं।
- विकसित भारत के लिए आवश्यक दार्शनिक वृत्ति
  विकसित भारत के नागरिक में निम्न गुण होने चाहिए:
  मूल्य राष्ट्रीय प्रभाव
  आत्मनिर्भरता आर्थिक विकास
  अनुशासन सामाजिक संरचना
  परिश्रम नवाचार और विज्ञान
  सत्यनिष्ठा पारदर्शी शासन
  सहिष्णुता विविधता में एकता
- भावी भारत की विश्व दृष्टि: वसुधैव कुटुंबकम्
  भारत की नीति "विश्व शांति और सहयोग" पर आधारित है
  भारत भविष्य में Global Peace Leader बन सकता है, यदि उसका विकास नैतिक मूल्यों पर आधारित रहे।

निष्कर्ष

"सर्वे भवन्तु सुखिनः" केवल प्रार्थना नहीं, बल्कि विकसित भारत २०४७ का नैतिक संविधान है।भारतीय दर्शन मानवता, न्याय, सत्य, विज्ञान और सहअस्तित्व का ऐसा समन्वित मार्ग देता है जो भविष्य के भारत को न केवल विकसित राष्ट्र बनाएगा, बल्कि विश्व का मार्गदर्शक भी बनाएगा। संभावित उद्धरण: > "नहि ज्ञानेन सदृशं पवित्रमिह विद्यते।"—भगवद्गीता "चरैवेति चरैवेति"—विकास निरंतरता का संदेश।

संदर्भ सूची

1. गीता प्रेस। (2019). श्रीमद्भगवद्गीता (संस्कृत–हिंदी संस्करण) (पृ. 72–78). गोरखपुर, भारत: गीता प्रेस।
2. राधाकृष्णन, एस. (1951). इंडियन फिलॉसफी (खंड 1, पृ. 110–145). लंदन, इंग्लैंड: जॉर्ज एलन एंड अनविन।
3. दासगुप्ता, एस. (1932). ए हिस्ट्री ऑफ इंडियन फिलॉसफी (खंड 3, पृ. 95). कैम्ब्रिज, इंग्लैंड: कैम्ब्रिज यूनिवर्सिटी प्रेस।
4. शर्मा, ए. (2012). हिंदूइज़्म एंड एथिक्स (पृ. 30–36). न्यूयॉर्क, एन.वाई., यूएसए: रूटलेज।
5. विवेकानंद, स्वामी. (1989). द कम्प्लीट वर्क्स ऑफ स्वामी विवेकानंद (खंड 2, पृ. 120). कोलकाता, भारत: अद्वैत आश्रम।
6. शास्त्री, आर. (2011). भारतीय दार्शनिक मूल्य आधुनिक संदर्भ में (पृ. 50–62). दिल्ली, भारत: मोतीलाल बनारसीदास।
7. उपाध्याय, दीनदयाल. (2017). इंटीग्रल ह्यूमनिज़्म एंड नेशनल विज़न (पृ. 108–115). नई दिल्ली, भारत: प्रभात पब्लिकेशंस।
8. महापंडित राहुल सांकृत्यायन शोध संस्थान. (2020). बौद्ध नैतिकता और सामाजिक सद्भाव (पृ. 67–79). वाराणसी, भारत: पांडुलिपि प्रभाग प्रेस।
9. योग पब्लिकेशन ट्रस्ट. (2018). पतंजलि योगसूत्र विद टिप्पणी (पृ. 25–40). मुंगेर, भारत: बिहार स्कूल ऑफ योग।

विकसित-भारत-२०४७: आध्यात्मिक-वैज्ञानिक-समन्वयः (एक शोधात्मक आलेख)

डॉ प्रणीता कुमारी
संस्कृत विभाग
जमशेदपुर वूमेनस यूनिवर्सिटी झारखंड, भारत

भूमिका

भारत एक ऐसा राष्ट्र है, जहाँ विज्ञान और अध्यात्म का संगम केवल विचारधारा नहीं, बल्कि जीवन-दर्शन रहा है। आधुनिक विश्व में जब देश उन्नति की दिशा में अग्रसर हैं, तब भारत "विकसित भारत २०४७" के लक्ष्य के साथ न केवल आर्थिक और तकनीकी शक्ति बनने की राह पर है, बल्कि आध्यात्मिक चेतना, सांस्कृतिक मूल्यों और वैज्ञानिक नवाचार को समान रूप से विकसित करने की आकांक्षा रखता है। इस लक्ष्य की पूर्ति तभी संभव है जब भारतीय ज्ञान परंपरा, आधुनिक विज्ञान और मानवीय मूल्य एकीकृत होकर नई सभ्यता-दृष्टि का निर्माण करें।

भारतीय आध्यात्मिक दृष्टि: विकास का आधार

भारतीय अध्यात्म केवल मोक्ष या तपस्या का मार्ग नहीं, बल्कि जीवन के सभी क्षेत्रों में संतुलन और समरसता की खोज है।

उपनिषदों में कहा गया है: "विद्यां च अविद्यां च यस्तद्वेद उभयम् सह।" अर्थात्, जिसे विज्ञान (अविद्या) और आत्मज्ञान (विद्या), दोनों का ज्ञान है, वही पूर्णता को प्राप्त करता है।

भारत की आध्यात्मिक परंपरा मनुष्य को संपूर्ण प्राणी के रूप में देखती है — जिसमें शरीर, मन और आत्मा तीनों का विकास आवश्यक है। विकसित भारत २०४७ इसी समग्र दृष्टि को राष्ट्र निर्माण का आधार बनाता है।

आधुनिक विज्ञान और भारतीय चिंतन

आज भारत अंतरिक्ष विज्ञान, कृत्रिम बुद्धिमत्ता (AI), जैव-प्रौद्योगिकी, क्वांटम सर्वर और डिजिटल इकोसिस्टम में तेजी से उभरता हुआ वैश्विक नेतृत्वकारी देश बन रहा है। आधुनिक विज्ञान और भारतीय चिंतन मानव सभ्यता के विकास में विज्ञान और चिंतन की महत्वपूर्ण भूमिका रही है। आधुनिक विज्ञान जहाँ अनुभव, प्रयोग और तर्क पर आधारित है, वहीं भारतीय चिंतन भौतिक और आध्यात्मिक दोनों स्तरों पर सत्य की खोज का मार्ग प्रस्तुत करता है। आज 21वीं सदी में, जब विज्ञान ने अद्भुत प्रगति की है, तब भारतीय चिंतन की मानवीय दृष्टि और संतुलित जीवनदर्शन की आवश्यकता और भी बढ़ गई है। आधुनिक विज्ञान की मूलभूत विशेषताएँ अनुभव और प्रयोग आधारित ज्ञान परिवर्तनशीलता और परीक्षणीयता नवोन्मेष, तकनीक और प्रौद्योगिकी का विकास वस्तुनिष्ठता और सार्वभौमिकता विज्ञान का उद्देश्य वस्तुपरक सत्य की खोज तथा मानव जीवन को सरल, सुविधाजनक और उन्नत बनाना है। भारतीय चिंतन की मूल प्रवृत्ति भारतीय दर्शन सत्य, आत्मा, प्रकृति और ब्रह्म की खोज का शाश्वत मार्ग है। इसके प्रमुख तत्व हैं: एकत्वदृष्टि (Unity of Existence) आध्यात्मिक एवं नैतिक चेतना धर्म, योग और अहिंसा का महत्व मानव और प्रकृति के बीच सामंजस्य उपनिषदों में कहा गया— "यथा पिण्डे तथा ब्रह्माण्डे"अर्थात् सूक्ष्म जगत और महाजगत एक ही सत्य की अभिव्यक्ति हैं। आधुनिक विज्ञान और भारतीय चिंतन में सामंजस्य क्षेत्र आधुनिक विज्ञान भारतीय चिंतन मिलन-बिंदु भौतिक संसार की समझ पदार्थ-चालित जगत माया व प्राकृति की चेतना अस्तित्व की संरचना चेतना मस्तिष्क की क्रिया आत्मा और ब्रह्म का स्वरूप न्यूरो-विज्ञान और वेदांत चिकित्सा शरीर आधारित चिकित्सा योग, आयुर्वेद, पंचकोश सिद्धांत समग्र स्वास्थ्य (Holistic Health) ब्रह्माण्ड बिग बैंग और क्वांटम सिद्धांत ऋग्वैदिक सृष्टि-सूक्त ऊर्जा, स्पंदन और शून्य क्वांटम भौतिकी और भारतीय दर्शन आधुनिक क्वांटम विज्ञान बताता है कि— पदार्थ ऊर्जा का रूप है ब्रह्माण्ड में चेतना-समान व्यवहार निरीक्षक और निरीक्षित का संबंध ये विचार अद्वैत वेदांत, सांख्य दर्शन और योगसूत्रों की शिक्षाओं से मिलते-जुलते हैं। AI, Biotechnology और भारतीय मूल्य

AI, Robotics, Biotechnology और Space Science के दौर में मानवता को केवल तकनीक नहीं बल्कि नैतिक दिशा की आवश्यकता है। भारतीय चिंतन यह दिशा प्रदान कर सकता है: करुणा और सहअस्तित्व वसुधैव कुटुम्बकम् धर्म आधारित व्यवहार सतत विकास और पर्यावरण

समन्वय का दर्शन

विकसित भारत २०४७ का मूल स्तंभ "आध्यात्मिक-वैज्ञानिक समन्वय" है, जो निम्न सिद्धांतों पर आधारित है: तत्व वैज्ञानिक दृष्टि आध्यात्मिक दृष्टि समन्वित लक्ष्य मानव जैविक इकाई आत्मा-केंद्रित चेतना संपूर्ण विकास प्रकृति संसाधन माता / देवता सतत उपयोग ज्ञान तर्क और प्रयोग अनुभूति और ध्यान संतुलित ज्ञान-परंपरा प्रगति तकनीकी उन्नति नैतिक-मानवीय उन्नति सर्वांगी विकास

भारतीय संस्कृति में वैज्ञानिकता

योग, आयुर्वेद, वास्तुशास्त्र, ज्योतिष, न्याय-तर्कशास्त्र, व्याकरण — ये केवल परंपरा नहीं, बल्कि अनुभव और तार्किक प्रयोगों पर आधारित व्यवस्थित विज्ञान हैं। गीता में बताया गया कर्मयोग आज Emotion Management और Leadership Science के रूप में विश्व में अध्ययन किया जा रहा है। आयुर्वेद अब Integrative Medicine के रूप में विश्व-स्वास्थ्य की नई दिशा बन रहा है। अतः भारत की ज्ञान परंपरा आधुनिक विज्ञान के लिए ज्ञान–भंडार और मार्गदर्शक की भूमिका निभा रही है।

विकसित भारत २०४७: संभावित मॉडल

विकसित भारत का भविष्य निम्न क्षेत्रों के समन्वित विकास पर आधारित होगा:

प्रौद्योगिकी और नैतिकता आधारित शासन

शिक्षा में भारतीय ज्ञान प्रणाली और आधुनिक अनुसंधान का सम्मिलन

स्वास्थ्य-सेवा में योग, आयुर्वेद और आधुनिक चिकित्सा का एकीकरण

आर्थिक मॉडल में आत्मनिर्भरता, ग्राम विकास और डिजिटल समृद्धि

पर्यावरण-संरक्षण आधारित जीवनशैली।

वैश्विक संदर्भ और मानव-हित

भारत केवल अपने लिए नहीं, बल्कि सम्पूर्ण विश्व के लिए मार्गदर्शक राष्ट्र बनने की क्षमता रखता है। वैश्विक संकट — युद्ध, प्रदूषण, मानसिक अवसाद, मानवीय विभाजन — का समाधान भारत की वसुधैव कुटुम्बकम् की भावना में निहित है।

उपसंहार

विकसित भारत २०४७ की परिकल्पना मात्र एक आर्थिक या तकनीकी परियोजना नहीं है। यह मानवता के नए युग की घोषणा है — ऐसा युग जिसमें विज्ञान और अध्यात्म विरोध के नहीं, बल्कि परस्पर पूरक शक्ति के रूप में काम करेंगे। जब भारत तकनीकी रूप से सक्षम, सांस्कृतिक रूप से समृद्ध, और आध्यात्मिक रूप से जाग्रत होगा — तभी "विकसित भारत २०४७" पूर्ण अर्थों में साकार होगा। जहा विज्ञान जगत के बाह्य रहस्यों को खोजता है, जबकि भारतीय चिंतन आत्म और ब्रह्म की अनुभूति का मार्ग दिखाता है। विकसित भारत २०४७ की परिकल्पना इन्हीं दोनों के संतुलित समन्वय पर आधारित है—जहाँ तकनीक मानवता के कल्याण के लिए और चिंतन मानवता की दिशा के लिए साथ-साथ चलें। इसी के साथ भारतीय चिंतन विज्ञान को केवल प्रयोग और आविष्कार की प्रक्रिया नहीं मानता, बल्कि उसे कल्याणकारी शक्ति के रूप में देखता है। इसीलिए हमारे यहाँ विज्ञान का उद्देश्य मानव कल्याण, प्रकृति-संतुलन और वैश्विक शांति है, न कि केवल आर्थिक लाभ।

संदर्भ सूची

1. श्री अरविंद। (1950). द लाइफ़ डिवाइन. पांडिचेरी, भारत: श्री अरविंद आश्रम ट्रस्ट।
2. मोहनदास करमचंद गांधी। (1947). हिंद स्वराज. अहमदाबाद, भारत: नवजीवन प्रकाशन।
3. उपाध्याय, दीनदयाल। (1965). एकात्म मानव दर्शन (Integral Humanism). नई दिल्ली, भारत: प्रकाशन विभाग।

4. राधाकृष्णन, एस. (1971). Indian Philosophy (खंड 1–2). लंदन, इंग्लैंड: ऑक्सफोर्ड यूनिवर्सिटी प्रेस।
5. विवेकानंद, स्वामी। (1896/2020). राजयोग. कोलकाता, भारत: अद्वैत आश्रम।
6. कैपरा, फ्रिटजॉफ़। (1975). The Tao of Physics: आधुनिक भौतिकी और पूर्वी अध्यात्म के समानांतर विचार. न्यूयॉर्क, यूएसए: शम्भला / रैंडम हाउस।
7. बोहम, डेविड। (1980). Wholeness and the Implicate Order (समग्रता और अंतर्निहित व्यवस्था). लंदन, इंग्लैंड: रूटलेज।
8. चंद्रशेखरन, एस. (2019). "क्वांटम यथार्थ और वेदांत विचार: एक तुलनात्मक अध्ययन।" इंडियन जर्नल ऑफ साइंस एंड स्पिरिचुअलिटी, वॉल्यूम 12(3)।
9. भारत सरकार, शिक्षा मंत्रालय। (2020). राष्ट्रीय शिक्षा नीति 2020 (NEP 2020). नई दिल्ली, भारत: सरकारी प्रकाशन।
10. इसरो प्रकाशन। (2022). भारत की वैज्ञानिक दृष्टि: अंतरिक्ष, क्वांटम, कृत्रिम बुद्धिमत्ता एवं भविष्य की प्रौद्योगिकी. इसरो प्रलेख श्रृंखला।
11. उपनिषद (अनुवादक: राधाकृष्णन, एस.)। (1953). उपनिषद. लंदन, इंग्लैंड: ऑक्सफोर्ड यूनिवर्सिटी प्रेस।

विकसित भारत २०४७ में योग और ध्यान की भूमिका

बेहुला सरदार
सहायक प्राध्यापक
दर्शन शास्त्र विभाग
टाटा कॉलेज ,चाईबासा, झारखंड, भारत

प्रस्तावना

भारत एक ऐसी भूमि है, जिसकी आत्मा सदियों से योग, साधना और आत्मानुशासन की परंपरा से पोषित होती रही है। यहाँ विकास का अर्थ हमेशा केवल भौतिक समृद्धि नहीं माना गया, बल्कि शरीर, मन, समाज और प्रकृति—सभी के संतुलित उत्थान को "विकास" कहा गया। आज जब भारत २०४७ तक विकसित राष्ट्र बनने का लक्ष्य निर्धारित कर चुका है, तब यह प्रश्न स्वाभाविक रूप से उठता है कि इस परिवर्तनकारी यात्रा में योग और ध्यान की क्या भूमिका होगी?

प्रश्न केवल इतना नहीं है कि योग–ध्यान स्वास्थ्य को कैसे बेहतर बनाएँगे। प्रश्न यह भी है कि क्या योग मानव संसाधन को 21वीं सदी की चुनौतियों के अनुरूप ढाल सकता है? क्या ध्यान आधुनिक मनुष्य को मानसिक शांति, भावनात्मक स्थिरता और नैतिक विवेक प्रदान कर सकता है? क्या ये दोनों साधन भारत को केवल आर्थिक रूप से ही नहीं, बल्कि सांस्कृतिक और नैतिक रूप से भी विकसित बना सकते हैं? इस लेख में इन्हीं प्रश्नों की गहराई से विवेचना की गई है।

विकसित भारत २०४७ की अवधारणा

"विकसित भारत २०४७" केवल GDP वृद्धि का लक्ष्य नहीं है। यह एक ऐसी समग्र दृष्टि है जिसमें— स्वस्थ नागरिक सक्षम शिक्षा प्रणाली वैज्ञानिक और आध्यात्मिक संतुलन पर्यावरणीय जागरूकता सामाजिक एकजुटता और सांस्कृतिक आत्मविश्वास सभी को समान महत्व दिया गया है। भारत

एक ऐसा देश है जहाँ संस्कृति और विज्ञान विरोधी नहीं, बल्कि परस्पर पूरक हैं। इसलिए २०४७ का भारत तभी 'विकसित' कहलाएगा जब विकास बाहरी और आंतरिक, दोनों स्तरों पर होगा। योग और ध्यान इस आंतरिक–बाह्य संतुलन की सबसे बड़ी आधारशिला हैं।

योग का भारतीय संदर्भ और आधुनिक आवश्यकता

योग भारत की सबसे पुरानी दार्शनिक परंपराओं में से एक है। यह केवल शारीरिक आसनों का समूह नहीं, बल्कि जीवन को संतुलित और सार्थक बनाने का मार्ग है। पतंजलि के योगसूत्रों में वर्णित आठ अंग—यम, नियम, आसन, प्राणायाम, प्रत्याहार, धारणा, ध्यान और समाधि—मनुष्य को भीतर से अनुशासित, शांत और सक्षम बनाते हैं।

- योग का आधुनिक अर्थ
- आज योग तीन स्तरों पर महत्त्वपूर्ण है—
- स्वास्थ्य का संरक्षण
- मानसिक संतुलन
- जीवन जीने की कला

इसी कारण विश्व के अनेक देशों ने योग को अपनाया है। भारत के लिए यह केवल स्वास्थ्य विधि नहीं, बल्कि सांस्कृतिक पहचान और ज्ञान-परंपरा की पुनर्स्थापना भी है।

ध्यान: मन का विज्ञान

ध्यान मन की गहराइयों को शांत करने वाली वह प्रक्रिया है जो मनुष्य को भीतर से समझदार, संतुलित और आत्म-जागरूक बनाती है। आज तनाव, चिंता, भय और असंतुलन व्यक्ति से लेकर समाज तक हर जगह दिखाई देते हैं। मोबाइल, सोशल मीडिया, त्वरित सूचना और निरंतर व्यस्तता ने मानसिक शांति को लगभग छीन लिया है।

ध्यान—चाहे वह विपश्यना हो, अनापान हो, माइंडफुलनेस हो या भारतीय साधना पद्धतियाँ—मन के कोलाहल को शांत करती हैं और विचारों को स्पष्ट बनाती हैं।

स्वास्थ्य क्षेत्र में योग-ध्यान का योगदान

भारत में जीवनशैली आधारित रोग तेजी से बढ़ रहे हैं। मधुमेह, उच्च रक्तचाप, थकान, अनिद्रा, अवसाद—इनमें से अधिकांश रोग दवाओं से नहीं, बल्कि जीवनशैली परिवर्तन से नियंत्रित होते हैं।

योग-ध्यान के लाभ

- रोग प्रतिरोधक क्षमता बढ़ाना
- रक्त संचार सुधरना
- तनाव हार्मोन का कम होना
- नींद में सुधार
- संपूर्ण ऊर्जा में वृद्धि

यदि इन्हें राष्ट्रीय स्वास्थ्य नीति का हिस्सा बनाया जाए, तो करोड़ों लोगों पर पड़ने वाला स्वास्थ्य बजट काफी हद तक कम किया जा सकता है। विकसित भारत का एक मजबूत स्तंभ स्वस्थ जनसंख्या है, जो योग द्वारा संभव है।

शिक्षा प्रणाली में योग-ध्यान की भूमिका

21वीं सदी की शिक्षा केवल किताबों और परीक्षाओं पर निर्भर नहीं रहेगी;
अब शिक्षा का उद्देश्य—
चरित्र निर्माण
आत्मानुशासन
भावनात्मक बुद्धिमत्ता
रचनात्मकता
और आलोचनात्मक सोच
बन चुका है।
योग-ध्यान इनमें सीधे योगदान देते हैं।
विद्यालयों और महाविद्यालयों में उनका प्रभाव:
विद्यार्थियों की एकाग्रता बढ़ती है
आक्रामकता और तनाव में कमी

स्मरण-शक्ति में वृद्धि
मानसिक स्वास्थ्य में सुधार
आत्मविश्वास और व्यक्तित्व का विकास
यदि शिक्षा नीति में योग–ध्यान को ठोस रूप से शामिल किया गया, तो २०४७ तक भारत "वैश्विक ज्ञान केंद्र" बन सकता है।

कार्यक्षेत्र और अर्थव्यवस्था पर योग–ध्यान का प्रभाव

आधुनिक कार्यस्थलों में तनाव, समय-सीमा का दबाव और मानसिक थकान सामान्य समस्या हैं।
कई कंपनियों में कर्मचारी थकावट के कारण उत्पादकता खो देते हैं।
योग–ध्यान से—
कार्यक्षमता बढ़ती है
निर्णय क्षमता तेज होती है
क्रोध और तनाव कम होता है
टीमवर्क में सुधार होता है
गलत निर्णयों में कमी आती है
२०४७ तक भारत को वैश्विक आर्थिक शक्ति बनाने के लिए एक अनुशासित और संतुलित मानव संसाधन अत्यंत आवश्यक है। योग–ध्यान इस लक्ष्य को संभव बनाते हैं।

सामाजिक समरसता और सांस्कृतिक नेतृत्व

योग मनुष्य को भीतर से शांत और संतुलित बनाकर समाज में सौहार्द पैदा करता है।
ध्यान व्यक्ति को करुणामय बनाता है।
आज समाज में हिंसा, तनाव और टकराव की घटनाएँ बढ़ रही हैं।
योग–ध्यान व्यक्तियों को भीतर से बदलते हैं, जिससे परिवार, समुदाय और समाज स्थिर होते हैं। यह भारत के सामाजिक ढाँचे को मजबूत बनाता है।
अंतरराष्ट्रीय स्तर पर योग भारत की "सॉफ्ट पावर" बन चुका है।
21 जून का "अंतरराष्ट्रीय योग दिवस" भारत को सांस्कृतिक नेतृत्व प्रदान

करता है।

पर्यावरण और वैश्विक चेतना

योग व्यक्ति को प्रकृति के प्रति संवेदनशील बनाता है।
उसका संदेश है—
"जीवन का संतुलन बनाए रखना।"
ध्यान मनुष्य में अहिंसा, संयम और करुणा की भावना जगाता है, जो पर्यावरण संरक्षण के मूल सिद्धांत हैं।
२०४७ का भारत तभी हरित और टिकाऊ बन सकता है जब उसके नागरिक प्रकृति के प्रति सचेत हों।
योग–ध्यान इस चेतना को जागृत करते हैं।

तकनीकी युग में योग–ध्यान

AI, रोबोटिक्स और डिजिटल युग में मानव जीवन बहुत तेज गति से आगे बढ़ रहा है।
जानकारी बहुत है, परंतु मन की स्थिरता कम होती जा रही है।
योग–ध्यान मनुष्य को इस बदलती दुनिया में संतुलन प्रदान करते हैं—
डिजिटल विकर्षणों से मुक्ति
गहन कार्य (Deep Work) की क्षमता
नैतिक निर्णय लेने की शक्ति
मानसिक स्पष्टता
२०४७ का भारत तभी तकनीकी रूप से विकसित होगा जब उसकी मानवता सुरक्षित और संतुलित रहे।

चुनौतियाँ

योग का व्यावसायिकरण
प्रशिक्षित योगाचार्यों की कमी
ग्रामीण क्षेत्रों में योग सुविधाओं का अभाव
युवाओं में निरंतरता की कमी

समाधान

राष्ट्रीय स्तर पर योग प्रशिक्षण केंद्र
स्कूल–कॉलेजों में अनिवार्य योग अभ्यास
डिजिटल योग–ध्यान प्लेटफॉर्म
स्थानीय समुदायों में समूह योग केंद्र

निष्कर्ष

विकसित भारत २०४७ केवल आर्थिक योजनाओं से नहीं बनेगा, बल्कि उन नागरिकों से बनेगा जिनका शरीर स्वस्थ, मन शांत और विचार स्पष्ट हों।
योग और ध्यान ऐसी ही मानवीय चेतना विकसित करते हैं।
यही कारण है कि योग–ध्यान केवल स्वास्थ्य का साधन नहीं;
वे एक नई सभ्यता की नींव हैं—
ऐसी सभ्यता जो तकनीक के साथ नैतिकता,
विज्ञान के साथ संवेदना,
और प्रगति के साथ संतुलन को प्राथमिकता देती है।
२०४७ का भारत योगमय भारत होगा—
स्वस्थ, सक्षम, शांत, संतुलित और वैश्विक नेतृत्व देने वाला।

संदर्भ

1. पतंजलि। (n.d.). योगसूत्र.
2.आयुष मंत्रालय, भारत सरकार। (2021–2024). योग एवं स्वास्थ्य रिपोर्ट.
3. भारत सरकार। (2020). राष्ट्रीय शिक्षा नीति 2020 (NEP 2020).
4. विश्व स्वास्थ्य संगठन (WHO). (2020–2023). Mental Wellbeing Reports.
5. विवेकानंद, स्वामी। (n.d.). राजयोग.
6. अयंगर, बी. के. एस. (n.d.). Light on Yoga.
7. UNESCO. (2016). Intangible Cultural Heritage: Yoga.

8. स्वास्थ्य एवं परिवार कल्याण मंत्रालय, भारत सरकार। (n.d.). स्वास्थ्य संबंधी प्रकाशन/रिपोर्ट्स.

नई शिक्षा नीति और भारतीय ज्ञान परंपराः एक शोधात्मक विश्लेषण

वंदना कुमारी
शोध छात्रा, हिंदी विभाग, ललित नारायण मिथिला, भारत

सारांश
भारत की नई शिक्षा नीति 2020 (NEP 2020) भारतीय शिक्षा के इतिहास में एक महत्त्वपूर्ण मील का पत्थर है। यह नीति न केवल शिक्षा प्रणाली को आधुनिक वैश्विक मानकों से जोड़ती है, बल्कि भारतीय ज्ञान परंपरा, मूल्य, संस्कृति और आत्मनिर्भरता के आदर्शों को पुनर्स्थापित करती है। इस शोध-पत्र में नई शिक्षा नीति के मूल सिद्धांतों, उसके दार्शनिक आधार, भारतीय ज्ञान परंपरा की भूमिका, पाठ्यक्रम संरचना, पद्धतियों, चुनौतियों और संभावनाओं का विश्लेषण किया गया है। अध्ययन से स्पष्ट होता है कि नई शिक्षा नीति शिक्षा को केवल रोज़गार का साधन नहीं बल्कि जीवन निर्माण, चरित्र विकास और वैश्विक नागरिकता का माध्यम बनाती है।

मुख्य शब्दः शिक्षा नीति, भारतीय ज्ञान परंपरा, राष्ट्रीय शिक्षा नीति 2020, मूल्य शिक्षा, ज्ञान प्रणाली।

भूमिका (Introduction)

भारत की शिक्षा परंपरा सदियों से समृद्ध, वैज्ञानिक एवं जीवनोपयोगी रही है। गुरु-शिष्य परंपरा से लेकर तक्षशिला, नालंदा और विक्रमशिला जैसे विश्वविख्यात विश्वविद्यालयों ने विश्व को अद्वितीय ज्ञान दिया। किन्तु औपनिवेशिक शासन के दौरान भारतीय शिक्षा प्रणाली का स्वरूप बदल गया और शिक्षा का उद्देश्य केवल प्रशासनिक कर्मियों का निर्माण बन गया।

नई शिक्षा नीति 2020 इसी टूटे हुए स्वरूप को पुनः भारतीय दृष्टि में पुनर्स्थापित करने का प्रयास है। यह नीति "ज्ञान ही परम ध्येय है" (ज्ञानं

परमं ध्येयम्) की भारतीय अवधारणा को आधार बनाती है। नई शिक्षा नीति का दर्शन (Philosophical Foundation of NEP 2020) नई शिक्षा नीति का दार्शनिक आधार तीन प्रमुख भारतीय सिद्धांतों पर आधारित है—

दार्शनिक आधार विवरण

सर्वांगीण शिक्षा (Holistic Learning) शिक्षा = ज्ञान + कौशल + मूल्य स्व-आविष्कार एवं आत्मनिर्भरता (Self-Realization and Atmanirbharta) विद्यार्थी को सक्षम, जिम्मेदार और नवाचारी बनाना वैश्विकता और स्थानीयता का संतुलन (Localization + Globalization) Indian Knowledge + Global Competency नई शिक्षा नीति (NEP 2020) की मूल दृष्टि (Vision) — स्पष्ट और सरल रूप में

नई शिक्षा नीति की मूल दृष्टि है —ऐसी शिक्षा देना जो प्रत्येक विद्यार्थी के सर्वांगीण विकास के साथ-साथ उसे नैतिक, बौद्धिक, व्यावहारिक, रचनात्मक और आध्यात्मिक रूप से सक्षम बनाए। यह नीति केवल रोजगार देने वाली शिक्षा नहीं चाहती, बल्कि ऐसे नागरिक बनाना चाहती है जो—सोचने में स्वतंत्र होंरचनात्मक और नवोन्मेषी हों भारतीय संस्कृति, मूल्यों और वैश्विक दृष्टि से जुड़े होंमानवता और राष्ट्र के प्रति जिम्मेदार हों।[1] नई शिक्षा नीति की दृष्टि के मुख्य तत्व क्रमांक मूल तत्व स्पष्ट अर्थ

- सर्वांगीण शिक्षा (Holistic Learning) शिक्षा केवल ज्ञान नहीं, बल्कि व्यक्तित्व, चरित्र, संवेदना और कौशल का विकास करे।
- बहुविषयकता (Multidisciplinary Education) छात्र एक ही विषय तक सीमित न हों, बल्कि कला, विज्ञान, संस्कृति, कौशल और तकनीक सब सीख सकें।
- भारतीयता और वैश्विकता का समन्वय शिक्षा भारतीय ज्ञान परंपरा पर आधारित हो, लेकिन वैश्विक स्तर पर प्रतिस्पर्धी भी बने।
- अनुभव आधारित सीख (Experiential Learning) शिक्षा केवल किताबों में न हो, बल्कि प्रयोग, प्रोजेक्ट, अनुसंधान और अनुभव से हो।

- कौशल और रोजगार उन्मुख शिक्षा शिक्षा विद्यार्थियों को आत्मनिर्भर, रोजगार योग्य और उद्यमी बनाए।
- मूल्य और चरित्र निर्माण शिक्षा मानवता, नैतिकता, करुणा, अहिंसा, सत्य और सेवा का विकास करे।
- मातृभाषा आधारित सीख प्रारंभिक शिक्षा मातृभाषा में हो ताकि ज्ञान गहरा और स्वाभाविक हो।[2]

नीति की मूल अवधारणा

"Education must develop not only the mind, but also the heart and soul."

(शिक्षा केवल मस्तिष्क नहीं, बल्कि हृदय और आत्मा को भी विकसित करे।)

नीति का अंतिम लक्ष्य

समर्थ नागरिक

सजग मानव

नवाचार करने वाले विद्यार्थी

जिम्मेदार समाज और मजबूत राष्ट्र

भारतीय ज्ञान परंपरा: अवधारणा और स्वरूप

भारतीय ज्ञान परंपरा बहुआयामी है। इसमें भाषा, व्याकरण, दर्शन, विज्ञान, गणित, खगोलशास्त्र, योग, आयुर्वेद, कला, संस्कृति, नैतिकता और आध्यात्मिकता का अपूर्व संगम है।[3]

भारतीय ज्ञान परंपरा के प्रमुख घटक:

वेद और उपनिषद्

आयुर्वेद, योग, नाट्यशास्त्र

न्याय, वैशेषिक, सांख्य और वेदांत

पंचकोसी मानव विकास मॉडल

चरक, सुश्रुत, आर्यभट, भास्कराचार्य, पाणिनी, पाटलिपुत्र एवं नालंदा परंपरा [4]

नई शिक्षा नीति में भारतीय ज्ञान परंपरा का समावेशन

नई शिक्षा नीति में निम्न प्रमुख रूपों में भारतीय ज्ञान परंपरा को स्थान दिया गया है— भाषा आधारित शिक्षा (Mother Tongue Based Learning) भारतीय साहित्य केवल रचनात्मक अभिव्यक्ति नहीं, अपितु ज्ञान की संवाहक शक्ति भी रहा है। वेदों, उपनिषदों, रामायण, महाभारत, पुराणों तथा नाट्यशास्त्र, कामसूत्र, अर्थशास्त्र जैसे ग्रंथों में निहित ज्ञान –धर्म, नीति, दर्शन, भौतिक विज्ञान, गणित, खगोल, आयुर्वेद, संगीत आदि के क्षेत्रों में–साहित्य के माध्यम से जनमानस तक पहुँचा। संस्कृत, प्राकृत, अपभ्रंश, हिंदी, तमिल, तेलुगु, कन्नड़, मलयालम, बंगला, उड़िया और अन्य भारतीय भाषाओं के साहित्य में यह परंपरा सतत रूप से विद्यमान रही है। भक्ति साहित्य में ज्ञान और अनुभव का संयोग, सूफी परंपरा में आत्म-चिंतन, संत साहित्य में लोक-आधारित बोध – यह सब भारतीय ज्ञान परंपरा के विविध रूप हैं।[5] कक्षा 5 या 8 तक मातृभाषा/भारतीय भाषा में शिक्षा भारतीय भाषाओं का सम्मान: संस्कृत, तमिल, हिंदी, बंगला आदि।

ज्ञान और विज्ञान का भारतीय दृष्टिकोण

भारतीय गणितीय प्रणाली वैदिक गणित
खगोलशास्त्र, पर्यावरण चिंतन, योग शिक्षा

नैतिक एवं मूल्य आधारित शिक्षा

सत्यं वद। धर्मं चर। वैश्विक नैतिकता और मानवता की शिक्षा।[6]

कौशल आधारित शिक्षा

पारंपरिक भारतीय कला–कौशल, लोक साहित्य, शिल्प, हस्तकला। नीति में संरचनात्मक परिवर्तन पुरानी प्रणाली नई प्रणाली (NEP) 10+2 मॉडल 5+3+3+4 मॉडल अंकों पर आधारित मूल्यांकन कौशल, परियोजना एवं योग्यता आधारित सीखना रटने की शिक्षा अनुभव आधारित, शोध और प्रयोग आधारित नई शिक्षा नीति और समग्र व्यक्तित्व विकास नीति में शिक्षा का उद्देश्य केवल नौकरी नहीं बल्कि संपूर्ण मनुष्य निर्माण है —

भावनात्मक बुद्धिमत्ता
नैतिकता
नेतृत्व क्षमता
चिंतनशीलता
सामाजिक उत्तरदायित्व

नीति की चुनौतियाँ

- प्रशिक्षित शिक्षकों की कमी
- डिजिटल असमानता
- प्रशासनिक बाधाएँ
- व्यावहारिक स्तर पर कार्यान्वयन की धीमी गति

शिक्षा नीति (NEP 2020) की प्रमुख चुनौतियाँ नई शिक्षा नीति 2020 भारत के शिक्षा तंत्र में महत्वपूर्ण सुधारों का मार्ग प्रस्तुत करती है, परंतु इसके कार्यान्वयन में कई चुनौतियाँ सामने आती हैं। प्रमुख चुनौतियाँ निम्नलिखित हैं:

बुनियादी ढाँचे की कमी

ग्रामीण क्षेत्रों में स्कूलों में शौचालय, तकनीकी लैब, इंटरनेट, पुस्तकालय और स्मार्ट क्लास की कमी बड़ी बाधा है।
डिजिटल शिक्षा के लिए आवश्यक उपकरण और नेटवर्क सुविधा सभी छात्रों को उपलब्ध नहीं है।

शिक्षक प्रशिक्षण और क्षमता निर्माण

NEP के अनुसार शिक्षा में क्षमता आधारित और बहुआयामी शिक्षण की आवश्यकता है। लाखों शिक्षकों को नई पद्धतियों, मूल्यांकन प्रणाली और तकनीकी उपयोग के लिए प्रशिक्षित करना एक बड़ी चुनौती है।

डिजिटल डिवाइड (Digital Divide)

बड़े पैमाने पर ऑनलाइन और ब्लेंडेड लर्निंग लागू करने के बावजूद, भारत में कई विद्यार्थी इंटरनेट या स्मार्ट डिवाइस से वंचित हैं। ग्रामीण और आर्थिक रूप से कमजोर वर्ग पिछड़ सकते हैं।

भाषा संबंधी चुनौतियाँ

मातृभाषा में शिक्षा देना उद्देश्य है, लेकिन शिक्षण सामग्री की उपलब्धता और प्रशिक्षित शिक्षकों की कमी है। कई राज्यों में बहुभाषिक वातावरण के कारण कार्यान्वयन कठिन हो जाता है।

प्रशासनिक और नीतिगत समन्वय

शिक्षा का नियंत्रण केंद्र एवं राज्य दोनों के पास है। नीति को जमीनी स्तर तक समान और प्रभावी रूप से लागू करने के लिए राज्यों के बीच समन्वय की आवश्यकता है।

वित्तीय संसाधनों की कमी

नीति के प्रभावी क्रियान्वयन के लिए शिक्षा क्षेत्र में GDP का 6% खर्च करने का लक्ष्य रखा गया है। वर्तमान निवेश इस लक्ष्य से कम है, जिससे संसाधन उपलब्धता बाधित होती है।

मूल्यांकन पद्धति में परिवर्तन

पारम्परिक परीक्षा-आधारित मूल्यांकन से कौशल आधारित मूल्यांकन की ओर परिवर्तन समय-साध्य और जटिल है। स्कूलों और विश्वविद्यालयों को नई मूल्यांकन प्रणाली तैयार करने में कठिनाई हो रही है।

व्यावसायिक शिक्षा के एकीकरण की चुनौती

रोजगार और पाठ्यक्रम के बीच की दूरी कम करने हेतु व्यावसायिक शिक्षा को मुख्यधारा में लाना है। उद्योगों, स्कूलों और उच्च शिक्षा संस्थानों के बीच सहयोग की आवश्यकता है।

सामाजिक असमानता और पहुँच

शिक्षा में समानता सुनिश्चित करना अभी चुनौतीपूर्ण है।

अनुसूचित जाति, जनजाति, महिला, ग्रामीण और दिव्यांग बच्चों के लिए विशेष कदम आवश्यक हैं।

मानसिकता और प्रतिरोध (Resistance to Change)

शिक्षा नीति में बड़े बदलाव का अर्थ है पुरानी आदतों और प्रक्रियाओं को बदलना। कई शिक्षक, संस्थाएँ और अभिभावक परिवर्तन को स्वीकारने में धीमे हैं। संभावनाएँ और भविष्य यदि नीति प्रभावी रूप से लागू होती है, तो भारत— ज्ञान आधारित अर्थव्यवस्था का केंद्र बनेगा वैश्विक स्तर पर शिक्षा मॉडल प्रस्तुत करेगा भारतीय संस्कृति और वैज्ञानिक मूल्यों के साथ विश्व नेतृत्व की स्थिति प्राप्त करेगा[7]

निष्कर्ष

नई शिक्षा नीति 2020 केवल एक नीतिगत दस्तावेज नहीं, बल्कि भारत के शैक्षिक, सांस्कृतिक और दार्शनिक पुनर्जागरण की घोषणा है। यह नीति प्राचीन भारतीय ज्ञान परंपरा और आधुनिक वैज्ञानिक दृष्टि का समन्वय प्रस्तुत करती है। अतः यह नीति भारत को “ज्ञान आधारित वैश्विक शक्ति” बनाने की क्षमता रखती है।

संदर्भ सूची

1. शिक्षा मंत्रालय, भारत सरकार (2020). राष्ट्रीय शिक्षा नीति 2020.
2. वही,
3. वही,
4. शर्मा, डॉ पवन कुमार,भारतीय ज्ञान परंपरा विवीध संदर्भ, मीना बुक पब्लिकेशन,6 अक्टूबर 2024
5. सिंह,डॉ पियका,भारतीय साहित्य मे ज्ञान परंपरा,सजन पब्लिकेशन 11 मई 2025,
6. विवेकानंद, स्वामी (1897). भारतीय शिक्षा और आध्यात्मिकता.

7. शर्मा, ए.के. (2021). भारतीय ज्ञान परंपरा और शिक्षा प्रणाली. नई दिल्ली: भारतीय ग्रंथालय परिषद.

विकसित भारत २०४७ एवं भारतीय ज्ञान परंपरा का अंतर्संबंध

डॉ नरेन्द्र कुमार
वर्धमान शिक्षक प्रशिक्षक महाविद्यालय,
मनियां, धौलपुर, राजस्थान, भारत

प्रस्तावना

भारत वर्ष २०४७ तक एक विकसित राष्ट्र के रूप में अपनी पहचान बनाने की ओर अग्रसर है। यह सपना केवल आर्थिक प्रगति और तकनीकी उन्नति तक सीमित नहीं है, बल्कि इसमें भारत की समृद्ध ज्ञान परंपरा की पुनर्प्रतिष्ठा भी निहित है। हमारी प्राचीन सभ्यता ने विज्ञान, दर्शन, कला, चिकित्सा, गणित और प्रकृति संरक्षण जैसे क्षेत्रों में अद्वितीय योगदान दिया है, जो आज भी प्रासंगिक हैं। आधुनिक विकास के मॉडल में भारतीय ज्ञान की उपेक्षा एक बड़ी कमी रही है। जबकि वैदिक गणित, आयुर्वेद, योग, सतत कृषि पद्धतियाँ और सामुदायिक जीवन के सिद्धांत आज की वैश्विक चुनौतियों का समाधान प्रस्तुत कर सकते हैं। उदाहरण के लिए, जल संकट का समाधान प्राचीन जल प्रबंधन तकनीकों में निहित है, तो आधुनिक मानसिक तनाव का उपचार योग और ध्यान में मिल सकता है।

विकसित भारत का लक्ष्य तभी पूरा होगा जब हम अपनी मूलभूत ज्ञान प्रणालियों को नवीन विज्ञान और तकनीक के साथ जोड़ेंगे। इसके लिए शिक्षा, स्वास्थ्य, कृषि और प्रौद्योगिकी जैसे क्षेत्रों में भारतीय दृष्टिकोण को समावेशित करना होगा। २०४७ तक भारत को एक ज्ञान-आधारित समाज के रूप में स्थापित करने के लिए हमें अपनी विरासत पर गर्व करते हुए उसे भविष्योन्मुखी बनाना होगा। यही वास्तविक विकास का मार्ग है।

विकसित भारत २०४७ के लिए भारतीय ज्ञान का उपयोगरू एक परिवर्तनकारी दृष्टिकोण

भारत के विकास यात्रा में सनातन ज्ञान की भूमिका

जब हम श्विकसित भारत २०४७श् की कल्पना करते हैं, तो हमारे सामने एक ऐसे राष्ट्र की छवि उभरती है जो आर्थिक समृद्धि, तकनीकी उन्नति और सामाजिक समरसता के साथ-साथ अपनी सांस्कृतिक पहचान को भी संजोए हुए है। यह संतुलित विकास का मॉडल हमें हमारी हजारों वर्ष पुरानी ज्ञान परंपरा से ही प्राप्त हो सकता है। प्रधानमंत्री नरेंद्र मोदी के शब्दों में, श्हमें अपने अतीत के ज्ञान को भविष्य की तकनीक से जोड़ना होगा।श् भारत की विकास यात्रा में सनातन ज्ञान की भूमिका अत्यंत महत्वपूर्ण रही है। सनातन परंपरा, जिसमें वेद, उपनिषद, गीता, योग, आयुर्वेद, ज्योतिष और धार्मिक-दार्शनिक ग्रंथ सम्मिलित हैं, ने भारत के सामाजिक, आर्थिक, वैज्ञानिक और आध्यात्मिक विकास को गहराई से प्रभावित किया है।

प्राचीन काल में नालंदा और तक्षशिला जैसे विश्वविद्यालयों ने ज्ञान-विज्ञान की नींव रखी, जहाँ गणित, खगोलशास्त्र, चिकित्सा और दर्शन की शिक्षा दी जाती थी। आर्यभट्ट, चरक, सुश्रुत और पतंजलि जैसे विद्वानों ने सनातन ज्ञान के आधार पर विज्ञान और तकनीक को समृद्ध किया। योग और आयुर्वेद ने स्वास्थ्य के क्षेत्र में अद्वितीय योगदान दिया, जो आज भी वैश्विक स्तर पर प्रासंगिक है। सनातन संस्कृति ने समाज को सहिष्णुता, करुणा और धर्म के सिद्धांतों से जोड़कर सामाजिक सद्भाव को बढ़ावा दिया। आधुनिक युग में स्वामी विवेकानंद, महात्मा गांधी और डॉ. एपीजे अब्दुल कलाम जैसे विचारकों ने सनातन मूल्यों को आधुनिक विकास से जोड़ा।

आज भी, सतत विकास (ैनेजंपदंइसम क्मअमसवचउमदज), पर्यावरण संरक्षण और नैतिक नेतृत्व जैसे विषयों में सनातन ज्ञान की शिक्षाएँ मार्गदर्शक हैं। इस प्रकार, भारत का विकास केवल भौतिक प्रगति नहीं, बल्कि सनातन ज्ञान की अमर विरासत का सतत विस्तार है।

वैश्विक संदर्भ में भारतीय दृष्टिकोण की आवश्यकता

विश्व बैंक की 2023 की रिपोर्ट के अनुसार, वर्तमान वैश्विक विकास मॉडल असंतुलित और अटूट है। जहाँ एक ओर जीडीपी वृद्धि को विकास का एकमात्र पैमाना माना जाता है, वहीं दूसरी ओर मानसिक स्वास्थ्य संकट, पर्यावरणीय क्षरण और सामाजिक विखंडन बढ़ रहा है। ऐसे में भारत का सर्वांगीण विकास मॉडल- जो हमारे प्राचीन ग्रंथों में वर्णित श्धर्म, अर्थ, काम, मोक्षश् के संतुलन पर आधारित है- वैश्विक स्तर पर एक वैकल्पिक दृष्टिकोण प्रस्तुत करता है। आज का विश्व अनेक जटिल चुनौतियोंकृ जैसे जलवायु परिवर्तन, आतंकवाद, आर्थिक असमानता और सांस्कृतिक संघर्ष से जूझ रहा है। इन समस्याओं के समाधान के लिए पश्चिमी दृष्टिकोण अकेला पर्याप्त नहीं है, क्योंकि वह भौतिकवाद और प्रतिस्पर्धा पर केंद्रित है। ऐसे में, भारतीय दर्शन का श्वसुधैव कुटुम्बकमष् (समस्त विश्व एक परिवार) का सिद्धांत, अहिंसा, सहिष्णुता और सर्वधर्म समभाव जैसे मूल्य वैश्विक शांति और सहयोग की नींव रख सकते हैं।

भारत का योग और आयुर्वेद स्वास्थ्य के क्षेत्र में, सतत विकास (ैनेजंपदंइसम क्मअमसवचउमदज) की अवधारणा पर्यावरण संरक्षण में और ज्ञान-आधारित अर्थव्यवस्था (ज्ञदवूसमकहम म्बवदवउल) तकनीकी प्रगति में मार्गदर्शक बन सकता है। गांधीवादी विचारधारा ने विश्व को अहिंसक प्रतिरोध और नैतिक नेतृत्व का पाठ पढ़ाया है, जो आज भी प्रासंगिक है। वैश्वीकरण के इस युग में, भारत का बहुलतावादी, समावेशी और ध्यान व संयम पर आधारित दृष्टिकोण मानवता को एक नई दिशा दे सकता है। भारतीय

संस्कृति का सारकृश्अनेकता में एकताष्कृ विश्व को टकराव नहीं, बल्कि सहयोग की ओर ले जाने में सक्षम है। इसलिए, वैश्विक शांति और समृद्धि के लिए भारतीय दृष्टिकोण की आवश्यकता अब पहले से कहीं अधिक है।

भारतीय ज्ञान के प्रमुख स्तंभ जो २०४७ के भारत का निर्माण कर सकते हैं

स्वावलंबन की अवधारणा

स्वावलंबन का अर्थ है ष्आत्मनिर्भरताष्क् अपनी आवश्यकताओं की पूर्ति के लिए दूसरों पर निर्भर न रहकर स्वयं के प्रयासों, कौशल और संसाधनों पर भरोसा करना। यह केवल आर्थिक स्वतंत्रता तक ही सीमित नहीं है, बल्कि यह मानसिक, सामाजिक और राष्ट्रीय स्तर पर आत्मविश्वास और स्वाभिमान का प्रतीक है। भारतीय संदर्भ में, स्वावलंबन की अवधारणा महात्मा गांधी के ष्स्वदेशी आंदोलनष् और ष्ग्राम स्वराजष् के विचारों से प्रेरित है। उनका मानना था कि स्थानीय उत्पादन, कुटीर उद्योग और स्व-रोजगार ही समाज को सशक्त बना सकते हैं। आज श्आत्मनिर्भर भारतश् (।जउंदपतईींत ठींतंज) की अवधारणा भी इसी विचारधारा पर आधारित है, जो देश को वैश्विक निर्भरता से मुक्त करने पर जोर देती है।

व्यक्तिगत स्तर पर स्वावलंबन आत्मविश्वास, कौशल विकास और आर्थिक स्थिरता लाता है, जबकि राष्ट्रीय स्तर पर यह आत्मनिर्भर अर्थव्यवस्था, तकनीकी स्वतंत्रता और सामरिक सुरक्षा सुनिश्चित करता है। इस प्रकार, स्वावलंबन व्यक्ति और राष्ट्र दोनों के सर्वांगीण विकास का मूलमंत्र है।

- प्राचीन भारत की आत्मनिर्भर ग्राम व्यवस्था
- कौटिल्य के अर्थशास्त्र में वर्णित आर्थिक सिद्धांत
- महात्मा गांधी का ग्राम स्वराज्य का विजन

ज्ञान आधारित अर्थव्यवस्था

- ज्ञान आधारित अर्थव्यवस्था (ज्ञदवूसमकहम – ठंेमक म्बवदवउल) वह आर्थिक प्रणाली है जिसमें ज्ञान, नवाचार, शोध एवं तकनीकी कौशल उत्पादन और विकास के प्रमुख स्रोत होते हैं। यह पारंपरिक अर्थव्यवस्था से अलग है, जो प्राकृतिक संसाधनों और शारीरिक श्रम पर निर्भर करती है। इसमें शिक्षा, सूचना प्रौद्योगिकी, बौद्धिक संपदा और डिजिटल इन्फ्रास्ट्रक्चर

की महत्वपूर्ण भूमिका होती है। भारत जैसे देश के लिए ज्ञान आधारित अर्थव्यवस्था विशेष रूप से प्रासंगिक है, क्योंकि यहाँ युवा जनसंख्या, तकनीकी प्रतिभा और स्टार्टअप संस्कृति तेजी से विकसित हो रही है। सॉफ्टवेयर, बायोटेक, रोबोटिक्स और आर्टिफिशियल इंटेलिजेंस जैसे क्षेत्रों में भारत वैश्विक नेतृत्व की ओर अग्रसर है।

- इस अर्थव्यवस्था का लक्ष्य सतत विकास, रोजगार सृजन और वैश्विक प्रतिस्पर्धा को बढ़ावा देना है। ज्ञान आधारित अर्थव्यवस्था में निवेश से ही भारत 21वीं सदी की अग्रणी आर्थिक शक्ति बन सकता है।
  - नालंदा और तक्षशिला विश्वविद्यालयों की शिक्षा प्रणाली
  - वैदिक गणित और भारतीय विज्ञान परंपरा
  - डिजिटल युग में संस्कृत भाषा की प्रासंगिकता

सतत विकास के सिद्धांत

सतत विकास (ैनेजंपदंइसम क्मअमसवचउमदज) का मूल सिद्धांत है – ष्वर्तमान की आवश्यकताओं को पूरा करते हुए भविष्य की पीढ़ियों के लिए संसाधनों का संरक्षण करना।श् यह तीन प्रमुख स्तंभों पर आधारित हैः

- पर्यावरणीय संतुलन – प्राकृतिक संसाधनों का विवेकपूर्ण उपयोग, जैव विविधता का संरक्षण और प्रदूषण नियंत्रण।
- आर्थिक स्थिरता – ऐसी आर्थिक गतिविधियाँ जो दीर्घकालिक हों और पर्यावरण को नुकसान न पहुँचाएँ।
- सामाजिक समानता – विकास के लाभ सभी वर्गों तक पहुँचे तथा गरीबी व असमानता कम हो।

भारत की परंपरा में ष्धरती माताष् की अवधारणा और श्अपरिग्रहश् (अति उपभोग न करने) का सिद्धांत सतत विकास से जुड़ा है। आज सौर ऊर्जा, जैविक खेती और हरित प्रौद्योगिकी जैसे क्षेत्रों में भारत सतत विकास को बढ़ावा दे रहा है। संयुक्त राष्ट्र के ैक्ळे (ैनेजंपदंइसम क्मअमसवचउमदज ळवंसे) भी इसी दिशा में वैश्विक प्रयास हैं। सतत

विकास ही भविष्य की ऐसी राह है जो प्रगति और प्रकृति में सामंजस्य स्थापित करती है।

- प्रकृति संरक्षण के वैदिक सिद्धांत
- जल प्रबंधन की पारंपरिक तकनीकें
- सर्कुलर इकॉनमी के भारतीय मॉडल

सामाजिक समरसता

- सामाजिक समरसता का अर्थ है एक ऐसा सामंजस्यपूर्ण समाज जहाँ जाति, धर्म, भाषा, लिंग या आर्थिक स्थिति के भेद के बिना सभी व्यक्तियों को समान अवसर, सम्मान और न्याय मिले। यह सिद्धांत सहिष्णुता, एकता और सामूहिक कल्याण पर आधारित है, जिसमें विविधताओं के बावजूद समाज सशक्त रूप से जुड़ा रहता है। भारतीय संदर्भ में, सामाजिक समरसता की अवधारणा प्राचीन काल से श्वसुधैव कुटुम्बकमश् और श्सर्वे भवन्तु सुखिनःश् जैसे विचारों में निहित है। महात्मा गांधी ने सर्वोदय के माध्यम से तथा डॉ. भीमराव आंबेडकर ने सामाजिक न्याय के संघर्ष से इसी लक्ष्य को आगे बढ़ाया।
- आज के युग में, सामाजिक समरसता तभी साकार हो सकती है जब शिक्षा, रोजगार और कानून के समान अवसर सभी को मिलें। यह न केवल राष्ट्रीय एकता के लिए आवश्यक है, बल्कि देश के सर्वांगीण विकास का भी मूल आधार है।
    - श्वसुधैव कुटुम्बकमश् की अवधारणा
    - विविधता में एकता का भारतीय मॉडल
    - सामुदायिक सहयोग की परंपराएँ
    - वर्तमान पहल और भविष्य की राह

भारत सरकार की विभिन्न योजनाएँ जैसेः

- आयुष्मान भारत में आयुर्वेद का समावेश
- नेशनल एजुकेशन पॉलिसी 2020 में भारतीय ज्ञान का समावेश
- डिजिटल इंडिया में संस्कृत कम्प्यूटिंग पर शोध

- स्मार्ट सिटी मिशन में जल प्रबंधन के पारंपरिक तरीके

ये सभी पहलें दर्शाती हैं कि कैसे भारतीय ज्ञान परंपरा को आधुनिक संदर्भ में ढालकर विकास के नए मॉडल तैयार किए जा रहे हैं।

चुनौतियाँ और संभावनाएँ

जीवन और विकास की प्रक्रिया में चुनौतियाँ और संभावनाएँ दोनों साथ-साथ चलती हैं। चुनौतियाँ जहाँ हमें परखती हैं, वहीं संभावनाएँ नए अवसर प्रदान करती हैं। आज भारत के सामने बेरोजगारी, असमानता, पर्यावरणीय संकट और सामाजिक विषमता जैसी गंभीर चुनौतियाँ हैं। वहीं, युवा जनसंख्या, तकनीकी क्रांति, डिजिटल इंडिया और स्टार्टअप संस्कृति जैसी संभावनाएँ देश को वैश्विक नेतृत्व की ओर ले जा रही हैं। व्यक्तिगत स्तर पर भी चुनौतियाँ हमें मजबूत बनाती हैं, जबकि संभावनाएँ सफलता का मार्ग दिखाती हैं। महत्वपूर्ण यह है कि हम चुनौतियों को अवसरों में बदलने का कौशल विकसित करें। भारत की सहिष्णु संस्कृति और नवाचारी सोच इसमें मददगार साबित हो सकती है। अंततः, चुनौतियाँ और संभावनाएँ जीवन के दो पहलू हैं – एक सतर्क करता है, तो दूसरा प्रेरित। सही दृष्टिकोण और संकल्प से ही हम इनका सामना कर सकते हैं और सफलता प्राप्त कर सकते हैं।

हालांकि इस मार्ग पर कुछ चुनौतियाँ भी हैं:

- पश्चिमी शिक्षा प्रणाली में भारतीय ज्ञान की उपेक्षा का दीर्घकालिक प्रभाव
- संस्कृत और प्राचीन भाषाओं में शोधकर्ताओं की कमी
- पारंपरिक ज्ञान का वैज्ञानिक दस्तावेजीकरण
- ग्लोबलाइजेशन के दबाव में सांस्कृतिक पहचान का संकट

लेकिन इन चुनौतियों के बावजूद, अवसर विशाल हैं:

- योग और आयुर्वेद की वैश्विक स्वीकार्यता
- सतत विकास के लिए भारतीय मॉडल की बढ़ती मांग
- डिजिटल टेक्नोलॉजी और प्राचीन ज्ञान का समन्वय
- युवा पीढ़ी में सांस्कृतिक पुनर्जागरण की लहर

एक समग्र दृष्टिकोण की आवश्यकता

आज के जटिल और परस्पर जुड़े विश्व में किसी भी चुनौती का समाधान खंडित दृष्टिकोण से संभव नहीं है। हमें एक समग्र दृष्टिकोण (भ्वसपेजपब ।चचतवंबी) की आवश्यकता है जो सामाजिक, आर्थिक, पर्यावरणीय और सांस्कृतिक पहलुओं को एक साथ समेटते हुए संतुलित विकास की राह प्रशस्त करे। भारतीय संदर्भ में यह और भी प्रासंगिक हो जाता है। हमारी प्राचीन परंपरा ने हमेशा श्सर्वे भवन्तु सुखिनःश् और श्वसुधैव कुटुम्बकमश् जैसे समग्र विचारों पर बल दिया है। आधुनिक समस्याएँ – चाहे वह जलवायु परिवर्तन हो, आर्थिक असमानता हो या सामाजिक विखंडन – सभी का समाधान तभी संभव है जब हम इन्हें अलग-अलग न देखकर एक व्यापक परिप्रेक्ष्य में समझें।

- उदाहरण के लिए, सतत विकास के लक्ष्यों को प्राप्त करने के लिए केवल तकनीकी उन्नति ही पर्याप्त नहीं है। हमें सामाजिक न्याय, पर्यावरण संरक्षण और सांस्कृतिक संवेदनशीलता को भी समान महत्व देना होगा। इसी प्रकार, आर्थिक प्रगति तभी सार्थक है जब वह समाज के अंतिम व्यक्ति तक पहुँचे। एक समग्र दृष्टिकोण ही हमें विविधताओं में एकता स्थापित करने, प्राकृतिक संसाधनों का संरक्षण करने और सभी के लिए समान अवसर सुनिश्चित करने में सक्षम बना सकता है। यही वह मार्ग है जो भारत को पुनः विश्व गुरु के स्थान पर प्रतिष्ठित कर सकता है। अंततः, समग्रता ही सच्चे विकास की कुंजी है।
- विकसित भारत २०४७ का सपना तभी साकार होगा जब हमः
    - अपनी ज्ञान परंपरा को संरक्षित करेंगे
    - उसे वैज्ञानिक दृष्टि से परखेंगे
    - आधुनिक तकनीक के साथ समन्वय करेंगे
    - वैश्विक संदर्भ में उसकी प्रासंगिकता स्थापित करेंगे

जैसा कि राष्ट्रपति द्रौपदी मुर्मू ने कहा था, श्हमारी सभ्यता ने हमें जो ज्ञान दिया है, वह हमारी सबसे बड़ी पूँजी है।श् २०४७ तक भारत को विकसित राष्ट्र बनाने के लिए हमें इस पूँजी का विवेकपूर्ण निवेश करना होगा।

भारतीय ज्ञान परंपरा की प्रासंगिकता

- भारतीय ज्ञान परंपरा एक अद्वितीय विचारधारा है जो हजारों वर्षों के अनुभव, शोध और आध्यात्मिक चिंतन पर आधारित है। यह केवल अतीत की धरोहर नहीं, बल्कि वर्तमान और भविष्य की चुनौतियों का समाधान प्रस्तुत करने में सक्षम है। विज्ञान, दर्शन, चिकित्सा, पर्यावरण संरक्षण और सामाजिक न्याय जैसे क्षेत्रों में इसकी प्रासंगिकता आज भी उतनी ही महत्वपूर्ण है जितनी प्राचीन काल में थी।

वैज्ञानिक दृष्टिकोण एवं गणित

प्राचीन भारत ने गणित और खगोल विज्ञान में अभूतपूर्व योगदान दिया। आर्यभट्ट ने शून्य की अवधारणा दी, ब्रह्मगुप्त ने बीजगणित को विकसित किया और भास्कराचार्य ने कैलकुलस के सिद्धांत प्रस्तुत किए (आर्यभटीय, ब्रह्मस्फुट सिद्धांत)। आज भी ISRO जैसी संस्थाएँ भारतीय ज्योतिष शास्त्र के सिद्धांतों का अध्ययन करती हैं।

आयुर्वेद एवं स्वास्थ्य प्रबंधन

आयुर्वेद ने श्पूर्वरक्षाश् (च्तमअमदजपअम भ्मंसजीबंतम) की अवधारणा दी, जो आधुनिक चिकित्सा विज्ञान का मूल आधार है। चरक संहिता और सुश्रुत संहिता में वर्णित हर्बल औषधियाँ, योग और ध्यान आज ॅभ्व् द्वारा भी मान्यता प्राप्त हैं। कोविड-19 महामारी के दौरान आयुष मंत्रालय (भारत सरकार) द्वारा प्रस्तावित काढ़ा और योग प्रोटोकॉल ने इसकी उपयोगिता सिद्ध की।

पर्यावरण संरक्षण एवं सतत विकास

भारतीय परंपरा में प्रकृति को देवता मानकर पूजा जाता था। वृक्षों (पीपल, बरगद) की पूजा, नदियों को पवित्र मानने की परंपरा और पंचभूत सिद्धांत (पृथ्वी, जल, अग्नि, वायु, आकाश) आधुनिक पर्यावरण विज्ञान से सुसंगत हैं। डॉ. अनुपम मिश्र ने अपनी पुस्तक "आज भी खरे हैं तालाब" में प्राचीन

जल प्रबंधन तकनीकों की प्रशंसा की है, जो आज के जल संकट का समाधान हो सकती हैं।

शिक्षा एवं नैतिक मूल्य

प्राचीन गुरुकुल प्रणाली में व्यक्तित्व विकास, नैतिक शिक्षा और व्यावहारिक ज्ञान पर बल दिया जाता था। राष्ट्रीय शिक्षा नीति (छम्च्) 2020 ने इन्हीं सिद्धांतों को आधुनिक शिक्षा में शामिल किया है। भगवद्गीता का श्कर्मण्येवाधिकारस्तेश् (कर्म पर ध्यान दो) का सिद्धांत आज के युवाओं के लिए प्रेरणादायी है।

अर्थव्यवस्था एवं शासन प्रणाली

कौटिल्य का अर्थशास्त्र आज भी राजनीति और अर्थशास्त्र के छात्रों के लिए एक मूल्यवान ग्रंथ है। इसमें वर्णित श्साम, दाम, दंड, भेदश् की नीति आधुनिक प्रबंधन विज्ञान में उपयोगी है। महात्मा गांधी ने ष्ग्राम स्वराज्यष् की अवधारणा प्राचीन भारतीय स्वशासन प्रणाली से ही ली थी।

निष्कर्ष

- भारतीय ज्ञान परंपरा एक जीवंत विरासत है जो आज भी प्रासंगिक है। इसे आधुनिक विज्ञान और तकनीक के साथ जोड़कर हम न केवल भारत को विकसित राष्ट्र बना सकते हैं, बल्कि विश्व को स्थिरता और शांति का मार्ग भी दिखा सकते हैं। जैसा कि डॉ. ए.पी.जे. अब्दुल कलाम ने कहा था द्द श्भारत का अतीत ही उसका भविष्य है।श्
- विकसित भारत २०४७ के लिए भारतीय ज्ञान का उपयोग
- भारत ने २०४७ तक एक विकसित राष्ट्र बनने का संकल्प लिया है। इस लक्ष्य की प्राप्ति में हमारी प्राचीन ज्ञान परंपरा महत्वपूर्ण भूमिका निभा सकती है। भारतीय ज्ञान के विभिन्न आयामों का समावेशन हमें एक संतुलित और सतत विकास मॉडल प्रदान करता है।

आत्मनिर्भर भारत और प्राचीन आर्थिक मॉडल

- प्राचीन भारत की अर्थव्यवस्था स्थानीय उत्पादन और स्वावलंबन पर आधारित थी। कौटिल्य के अर्थशास्त्र में वर्णित श्स्वदेशी उत्पादनश् और श्ग्राम स्वराज्यश् की अवधारणा आज के श्आत्मनिर्भर भारतश् अभियान का आधार बन सकती है। एनआईटीआई आयोग की 2022 की रिपोर्ट में भी इस बात पर जोर दिया गया है कि स्थानीय उद्यमिता को बढ़ावा देकर ही हम वैश्विक मूल्य श्रृंखला में महत्वपूर्ण स्थान बना सकते हैं।

डिजिटल इंडिया और प्राचीन गणित

भारतीय गणित की परंपरा – शून्य, दशमलव प्रणाली और वैदिक गणित के सिद्धांत आज के कंप्यूटर विज्ञान की नींव हैं। आईआईटी दिल्ली के एक शोध (2023) के अनुसार, संस्कृत भाषा कृत्रिम बुद्धिमत्ता (।प्) के विकास में महत्वपूर्ण योगदान दे सकती है। भारतीय ज्ञानपीठ द्वारा संचालित श्डिजिटल वेदश् परियोजना इस दिशा में एक सराहनीय कदम है।

स्वास्थ्य सेवाओं में आयुर्वेदिक समाधान

विश्व स्वास्थ्य संगठन ;ॅभ्व्द्ध के 2021 के आंकड़ों के अनुसार, विश्व की 80: आबादी पारंपरिक चिकित्सा पद्धतियों पर निर्भर है। भारत की आयुष प्रणाली (आयुर्वेद, योग, प्राकृतिक चिकित्सा) को वैश्विक स्वास्थ्य सेवाओं में एकीकृत करने से न केवल स्वास्थ्य लागत कम होगी, बल्कि जीवन शैली संबंधी रोगों का भी समाधान मिलेगा। एम्स दिल्ली की 2022 की रिपोर्ट में योग को हृदय रोगों की रोकथाम में 47: प्रभावी पाया गया।

सतत कृषि और पर्यावरण संरक्षण

- प्राचीन भारतीय कृषि पद्धतियाँ जैसे – ऋषि कृषि, पंचगव्य खाद और जैविक खेती आज के जलवायु संकट का समाधान प्रस्तुत करती हैं। भारतीय कृषि अनुसंधान परिषद (प्ब्।त्) के 2023 के अध्ययन में पाया गया कि पारंपरिक कृषि तकनीकों का उपयोग

करने वाले किसानों की उत्पादकता 22: अधिक थी। डॉ. वंदना शिवा के अनुसार, श्भारतीय कृषि मॉडल ही भविष्य का सतत कृषि मॉडल है।श्

शिक्षा में भारतीय ज्ञान का समावेश

राष्ट्रीय शिक्षा नीति 2020 ने भारतीय ज्ञान प्रणालियों को मुख्यधारा की शिक्षा में शामिल करने पर जोर दिया है। प्राचीन तक्षशिला और नालंदा विश्वविद्यालयों की बहुविषयक शिक्षा प्रणाली आज के समय की मांग है। यूनेस्को की 2023 की रिपोर्ट के अनुसार, भारतीय शिक्षा मॉडल 21वीं सदी के कौशल विकास के लिए सर्वाधिक उपयुक्त है।

संदर्भ ग्रंथ सूची

- अर्थशास्त्र – कौटिल्य (चौथी शताब्दी ईसा पूर्व)
- श्इंडिया 2020: ए विजन फॉर द न्यू मिलेनियमश् – डॉ. ए.पी.जे. अब्दुल कलाम (1998)
- श्द लिविंग सॉइलश् – डॉ. वंदना शिवा (2008)
- श्डिजिटल वेद प्रोजेक्टश् – भारतीय ज्ञानपीठ (2021)
- श्राष्ट्रीय शिक्षा नीति 2020श् – भारत सरकार
- श्ॅभ्व् ट्रेडिशनल मेडिसिन स्ट्रैटेजी 2021-2023श्
- श्सस्टेनेबल एग्रीकल्चर इन इंडियाश् – प्ब्।त् रिपोर्ट (2023)
- श्योग एंड कार्डियोवैस्कुलर हेल्थश् – एम्स दिल्ली शोध पत्र (2022)
- चरक संहिता, सुश्रुत संहिता
- आर्यभटीय द्द आर्यभट्ट
- श्आज भी खरे हैं तालाबश् द्द डॉ. अनुपम मिश्र
- राष्ट्रीय शिक्षा नीति (छम्च्) 2020
- अर्थशास्त्र द्द कौटिल्य

भारतीय दार्शनिक ज्ञान परम्परा में वेद एवं उपनिषद्

डॉ॰ कमलेश कुमार सिंह
सहायक प्राध्यापक, दर्शनशास्त्र,
बी॰एम॰डी॰ कॉलेज, दयालपुर, वैशाली, भारत

भारतीय ज्ञान परम्परा में वेद एवं उपनिषद् दोनों ही मूल स्तम्भ है। इन्हें केवल धार्मिक या दार्षनिक ग्रंथ ही नहीं बल्कि एक व्यापक ज्ञान-तंत्र का आधार माना जाता है जिसने हजारों वर्षों से भारतीय चिन्तन, संस्कृति, और जीवन-पद्धति को दिषा दी। वेद एवं उपनिषद भारतीय ज्ञान परम्परा के सबसे प्राचीन और प्रामाणिक ग्रंथ माने जाते हैं। वेद विद् धातु से बना है जिसका अर्थ 'ज्ञान' होता है।

वेद भारतीय ज्ञान परम्परा की सबसे पुरानी एवं मूल्यवान निधि है। वेद का अर्थ सामान्यतः ज्ञान है, जिसका ऋषि मुनियों ने साक्षात्कार किया एवं शब्दों के माध्यम से मन्त्र के रूप में प्रकाशित किया। भारतीय ज्ञान परम्परा में वेद को अपौरुषेय माना जाता है। वेद के दो भाग माने जाते हैं- मन्त्र एवं ब्राह्मण। 'मन्त्र ब्राह्मणात्मको वेदः'। मन्त्र का अर्थ प्रार्थना या स्तुति होता है। देवताओं की स्तुति में गाये जाने वाले वाक्य को मन्त्र कहते हैं। मन्त्रों के संकलन को 'संहिता' कहते हैं। ऋक, यजु, साम एवं अथर्व ये चार संहिताएँ हैं। इन्हीं चार संहिताओं को हम चार वेद के नाम से पुकारते हैं। वेदों को हम सभ्यता और संस्कृति के साथ धर्म एवं दर्शन के उद्गम स्थान के रूप में पाते हैं। ऐसा माना जाता है कि वेद स्वयं देवता की ध्वनि है जिसे मनुष्य सुन चुका है इसलिए इसे 'श्रुति' भी कहा जाता है। प्रारम्भ में ऋक, साम एवं यजु तीन ही वेदों की मान्यता थी, जिसे त्रयी के नाम से जानते हैं। कालान्तर में अथर्व को भी वेद में शामिल कर लिया गया। ऋग्वेद सबसे प्राचीन है, जिसमें स्तुतियों को संकलित किया गया है जो अलग-अलग देवताओं को समर्पित है। सामवेद छन्दयुक्त मन्त्र है जो यज्ञ के अवसर पर

गाया जाता है। यजुर्वेद कर्मकाण्ड से संबंधित है। अथर्ववेद में तन्त्र-मन्त्र आदि का वर्णन है। संहिता के बाद का वैदिक साहित्य ब्राह्मण कहलाता है। ब्राह्मण की रचना गद्य शैली में हुई है। इसमें यज्ञ एवं धार्मिक क्रियाओं की विभिन्न विधियाँ गद्य के रूप में है। ब्राह्मण साहित्य के अन्त में कर्म एवं कर्म-फल का वर्णन मिलता है। वहाँ पर कुछ दार्शनिक विचार भी दिखाई पड़ते हैं। इस प्रकार ब्राह्मण ग्रन्थों के अन्तिम भाग को आरण्यक कहा जाता है। आरण्यक की रचना ब्राह्मण एवं उपनिषद् में बीच में हुई है। वनों में रहने वाले ऋषि-मुनियों के चिन्तन पर आधारित ज्ञान इसमें मिलते हैं। आरण्यक में वैदिक ज्ञान की व्याख्या के बाद दार्शनिक विचारों का भी आगमन हुआ।

अतः उपरोक्त वेद, संहिता, ब्राह्मण, आरण्यक एवं उपनिषद् की व्याख्या से स्पष्ट होता है कि कोई भी दार्शनिक विचार तर्क ;त्मं͏ि वदपदहद्ध के बल पर स्थापित होता है। अतः इस दृष्टिकोण से भारतीय दर्शन पाश्चात्य दर्शन की तरह ही बौद्धिक ;प्दजमससमबजनंसद्ध है। भारतीय ज्ञान परम्परा में अध्यात्मवाद के साथ बुद्धिवाद का संतुलित समन्वय देखने को मिलता है।

भारतीय दार्शनिक ज्ञान परम्परा में जो भी विचारधाराएँ अस्तित्व में आई, उन सभी का उद्गम वेद से ही हुआ है। चार्वाक, जैन एवं बौद्ध दर्शन वेद को आधार मानकर अपने मत का प्रतिपादन नहीं करते, लेकिन जैन एवं बौद्ध दर्शन के कई सिद्धान्तों में वेद का प्रभाव अप्रत्यक्ष रूप से स्पष्ट दिखाई पड़ता है। भले ही ये दोनों दर्शन वेद से अपनी दूरी दिखाते हैं, लेकिन उनकी निन्दा नहीं करते। वेद या संहिताएँ कोई दार्शनिक सम्प्रदाय नहीं हैं फिर भी जगह-जगह पर दार्शनिक सिद्धान्तों, मतों का वर्णन प्राप्त होता है। धर्म दर्शन के अन्तर्गत उल्लिखित अनेकेश्वरवाद या प्राकृतिक बहुदेववाद ;च्वसलजीमपेउद्धए एकाधिदेववाद या एकेष्टेश्वरवाद ;भ्मदवजीमपेउद्धए एकेश्वरवाद ;डवदवजीमपेउद्ध एवं अद्वैतवाद ;डवदपेउद्ध सभी सिद्धान्तों के वर्णन वेद एवं उपनिषद् में मिलते हैं। वेद की स्थापना सृष्टि के शुरुआत में मनुष्य मात्र के भौतिक कल्याण, बौद्धिक संतुष्टि तथा आध्यात्मिक विकास के लिए हुआ है। वेद का कार्य है अज्ञानता को दूर कर ज्ञान का प्रकाश फैलाना। ऋग्वेद में जितने भी दार्शनिक प्रश्न

हो सकते हैं जैसे-विश्व क्या है ? ईश्वर का स्वरूप क्या है ? प्रकृति का स्वरूप क्या है ? इत्यादि से संबंघित प्रश्नों की ज्ञान आधारित दार्शनिक व्याख्या ऋग्वेद में मिलता है। ऋग्वेद के दो ब्राह्मण ग्रन्थ हैं- एतेरेय एवं कौषितकी । आयुर्वेद इसका उपवेद है। इसमें उच्च स्तर के आध्यात्मिक ज्ञान का वर्णन पाया जाता है। सामवेद के महत्व का वर्णन करते हुए भगवद्गीता के दर्शन में भगवान कृष्ण कहते हैं कि वेदों मे मैं सामवेद हूँ।1 यजुर्वेद में धर्म संबंधी नीतिपूर्ण बातें, राजनीति, अर्थनीति एवं आध्यात्म एवं ज्ञान की चर्चा महत्वपूर्ण ढं़ग से की गई है। अथर्ववेद में ज्ञान, कर्म एवं भक्ति तीनों का विशेष रूप से वर्णन मिलता है। अथर्ववेद में धर्म, काम, बन्धन एवं मोक्ष इत्यादि की व्याख्या है जो लगभग सभी भारतीय दर्शन में प्रमुख स्थान रखता है। बिना ज्ञान के बंधन से छुटकारा नहीं मिलता और जब तक बंधन से छुटकारा नहीं मिलता तब तक मोक्ष की प्राप्ति नहीं होती। "ऋते ज्ञानान् मुक्ति" वेद, उपनिषद्, वेदान्त सूत्र और गीता के कथनों का सार है। मीमांसा एवं वेदान्त दर्शन में भी ज्ञान, कर्म एवं भक्ति संबंधित दार्शनिक पहलुओं की व्याख्या की गई है।

इस प्रकार हम देखते हैं कि भारतीय दर्शन के सभी सम्प्रदाय का मूल सिद्धान्त वेदों से प्रभावित है। इस श्रृंखला में दर्शन बौद्ध दर्शन नास्तिक की श्रेणी में आते हुए भी वेद से अछूता नहीं है। मानवतावादी बुद्ध ने वैदिक देवताओं के अस्तित्व से इन्कार नहीं किया है इसी प्रकार वैदिक कालीन देवताओं द्वारा सूर्य, चन्द्रमा एवं दिशाओं की पूजा आदि के तत्वांे की गौतम बुद्ध ने गूढ़ व्याख्या की है, जिनका वर्णन पालि त्रिपिटकों में अनेक स्थानों पर मिलता है।[2] बौद्ध धर्मग्रंथ सुŸानिपात के एक अन्य श्लोक में बुद्ध कहते हैं -

विद्वा च सो वेदगू नरो इध, भवाभवे संग इमं विसज्जा ।
सो वीतवण्हो अनिघो निरासो आतारि सो जाति जंराति ब्रमीति।।[3]

अर्थात् वेद को जानने वाला विद्वान इस संसार में जन्म एवं मृत्यु की आसक्ति को त्याग कर तृष्णा, इच्छा, पाप एवं शोक से रहित होकर जन्म-मरण चक्र के बंधन से मुक्त हो जाता है। सुत्तनिपात बौद्ध दर्शन का महत्वपूर्ण ग्रंथ है। जिसके सभियसुŸा में गौतम बुद्ध ने वेदज्ञ (वेद को जानने वाला) के लक्षण बताते हुए कहते हैं –

वेदानि विचेय्य केवलानि समणानं यानि पर अत्थि ब्राह्मणानं।
सब्बा वेदनासु वीतरागो सब्बं वेदमनिच्च वेदगू सो।।[4]

अर्थात् गौतम बुद्ध कहते हैं कि जिसने सभी वेदों और कैवल्य एवं मोक्ष प्राप्ति का मार्ग बताने वाले उपनिषद्ों का अध्ययन कर लिया है और सभी वेदना एवं तृष्णा से वीतराग (निर्लिप्त) होकर सबको अनित्य जानता है वही वेदज्ञ यानि वेद को जानने वाला है।

उपरोक्त तथ्यों से स्पष्ट होता है कि गौतम बुद्ध वेद विरोधी नहीं थे बल्कि वेदों को ज्ञान एवं विज्ञान का शाश्वत स्रोत मानते थे। बुद्ध ने अपने किसी भी उपदेश में ज्ञान-विज्ञान पर संदेह नहीं किया। उन्होंने उस ब्राह्मणवादी परम्परा का विरोध किया जो वेदों की गलत व्याख्या करते थे। वेदों में जो भी उपदेश है उससे सारी मानवता लाभ प्राप्त करती है। वेदों में कहीं भी अलगाववादी दृष्टिकोण नहीं अपनाया गया है। सारी सृष्टि ही वेदों के क्षेत्र में आती है और जनकल्याण से लेकर जीव कल्याण की बात करती है। वेदों में प्राणिमात्र के कल्याण की बातें स्पष्ट रूप से कही गई है।[5]

उपनिषद् शब्द उप$नि$सद से बना है जिसमें उप का अर्थ समीप या नजदीक है, नि का अर्थ नीचे और सद का अर्थ बैठना होता है। उस युग में शिष्यों को गुरु के समीप बैठकर ही ज्ञान की प्राप्ति करना होता था। भारतीय दार्शनिक ज्ञान परम्परा एवं विचारधारा के विकास में उपनिषदों का प्रमुख स्थान है। उपनिषदों की आधारशिला पर सभी भारतीय दर्शन एवं धर्म दर्शन टिके हुए हैं। ब्लूमफील्ड ने कहा है कि नास्तिक बौद्ध दर्शन सहित हिन्दू विचारधारा का एक भी ऐसा सिद्धान्त नहीं है जिसका मूल उपनिषदों में न मिलता हो।[6] आस्तिक सम्प्रदाय तो अपने सिद्धान्तों का आदि स्रोत उपनिषदों से ही प्राप्त करते हैं। इनमें मीमांसा एवं वेदान्त दर्शन सीधे तौर पर उपनिषदों पर आधारित है। मीमांसा दर्शन उपनिषद्ों की कर्मकाण्ड आधारित व्याख्या करती है तो वेदान्त ज्ञानमूलक व्याख्या करती है। अन्य आस्तिक दर्शन उपनिषद् पर आधारित सामग्री के अतिरिक्त नई विचार पद्धतियों को भी प्रस्तुत करते हैं जिसमें सांख्य, योग, न्याय एवं वैशेषिक दर्शन है। अधिकतर विद्वानों एवं शोधकर्ताओं का

मानना है कि चार्वाक, जैन आदि नास्तिक विचारधाराओं का मूल भी उपनिषदों में सिद्ध होता है।[7]

बौद्ध दार्शनिकों ने बौद्ध दर्शन के कतिपय औपनिषदिक स्रोतों का खण्डन किया है फिर भी आधुनिक शोधकर्ताओं ने बौद्ध दर्शन के सिद्धान्तों का भी मूल उपनिषद् में पाया है। मीमांसा दर्शन के प्रणेता कुमारिल भट्ट ने बौद्ध दर्शन के विज्ञानवाद, क्षणिकवाद, निरपेक्षवाद, कर्म सिद्धान्त एवं अविद्या को जन्म-मरण चक्र का मूल कारण स्वीकार करना आदि सिद्धान्तों का सार उपनिषदों में सिद्ध किया गया है। अजातिवाद, शून्यवाद का मूल छान्दोग्योपनिषद के सूत्र 'असद्वा इदमग्र आसीत। ततो वे सदजायत।'8 में निहित है। जिसका अर्थ है सृष्टि के आदि में एकमात्र 'असत' की सत्ता थी और बाद में उससे सत् की सृष्टि हुई। कठोपनिषद के 'येयं प्रेते विचिकित्सा मनुष्ये अस्तीत्येके नायमस्तीति चैके'9 मन्त्र में बौद्धों के अनात्मवाद का सिद्धांत बीज रूप में मिलता है। कठोपनिषद के 'श्वोभावा मर्त्यस्य यदन्तक एतत्सर्वेन्द्रियाणां जरयन्ति तेजः' में ही सर्वं दुःखम् एवं सर्वं क्षणिकम् का मूल विद्यमान है। योगाचार विज्ञानवाद के सिद्धान्त का सार भी उपनिषद में पूर्व से वर्णित है। ऐतरेयोपनिषद में यच्च स्थावरं सर्वं तत्प्रज्ञानेत्रं प्रज्ञाने प्रतिष्ठितम् के माध्यम से विज्ञान की प्रतिष्ठा स्थापित की गई है।

मोक्ष की प्राप्ति हेतु कर्मकाण्ड के निराकरण एवं ज्ञान के प्रतिष्ठा की शुरुआत उपनिषद में हो चुका था। यज्ञ में पशुबलि एवं हिंसा एक छोटे वर्ग द्वारा की जाती थी जिसका वर्णन बुद्ध के उपदेशों में मिलता है। इस तथ्य के आधार पर यह समझना कि पशुबलि एवं हिंसा उस समय के धर्माचरण की एक घोर दुष्प्रवृति थी जिसके विरुद्ध गौतम बुद्ध ने विद्रोह किया, उस काल की सही व्याख्या नहीं होगी। आज भी भारत के कई मन्दिरां े एवं स्थानो पर पशुबलि के विरोधी एवं अहिंसा की भावना रखने वाले हैं और लगभग इसी प्रकार की स्थिती गौतम बुद्ध के समय थी। गौतम बुद्ध ने जिस पशुबलि का खण्डन किया वह उपनिषदों में भी किया जा चुका था।10 उपनिषद् काल के ऋषियों द्वारा आत्म ज्ञान की प्राप्ति के लिए योग्य एवं अयोग्य व्यक्तियों के गुण एवं धर्म के बारे में बताया गया है।11 इन तथ्यों से स्पष्ट होता है कि जीवन में ज्ञान की पवित्रता को वे कितना उच्चस्थान

देतें थे, इन दृष्टिकोणों से भी उपनिषद् काल के ऋषियों एवं उसी परम्परा में आने वाले गौतम बुद्ध समान विचारधारा के पोषक थे। कर्म अैार पुनर्जन्म के सिद्वान्त उपनिषदों में बड़ी गहनता से उल्लिखित है जिसका प्रभाव गौतम बुद्ध के दर्शन में मिलता है। 'सस्यमिव मर्त्यः पच्यते सस्यमिवाजायते पुनः'12 अर्थात् मनुष्य खेती की तरह पकता और खेती की तरह पुनः उत्पन्न होता है। इसमें पुनर्जन्म का उदाहरण दिया गया हैं। गौतम बुद्ध के दर्शन में पुनर्जन्म की अवधारणा उपनिषद् से ही ली गई है। बौद्ध दर्शन के कर्म सिद्धान्त का सार उपनिषद् के 'स्थाणुमन्यऽनुसंयन्ति यथाकर्म यथाश्रुतम' मन्त्र में निहित है। इसी प्रकार अन्य भारतीय दार्शनिक सम्प्रदाय के विभिन्न विचारधाराओं का उद्गम उपनिषदों से हुआ है। वैदिक शिक्षाओं का सारांश ही उपनिषदों का मूल विषय होता है। इसी कारण वेदों के अन्तिम भाग को हम उपनिषद् कहते हैं। डा0 राधाकृष्णन ने कहा है कि उपनिषद् वेदों के निष्कर्ष या निचोड़ स्वरूप ही हैं। उपनिषदों को वेदों का सारंाश कहने का कारण है कि उपनिषदों के सभी सूत्रों द्वारा वेदों के अर्थ, उद्देश्य एवं उपदेशों के समर्थन में तर्क एवं तथ्य प्रस्तुत किए गए हैं। उपनिषदों का प्रभाव भारतीय दर्शन, सभ्यता, धर्म, साहित्य तथा संस्कृति पर गहराई में पाया जाता है। उपनिषदों की चर्चा, व्याख्या तथा समालोचना भारतीय दर्शन द्वारा की जाती है। इसलिए उपनिषद् भी भारतीय दर्शन का प्रमुख अंग है। बड़े उपनिषदों की लेखन शैली अधिकांशतः संवाद के रूप में है। काव्यात्मक होते हुए भी उनका स्वरूप ज्ञानात्मक, दार्शनिक एवं आध्यात्मिक है।

निष्कर्ष

वेद ज्ञान का व्यापक भंडार है, जबकि उपनिषद् उस ज्ञान का दार्षनिक सार है। वेद अन्तर्गत ज्ञानकांड की व्याख्या ऋग्वेद एवं यजुर्वेद में दार्षनिक प्रष्नों पर केन्द्रित है जबकि कर्मकांड की व्याख्या सामवेद एवं अथर्ववेद में यज्ञ-क्रियाओं और सामाजिक व्यवस्था पर केन्द्रित है। वहीं उपनिषद मूलतः ज्ञानकांड है, जो आत्मा एवं ब्रह्म के रहस्य से पर्दा उठाते हैं। भारतीय ज्ञान परम्परा में वेद एवं उपनिषद् केवल धार्मिक ग्रंथ नहीं हैं, बल्कि मानव

जीवन के सर्वांगीण विकास का मार्गदर्षन करने वाले षाष्वत ज्ञान के स्रोत हैं। वेद जहाँ जीवन को व्यावहारिक और सामाजिक दिषा देते हैं, वहीं उपनिषद् जीवन के आध्यात्मिक एवं दार्षनिक आयाम खोलते हैं। दोनों मिलकर भारतीय सभ्यता को ऐसा बौद्धिक एवं आध्यात्मिक आधार प्रदान करते हैं, जिसने सहस्राब्दियों से इसकी जीवंतता एवं निरन्तरता को बनाए रखा है।

संदर्भ-सूची

1. भगवद्गीता 10/22
2. सुत्तनिपात (सभिय सुत्त) एवं सिंगालोवाद सुत्त (दीघ निकाय) सन्दर्भ बौद्ध दर्शन तथा अन्य भारतीय दर्शन पृ° 733, 2017
3. सुत्तनिपात – 1060
4. सुत्तनिपात – 529
5. भारतीय दर्शन, सिंह एवं सिंह, पृ° – 16, 2004
6. दि रेलीजन ऑफ वेद, पृ° 5
7. भारतीय दर्शन की समीक्षात्मक रूपरेखा, राममूर्ति पाठक, पृ° 29, भाग-1
8. छान्दोगयोपनिषद 6/2/1,
9. कठोपनिषद 1/1/20
10. भारतीय दर्शन का सर्वेक्षण, प्रोफेसर संगमलाल पाण्डेय, पृ° 109, 1997
11. छान्दोग्य उपनिषद् 3/11/5, श्वेताश्वतर 6/22 सन्दर्भ बौद्ध दर्शन तथा अन्य भारतीय दर्शन पृ° 785, 2017
12. कठोपनिषद 1/1/6

विकसित भारत २०४७ में वैदिक दर्शन और विज्ञान की भुमिका

ऋचा मिश्रा
शोधार्थी, संस्कृत एवं वेदाध्ययन विभाग, देव संस्कृति, विश्वविद्यालय, हरिद्वार उत्तराखण्ड, भारत

विकसित भारत २०४७ में वैदिक दर्शन और विज्ञान की भूमिका एक महत्वपूर्ण विषय है। यहाँ कुछ महत्वपूर्ण बिंदु दिए गए हैं।

वैदिक दर्शन और विज्ञान की भूमिका

- * वैदिक दर्शन का महत्व*: वेदिक दर्शन भारतीय संस्कृति और सभ्यता का एक महत्वपूर्ण हिस्सा है। यह हमें जीवन के उद्देश्य, मूल्य, और नैतिकता के बारे में सिखाता है।
- *विज्ञान का महत्व*: विज्ञान हमें प्राकृतिक दुनिया को समझने और उसके साथ बातचीत करने का एक तरीका प्रदान करता है। वैदिक विज्ञान चेतना या ज्ञाता का पूर्ण ज्ञान देता है।
- *वैदिक दर्शन और विज्ञान का समन्वय*: वेदिक दर्शन और विज्ञान को एक साथ जोड़कर, हम जीवन के विभिन्न पहलुओं को बेहतर ढंग से समझ सकते हैं और उनके बीच संबंध बना सकते हैं।
- * वैदिक दर्शन और विज्ञान का भविष्य*: वेदिक दर्शन और विज्ञान का भविष्य उज्ज्वल है। यह हमें नए अवसरों और चुनौतियों का सामना करने में मदद करेगा और हमें एक बेहतर भविष्य की ओर ले जाएगा।

विकसित भारत २०४७ में वेदिक दर्शन और विज्ञान की भूमिका

- *राष्ट्र निर्माण*: वेदिक दर्शन और विज्ञान राष्ट्र निर्माण में महत्वपूर्ण भूमिका निभा सकते हैं।

- *आर्थिक विकास*: वेदिक दर्शन और विज्ञान आर्थिक विकास में महत्वपूर्ण भूमिका निभा सकते हैं।
- *सामाजिक न्याय*: वेदिक दर्शन और विज्ञान सामाजिक न्याय में महत्वपूर्ण भूमिका निभा सकते हैं।
- *पर्यावरण संरक्षण*: वेदिक दर्शन और विज्ञान पर्यावरण संरक्षण में महत्वपूर्ण भूमिका निभा सकते हैं।
- *महिला सशक्तिकरण*: वेदिक दर्शन और विज्ञान महिला सशक्तिकरण में महत्वपूर्ण भूमिका निभा सकते हैं।
- *बाल अधिकार*: वेदिक दर्शन और विज्ञान बाल अधिकारों का सम्मान करने में महत्वपूर्ण भूमिका निभा सकते हैं।
- *वैश्विक शांति*: वेदिक दर्शन और विज्ञान वैश्विक शांति में महत्वपूर्ण भूमिका निभा

भारतीय संस्कृति में वेदों का स्थान अत्यन्त महत्त्वपूर्ण एवं सर्वोच्च है। भारतीय संस्कृति की मुख्य आधार शिला वेद ही हैं। वेद दिव्य ज्ञान व ब्रह्म विद्या का स्रोत हैं। वेद ने परमात्मा को यज्ञ पुरुष कहा है तथा उसे ही सृष्टि के उद्भव, पोषण तथा संचालन का आधार बताया है। वेदों को अपौरुषेय कहा गया है। भारतीय धर्म संस्कृति एवं सभ्यता का भव्य प्रासाद जिस दृढ़ आधारशिला पर प्रतिष्ठित है, वह वेद ही है। सम्पूर्ण धर्म-कर्म का मूल तथा यथार्थ कर्त्तव्य-धर्म की जिज्ञासा के लिए वेद सर्वश्रेष्ठ प्रमाण है। वस्तुतः वेद शाश्वत यथार्थ ज्ञान राशि के समुच्चय है, जिसे साक्षात्कृतधर्मा ऋषियों ने अपने दिव्य चक्षु से देखा व अनुभव किया है। ऋषियों ने अपने मन या बुद्धि से कोई कल्पना न करके, एक शाश्वत अपौरुषेय सत्य की, अपनी चेतना के उच्चतम स्तर पर अनुभूति की और उसे मंत्रों का रूप दिया। वेदों में वर्णित विषयों का स्मृति पुराणों तथा धर्मशास्त्रों में विस्तारपूर्वक वर्णन प्राप्त होता है। वेदों की व्याख्या उपनिषद दर्शन तथा धर्मशास्त्रों में विभिन्न प्रकार से उपलब्ध होती है, जिसमें उपनिषद् तथा दर्शन वेदों की आध्यात्मिक व्याख्या प्रस्तुत करते हैं।

वेद शब्द की व्युत्पत्ति ज्ञानार्थक 'वेद ज्ञाने' धातु से 'धम्' प्रत्यय करने से सिद्ध इसका अर्थ है 'ज्ञान'। अतः वेद शब्द का अर्थ है 'ज्ञान की राशि या संग्रह' आचार्य वि वेद की व्याख्या करते हुए कहा है कि 'जिन ग्रन्थों के

द्वारा धर्म, अर्थ, काम मोक्षरूपी पुरुषार्थ वेद शब्द की व्युत्पत्ति ज्ञानार्थक 'वेद ज्ञाने' धातु से 'धम्' प्रत्यय करने से सिद्ध होती है। इसका अर्थ है 'ज्ञान'। अतः वेद शब्द का अर्थ है 'ज्ञान की राशि या संग्रह' आचार्य विष्णुमित्र ने वेद की व्याख्या करते हुए कहा है कि 'जिन ग्रन्थों के द्वारा धर्म, अर्थ, काम मोक्षरूपी पुरुषार्थ चतुष्टय के अस्तित्व का बोध होता है, तथा जिनसे पुरुषार्थ चतुष्टय की प्राप्ति होती है वह वेद हैं।"आचार्य सायण ने भी वेद के विषय में अपने विचार प्रस्तुत करते हुए बताया है कि "जो ग्रन्थ इष्ट प्राप्ति और अनिष्ट निवारण का अलौकिक उपाय बताता है, उसे वेद कहते हैं।" आर्य समाज के प्रवर्तक महर्षि दयानन्द सरस्वती ने वेदों को सन्दर्भों के द्वारा प्रतिपादित करते हुए बताया है कि, 'वेदों का उद्भव परमात्मा से सृष्टि के प्रारम्भ में हुआ है। उसने (परमात्मा) अग्नि से ऋग्वेद, वायु से यजुर्वेद तथा सूर्य से सामवेद को प्रकट किया। उससे ही अथर्ववेद भी प्रकट हुआ। इस प्रकार वेद आर्यधर्म की आधारशिला है। धर्म के मूल तत्वों को जानने का एकमात्र साधन वेद हैं।

'वेदोऽखिलो धर्ममूलम्' (मनु. 2.6)

मनु ने भी वेदों को सम्पूर्ण ज्ञान का आधार मानकर उन्हें 'सर्वज्ञानमय' कहा है। अर्थात् वेद में सभी प्रकार के ज्ञान और विज्ञान के सूत्र विद्यमान है।। ज्ञान वेदों व वैदिक वाङ्गमय से ही प्राप्त होता है। वेदों के ज्ञान के लिए सहायक ग्रन्थों को वेदाङ्ग कहा गया है।

दर्शन भारत में दर्शन उस विद्या को कहा जाता है जिसके द्वारा तत्व का ज्ञान हो सके। पाणिनीय व्याकरण के अनुसार 'दर्शन' शब्द 'दृशिर् प्रेक्षणे' धातु से करण अर्थ करने से निष्पन्न होता है। इस प्रकार दर्शन शब्द का अर्थ दृष्टि या देखना है। अर्थात् जिसके द्वारा देखा जाय या जिसमें देखा जाय होगा। दर्शन शब्द का शब्दार्थ केवल देखना या करने से निष्पन्न होता है। इस प्रकार दर्शन शब्द का अर्थ दृष्टि या देखना है। अर्थात् जिसके द्वारा देखा जाय या जिसमें देखा जाय होगा। दर्शन शब्द का शब्दार्थ केवल देखना या सामान्य देखना ही नहीं है। इसी को स्पष्ट करते हुए महर्षि पाणिनी ने धात्वर्थ में 'प्रेक्षण' शब्द का प्रयोग किया है। प्रकृष्ट ईक्षण, जिसमें अन्तः चाक्षुओं द्वारा देखना या मनन करके सोपपत्तिक निष्कर्ष निकालना ही दर्शन का अभिधेय है। साम्यक् दृष्टिकोण ही दर्शन है, अर्थात समग्रता

को यथार्थ कहने वाला दर्शन है। सरल शब्दों में जो पदार्थ जैसा है, उसे वैसा ही उपदेश करना सत्य है और यही सत्य दर्शनों द्वारा प्रतिपादित किया गया है। वेदों को प्रमाणित करने के लिए छः दर्शन हैं, इन्हीं को वैदिक दर्शन की संज्ञा दी गई है। यह छः दर्शन हैं 1. न्याय, वैशेषिक 3. सांख्य4. योग 5. मीमांसा,6. वेदान्त।

दर्शन और विज्ञान के बीच का सम्बन्ध जटिल और बहुआयामी है। दर्शन ने सर्वदा सत्य और ज्ञान की प्रकृति को समझने की कोशिश की है, और इस खोज में सामान्यतः विज्ञान के निष्कर्ष जुड़े हुए हैं। हिन्दू धर्म में दर्शन अत्यन्त प्राचीन परम्परा रही है। वैदिक विज्ञान चेतना या ज्ञाता का पूर्ण ज्ञान देता है। एकीकृत क्षेत्र को जानने में थे तीनों ज्ञाता, ज्ञात और जानने की प्रक्रिया ज्ञान की एकीकृत अवस्था में एकजुट हो जाते हैं, जिसमें तीनों एक ही होते हैं। विज्ञान और दर्शन दोनों ही सत्य की खोज में लगे हुए हैं। दर्शन वैज्ञानिक पद्धति की जाँच करता है। वैज्ञानिक अनुसन्धान दार्शनिक प्रगति को प्रभावित करता है। वैदिक दर्शन वेदों के अध्ययन पर आधारित है। वैदिक दर्शन के कई महत्वपूर्ण सिद्धान्त हैं जो इसकी प्रकृति को परिभाषित करते हैं। वैदिक दर्शन में सिद्धान्त, नियमों, मूल्यों और विचारों का एक समूह है जो वैदिक साहित्य के आधार पर सत्य माना जाता है।

निष्कर्ष

विकसित भारत २०४७ में वेदिक दर्शन और विज्ञान की भूमिका बहुत महत्वपूर्ण होगी। यह हमें जीवन के विभिन्न पहलुओं को बेहतर ढंग से समझने और उनके बीच संबंध बनाने में मदद करेगा। यह हमें नए अवसरों और चुनौतियों का सामना करने में मदद करेगा और हमें एक बेहतर भविष्य की ओर ले जाएगा।

संदर्भ-सूची

1. तिवारी रामानन्द, भारतीय दर्शन शास्त्र इतिहास, हिन्दुस्तानी एकेडमी, उत्तर-प्रदेश।
2. उपाध्याय आचार्य बलदेव, भारतीय दर्शन, चौखम्बा संस्कृत भवन, वाराणसी।

3. चतुर्वेदी गिरधर शर्मा, वैदिक विज्ञान और भारतीय संस्कृति, बिहार-राष्ट्रभाषा परिषद, पटना-8
4. गुरुदत्त, सायंस और वेद, हिन्दी साहित्य सदन, नई दिल्ली-110001
5. द्विवेदी डॉ. कपिलदेव, वैदिक दर्शन, विश्वभारती अनुसन्धान परिषद्, ज्ञानपुर (भदोही) 221304
6. डॉ. कृष्णलाल, वैदिक वाङ्मय विश्लेषण, जे०पी० पब्लिशिंग हाउस, 2019, जनता फ्लैट्स, नन्द नगरी, दिल्ली।
7. शर्मा श्री कुन्दन लाल, वैदिक साहित्य का बृहद इतिहास, विश्वेश्वरानन्द, संस्थान, होशियारपुर,
8. कृष्णलाल डॉ० वैदिक चिन्तन, परिमल पब्लिकेसन्स 27/28, शान्ति नगर, दिल्ली-110007 गुप्ता श्री नाथूराम, वेद और जीवन, सार्षदेशिक प्रकाशन लिमिटेड, पटौदी हाउस, दरियागंज, नई दिल्ली।
9. शर्मा, डा. मुंशीराम, वेदार्थ चन्द्रिका, चौखम्बा विद्या भवन वाराणसी-1
10. शाहूर श्री वी.जी., द सीअर्स ऑफ द ऋग्वेद, डी.डी. लोकसंगढ़ प्रेस में गन्याल, 1786, सदाशिव पीठ, समीक्षा-2
11. कुलिश श्री कर्पूरचन्द्र, वेद विज्ञान, राजस्थान संस्कृत साहित्य, अकादमी, जयपुर।
12. वर्मा, डॉ० विष्णुकान्त, वैदिक सृष्टि उत्पत्ति रहस्य, 'इन्द्रप्रस्थ' सीपल रोड, सरकंडा, विलासपुर (म.प्र.)।
13. प्रियव्रत आचार्य, वेद और उनकी वैज्ञानिकता, वेद वाचस्पति, गुरुकुल कांगड़ी. विश्वविद्यालय, हरिद्वार (उत्तराखण्ड)।
14. गुप्त दयाल डॉ० रामेश्वर, वैदिक वाङ्मय में विज्ञान, नाग पब्लिशर्स, 11 ए. यूए, जवाहर नगर, दिल्ली-110007। डॉ० केशव अनन्त, ऋषियों के विज्ञान की श्रेष्ठता, स्वाध्याय मण्डल (पारडी) जिला-सूरत।

जैन के समाज-दर्शन का महत्त्व

डॉ. मनोज कुमार
असिस्टेंट प्रोफेसर, दर्शनशास्त्र विभाग,
ए. एन. एस. कॉलेज, बाढ़,
पाटलिपुत्र विश्वविद्यालय, पटना, भारत

सारांश

जैन दर्शन सभी जीव यहाँ तक की पशु के स्तर तक के प्राणियों में समानता का भाव रखा है। अतः जैन के जीवों के प्रति दया पर्यावरण के लिए भी संतुलित और अनोखा उपहार है। जैन धर्म व्यक्तिपरक धर्म है, पर वह उसका समाजीकरण भी करता है. इसलिए जितना उसने प्राकृतिक विज्ञान पर ध्यान दिया है, उतना ही सामाजिक विज्ञान पर भी। जड़-जगत् के संरक्षण के साथ ही उसने चेतन-जगत के पारस्परिक संबंध गो पर सामुदायिक चेतना को जागृत किया है। उसके अहिंसा, अपरिग्रह, अनेकान्त और समता के सिद्धान्तों ने ऐसा समाज-दर्शन दिया है जो मानव-मात्र सामाजिक एकता में प्रतिबद्ध कर लेता है। यह सामाजिक अन्विति इतनी प्रबल होती है, कि सारा समुदाय पारस्परिक कल्याण से गुथ जाता है। जैनधर्म की यही सामाजिक संरचना है और यही उसकी आध्यात्मिक साधना की परिणति है। इसी को हम जैन संस्कृति को भी संज्ञा दे सकते है। जैन धर्म का समाज-विज्ञान और उसकी सांस्कृति अवधारण जड़-जगत वनस्पति-जगत, पशु-जगत और मानव जगत के पारस्परिक मधुर सम्बन्धों पर टिकी हुई है। व्यक्ति का विवेक उसे संयमित कर देता है और पाशविकता पर अंकुश लगा देता है। इसी को हम उसकी सामाजिकता कह सकते हैं। संघर्ष और सहयोग के बीच डोलती जिन्दगी में साहचर्य की भावना उसे मानव बना देती है।

भूमिका

समाज व्यक्तियों के पारस्परिक संगठन का परिणाम है। इस संगठन का आचरण और व्यवहार ऐसा हो कि प्रत्येक व्यक्ति और साथ-साथ समाज अपने लक्ष्य को प्राप्त कर सके। व्यक्ति स्वभावतः सामाजिक जीवन हैं। इसलिए वह अपने स्वभाव के अनुसार भिन्न-भिन्न सामाजिक संगठनों का निर्माण कर लेता है। 'समाज' के छः आधारभूत तत्व हैं, अमूर्तता अर्थात सार्वभौमिकता समरूपता (स्वार्थ में समानता) विषय रूपता (रूचि आदि भेदमूलकता) चैतन्य (स्व पर का ज्ञान) सामान्य हित अथवा लक्ष्य अन्योन्यमिश्रित और सहयोग और संघर्ष।[1]

समाज में सम्बन्धों की स्थापना होती है और स्थापना करने वालों का एक समुदाय बन जाता है। समाज अमूर्त होता है, पर समुदाय मूर्त होता है। दोनों एक ही सिक्के के दो पहलू हैं। अतः जब हमारी दृष्टि उन व्यक्तियों पर केन्द्रित होती है, तो उसे समुदाय कहते हैं। समाज में औपचारिक सम्बन्ध होते हैं, पर समुदाय में सम्बन्ध अनौपचारिक एवं घनिष्ठ होते है। समिति व्यक्तियों की कृत्रिम और अस्थायी इकाई होती है। इस तरह समाज, समुदाय और समिति पृथक-पृथक होने के बावजूद परस्पर गुथे हुए हैं।[2] इनमें सामुदायिक भावना का पनपना आवश्यक होता है जो पारस्परिक सहयोग और विश्वास के बिना संभव नहीं है। परस्परोपग्रहों जीवानाम् के आधार पर जैनधर्म में साहचर्य, सहयोग और सामुदायिक चेतना का विकास होता है। धर्म का मर्म भी यही है। जैनधर्म का हर सिद्धांत इसी भावना से समन्वित है।

जैन धर्म द्वैतवादी सिद्धान्त का पोषक है। वह यद्यपि मूलतः व्यक्तिवादी है पर वह यह भी मानता है, कि व्यक्ति से ही समाज बनता है। इसलिए व्यक्ति सम्यक् पथ पर चलने लगे, तो समाज स्वतः ठीक हो जाएगा। उनके बीच एक परस्पर घनिष्ठ सम्बन्ध है। व्यक्ति आता है और चला जाता है, पर वह अपने संस्कार समाज पर छोड़ जाता है। सामाजिक वातावरण का भी प्रभाव व्यक्ति पर पड़ता है, व्यक्तित्व का अन्तर्मुखी और बहिर्मुखी पक्ष ही चरित्र कहलाता है। व्यक्तिवादी सिद्धांतों में यद्यपि व्यक्ति की स्वतंत्रता ही मुख्य मुद्दा होता है, पर द्वैतवाद में उसका चरित्र मुखर होकर सामने आता है इसके बावजूद समाज को भी प्रधानता दी गई है।

जैन धर्म में उसे 'संघ की संज्ञा दी जाती है। तीर्थंकर भी संघ को नमस्कार करते हैं। यह संघ चतुर्विध होता है-श्रवक, श्राविका, मुनि और आर्थिका। असकी रचना यद्यपि व्यक्ति करता है और वह व्यक्ति होता है तीर्थंकर।[3] फिर भी संघ को जो महत्त्व दिया गया है, उसकी पृष्ठभूमि में यही उद्देश्य है कि संघ और समाज की रक्षा होना नितांत आवश्यक है। इसे उसका आध्यात्मिक समाजवाद कह सकते है। इसी आध्यात्मिक समाजवाद में सामाजिक समाजवाद की अनुभूति है। इसके अनुसार समाज का विकास व्यक्ति पर आधारित है तो व्यक्ति का पूरा विकास भी समाज के बिना नहीं हो पाता। अनेकान्तवादी दृष्टि में समष्टि और व्यष्टि एक दूसरे से सम्बद्ध है। यही अनेकता में एकता और एकता में अनेकता है। यही जैनधर्म का समतावाद और सर्वोदयवाद है। इसी से वैश्विक दृष्टि से समाज व्यक्ति पर प्रभाव डालता है और अपनी संरकृति को एक पीढ़ी से दूसरी पीढ़ी को हस्तान्तरित करता है तथा प्राकृतिक दृष्टि से व्यक्ति समाज के साथ सम्पर्क करता है। यह उसकी जीवन पद्धति है, जिसे उसने समाज से सीखी है।[4] प्रत्यक्ष अथवा परोक्ष रूप में समाज का सम्पर्क उसके विकास में मुख्य कारण बनता है। इसी में व्यक्ति अपनी विशिष्टता स्थापित कर लेता है, सामाजिक भावना, निरहंकार वृत्ति और सामुदायिक चेतना के विकास के माध्यम से।

भौतिक प्रकृतिः जीवन गुण और दोष दोनों की समन्वित अवस्था है। गुणों का ग्रहण और दोषों का परिहार साधक-जीवन का उद्देश्य एवं लक्ष्य होना चाहिए तथी जीवन स्वस्थ और सुन्दर वन पाता है। जीवन की समृद्धि के लिए जैनधर्म ने नैतिकता को आधारशिला के रूप में स्वीकार किया है। उसने व्यक्ति की भाँतिक प्रकृति पर लगाम लगाने के लिए रत्नत्रय का मंत्र दिया है। ये हैं-सम्यक् दर्शन, सम्यक् ज्ञान एवं सम्यक् चरित्र।[5]

साधारण तौर पर व्यक्ति भौतिकता की चकाचौंध में आकर आध्यत्मिकता को भूल जाता है और मिथ्यात्व के चक्कर में पड़कर वैभाविक परिणति में इतना सराबोर हो जाता है कि उसका ध्यान सम्यक् मार्ग की ओर से हटकर मिथ्या मार्ग की ओर बढ़ जाता है। इससे व्यक्ति के जीवन की सरसता छिन्न-भिन्न हो जाती है। जैनधर्म ऐसे जीवन में

आत्मविश्वास जागृत करता है, आत्मा के स्वरूप पर गहन चिंतन देता है और धर्म के सही मार्ग को प्रस्तुत करता है।[6]

जैन समाज का हर घटक भौतिकता से दूर रहकर पदार्थ चिंतन की देहली पर बैठता रहा है। भाँतिक संसाधनों का उपभोग करते हुए भी वह अहिंसा और अपरिग्रह की भावना से जीवन को नई दिशा प्रदान कर विकल्प जालों से मुक्त करा देता हैं। इसे हम यो कह सकते है कि जैन समाज का. मनोविज्ञान आपराधिक वृत्ति की ओर न जाकर आध्यात्मिक चेतना से सम्पन्न रहता है। यही कारण है कि सर्वाधिक कम अपराध करने वाला तत्व जैन समाज ही रहा है। यह तथ्य सर्वेक्षण के माध्यम से गजेटियर में प्रस्तुत किया गया है।[7] प्राचीन साहित्य भी इस तथ्य का समर्थन करता है कि समूचा जैन समाज प्रारंभ से ही अहिंसक रहा है और भौतिकता की ओर न जाकर आध्यात्मिक उपासना की ओर बढ़ता रहा है।

जैन परम्परा के अनुसार मानव का विकास प्राकृतिक संघर्ष से हुआ है। योग भूमि से संक्रमणकर कर्मभूमि का तात्य यही है कि उसे शीत, उष्णता, ताप, वर्षा, क्षुधा, पिपासा, आदि से संघर्ष करना पड़ा और फलतः उसने इन प्राकृतिक शक्तियों को अपने अनुकुल बनाकर भौतिक समृद्धि में पर्याप्त वृद्धि की। वर्तमान में तो रेल, यंत्र, तार वायुयान आदि का और भी विकास हुआ। यह सब विकास सभ्यता की देन है। जिस प्रक्रिया से मानव और प्रकृति के विविध तत्वों में समायोजन होता है वह सभ्यता कहलाती है। इसमें मानव बाह्य प्रकृति से संघर्ष कर अपना जीवन-स्तर उँचा करता है और फिर अन्तर्जगत और आनुभूतिक प्रदेश के विविध तत्वों में भी समायोजन कर सुसंस्कृत होन ` का प्रयत्न करता है। मालिनोबस्की ने तो समस्त सामाजिक देनों को संस्कृति की परिधि में रख दिया है। आर्थिक संग ठन्, विधि और शिक्षा संस्कृति की उपादानात्मक आवश्यकताएं हैं और जादू-टोना, धर्म, ज्ञान और कला संस्कृति की समन्वयात्मक आवश्यकताएं है।[8] उसके अनुसार उपादानात्मक और समन्वयात्मक आवश्यकताका सम्मिलित रूप ही संस्कृति है। बाह्य आवश्यकताओं की पूर्ति में बर्बरता का परित्यागकर जब प्रकृति – विजय में उसे प्रयत्न करना पड़ता है तो उसे 'सभ्य होने की आवश्यकता होती है। सामाजिक, आर्थिक, यांत्रिक और राजनीतिक जीवन को अधिक समृद्ध

करना ही सभ्यता का महान उद्देश्य होता है। स्वस्थ नागरिकता ही सभ्यता का मूल है। आवश्यकता की पूर्ति में सभ्यता की आवश्यकता होती है। राज्य का संबंध इसी प्रकार की सभ्यता का विकासकर समस्त साधनों के विकास के साथ होता है।

बाह्य आवश्यकताओं की पूर्ति करना और उस पर जनसमुदाय का राजकीय नियंत्रण होना सभ्यता की परिधि है। सभ्यता की यह अपूर्णता संस्कृति पूरा कर देती है। संस्कृति का सम्बन्ध सुसंस्कारों से होता है अर्थात् अच्छे संसाकारों के परिणाम और भाव को ही हम 'संस्कृति कहते हैं। सम्पूर्ण चरित्र, कर्म और संस्कारों का समुच्चय ही मनुष्य का व्यक्तित्व होता है। इसी को 'शील कहा जाता है। प्रकति का दुरु पयोग कर विकृति आती है और उस विकृति को दूर करने के लिए संस् कृति की आवश्यकता होती है। उसी को धर्म कहा जाता है। इन्द्रिग्राह्य सुखों से ऊपर परमानन्द का अनुसंधान करना संस् कृति का काम है। संस्कृति ही जीवन के ध्येय को सुनिश्चित करती है। धर्म संस्कृति की प्रथम सोपान है।[9] उसी से व्यक्ति की सुरक्षा होती है।

व्यक्ति का संरक्षण अकेले से नहीं हो पाता। उसे समाज की आवश्यकता होती है। पारस्परिक आदान-प्रदान, द्वारा ही व्यक्ति की आवश्यकताओं की पूर्ति होती है। इस पूर्ति में समष्टिगत और पदार्थ भाव से कार्य करने की जो प्रवृत्ति होती है उसी को हम संस्कृति कह सकते है।[10] शुद्ध परार्थ भाव से कार्य ही संस्कृति के अन्तर्गत आते हैं। स्वार्थ की पूर्ति में दूसरे की भी हानि नहीं होनी चाहिए। स्वार्थ और परार्थ में सुन्दर सामंजस्य बनाये रखना संस्कृति का प्राथमिक उद्देश्य है।

संस्कृति में आत्मिक वृत्तियों का उन्नयन होता है। वह आध्यात्मिकता और आत्मनिष्ठता को पोषण करती है, आत्मा से परमात्मा बनने का मार्ग प्रशस्त करती है और नैतिक और कलात्मक चेतना को जन्म देती है। संस्कृति का सम्बन्ध मानव के स्वरूप-बोध से है. श्रेय से है, सत्य और सृजन से है। इस दृष्टि से जैनधर्म एक संस्कृति है जो व्यक्ति और समष्टि में सामंजस्य प्रस्थापित कर समग्र मानव जाति के कल्याण की ओर देखती है प्रस्थापित कर समग्र मानव जाति के कल्याण की ओर देखती है उसका दर्शन, साहित्य़, कला, चिंतन सब कुछ मानवता के संवर्धन में सनिनहित

है। पूर्ण स्वतंत्रता का उदघोष जैन संस्कृति की देन है।[11] उसकी समन्वय और अनेकान्तमयी दृष्टि ने राष्ट्रीय चेतना को संवारा है और मानव धर्म को संबलित किया है। अहिंसा, अपरिग्रह और संयम ने उसे एक विशिष्ट धर्म की पहचान दी है। विकल्पों से विमुक्त होकर, जीवन की क्षण मंगुरता का अनुभव कर मोक्ष को प्राप्त करना ही व्यक्ति का लक्ष्य माना है। इसी मानव की सफलता है। जैनधर्म विवके के माध्यम से पाशविक वृतियों पर नियंत्रण रखता है और सत्यं, शिवमं, सुन्दरं का उच्चतम आदर्श देकर सहिष्णुता और सर्वधर्मसमभाव का पाठ पढ़ता है। यही उसकी सांस्कृतिक चेतना का मूल्यांकन है।[12]

जैन समाज मूलतः जाति वर्ग विहिन समाज है। यह जन्मतः वर्ण व्यवस्था के पक्ष में नहीं है। वह तो कर्मणा उसे स्वीकार करता हैं कर्म के आधार पर ही व्यक्ति के महत्त्व का मूल्यांकन होता हैं जैनधर्म के इस सिद्धान्त ने व्यक्ति को सवतंत्रता और समाज को लोकतन्त्रात्मकता प्रदान की है। उत्तरकाल में भले ही वैदिक धर्म के प्रभाव से जातिवाद का प्रभाव बढ़ा हो फिर भी वह अपने मूल सिद्धान्त से कभी नहीं हटा।[13]

जैनधर्म के समाज दर्शन की यह अन्यतम विशेषता है कि उसमें अपरिग्रह को व्रत के रूप में स्वीकार किया गया है। अपरिग्रह का तात्पर्य है आवश्यकता से अधिक वस्तुओं का संग्रह न करना। पदार्थ विशेष में आसक्ति रखना परिग्रह है। किसी भी पदार्थ के प्रति ममत्व न रखा जाय यही अपरिग्रह हैं यहाँ दीन दुःखी जीवों के प्रति कारूण्य जाग्रत करना और उनके प्रति कर्त्तव्यबोध कराना मुख्य उद्देश्य है। न्यायपूर्वक द्रव्यर्जन करना सद्गृहसथ का लक्षण है। आवश्यकता से अधिक संग्रहीत वस्तुओं को उस वर्ग में वितरित कर देना आवश्यक है जिसमें उसकी कमी हो। समाजवाद का भी यही सिद्धांत है कि सम्पत्ति किसी एक व्यक्ति या वर्ग विशेष में केन्द्रित न होकर समान रूप से हर घटक में विभाजित हो। यह समाजवाद जैनचार्यों ने कम से कम तीन हजार वर्ष पहले प्रस्थापित कर दिया था। समन्तभद्र ने इसी तथ्य को 'सर्वापदामन्तकरं निरन्तं सर्वोदयं तीर्थमिदं 'तवैव' कहकर सर्वोदयवाद की प्रस्थापना की थी।[14]

आधुनिक मानस तर्कवादी और सूक्ष्म द्दष्टा है। अन्धश्रद्धा की ओर उसका कोई झुकाव नहीं। साम्प्रदायिकता, धार्मिकता और जातीय बन्धनों

के कटघरों को तोड़कर वह उनसे दूर हटता चला आ जा रहा है। कला और विज्ञान के आलोक में अब वह विश्वबन्धुत्व की ओर उनमुख हो रहा है। मानवता का पुजारी बनकर मानव-मानव को जोड़ने का एक पुनीत संकल्प लिए आज की नयी पीढ़ी को आगे बढ़ने का
संकल्प किए हुए है। तृतीय विश्वयुद्ध की काली मेघामाला को नष्ट करने का यथाशांक्य प्रयत्न करना उसका उद्देश्य बना हुआ है। इस विश्वबन्धुत्व के स्वप्न को साकार करने में जैन संस्कृति निःसंदेह पूरी तरह सक्षम है। उसके सिद्धांत लोकहितकारी और लोक संग्राहक समाजवाद और आध्यात्मवाद के प्रस्थापक है। उनसे समाज और राष्ट्र के बीच पारस्पिरिक समन्वय बढ़ सकता है और मनमुटाव छूर हो सकता है। एक मंच पर भी विभिन्न पक्ष बैठकर एक दूसरे के दृष्टिकोणों को सही रूप में समझा जा सकता है। इसलिए जैने सिद्धान्त विश्व शांति प्रस्थापित करने में अमूल्य कारण बन सकते हैं। महावीर इस दृष्टि से सम्यक् द्रष्टा थे और सर्वोदय तीर्थ के सम्यक् प्रेणता थे। मानव मूल्यों को प्रस्थापित करने में उनकी यह विशिष्ट देन है जो कभी भुलायी नहीं जा सकती।

इस सन्दर्भ में यह आवश्यक है कि आधुनिक मानस धर्म को राजनीतिक हथकण्डा न बनाकर उसे मानवता को प्रस्थापित करने का एक अपरिहार्य साधनात्मक केन्द्रविनदु माने। मानवता का सही साथ वह है जिसकी समूची साधना समता और मानवता पर आधारित हो और मानवता के कल्याण के लिये उसका उपयोग हो। एतदर्थ खुला मस्तिष्क, विशाल दृष्टिकोण, सर्वधर्मसमभाव, संयम और सहिष्णुता अपेक्षित है। महावीर के धर्म की मूल आत्मा ऐसे ही पुनीत मानवीय गुणों से सिज्यित है और उसकी अहिंसा वन्दपीय विश्वकल्याणकारी है।[15]

समग्र विश्व के विकास का केन्द्र मानव जीवन है। उसकी पवित्रता और श्रेष्ठता के लिए हर धर्म के समान जैनधर्म ने भी गहन अनुभूतिक चिन्तन किया और विषमता से भरे इस संसार में समता की प्रस्थापना की। 'मननात् मनुष्य' की पृष्ठभूमि में पले पुसे जैनधर्म ने मानव- जीवन की परिभाषा को जितने सुन्दर ढंग से प्रस्तुत किया है वह अन्यत्रा दुर्लभ है। बुद्धि है, राम और रावण तथा अमर्त्य और मर्त्य की पहचान करना एक संकल्प है।

संदर्भ-सूची

1. संसारदुखःखतः सत्वान् यो घरत्युत्तमें सुखे। रत्नकरण्डत्रावकाचार-2
2. जैन धर्म में साहचर्य, सहयोग और सामुदायिक चेतना का विकास होता है। धर्म का मर्म यही है। जैन धर्म का हर सिद्धान्त इसी भावना से समन्वित है।
3. 'सवर्वाधिक कम अपराध करनेवाला तत्व जैन समाज ही रहा है'- गजेटियर एवं प्राचीन साहित्य द्वारा समर्पित
4. अनयोगद्वार, नामपद सूत्र 121- 137
5. आवश्यक चूर्णि (पृ. 157-8)
6. आदि पुराण, 16.99-101
7. वही 16, 17.102
8. मूलाचार, 5, 213-14
9. वही, 5, 211
10. विसुद्धिमग्ग, 3.104
11. उत्तरा, 30.30
12. वृहद्वत्ति
13. 12 आदिपुराण
14. खद्दक निकाय, भाग 1, पृ 315
15. अंगुत्तर निकाय
16. कालाचार्य, शिल्पाचार्य और धर्माचार्य (3.134)

आचार्य द्विवेदी के शिक्षा-प्रणाली में प्रगतिशील विचार

डॉ सुशील कुमार
सहायक प्राध्यापक, हिंदी विभाग
श्री गुरु गोबिंद सिंह महाविद्यालय, पटना सिटी
पाटलिपुत्र विश्वविद्यालय, पटना, भारत

भारत में अनेक समस्याएँ रही हैं और युगानुरूप अनेक समाधान भी हुए हैं। वे जिस परिस्थिति के अधीन है, उसमें उसके सामने अनेक चुनौतियाँ हैं। भारत सांस्कृतिक संपदा, चिन्तन परंपरा और ज्ञान संपदा उन चुनौतियों का सामना करने प्रासंगिक है। द्विवेदी जी अपने निबन्धों में बार-बार भारतीय संस्कृति की विशेषता आकर्षित करते हैं और यह बताने की कोशिश करते हैं कि इन समस्याओं को वर्तमान में जाकर ढूँढा जा सकता है। पाश्चात्य प्रणाली का अनुकरण भारतीय संस्कृति हमारी आवश्यकताओं के अनुकूल रही है। जिसमें सबसे गंभीर समस्या शिक्षा प्रणाली को लेकर उपस्थित है। मध्ययुग में भी यह समस्या उत्पन्न हुई थी। तद्‌युगीन मनीषियों ने बदली हुई परिस्थितियों के साथ सामंजस्य स्थापित कर लिया था। "पिछले सौ डेढ़ सौ वर्षों से मार्ग में बाधा पड़ी है। परिस्थित्ति के साथ भारतीय मनीषा को निबटने का मौका नहीं दिया गया। विदेशी विद्वानों ने अपने लाभालाभ को सामने रखकर इस देश के लिए एक योजना बनाई और उस योजना के साँचे में आदमी डाले जाने लगे। यही काल क्षेपक काल है। इसके पहले यद्यपि भारतीय विद्या नाना कारणों से म्लान हो गई थी, फिर भी उसे अपनी शिक्षा प्रणाली को एक ढंग पर लाने का प्रयत्न किया था। सन् 1815 के आसपास बार्ड नामक अंग्रेज ने भारतवर्ष के नाना स्थानों की अवस्था देखकर 'हिंदूज' नामक एक पुस्तक लिखी थी। काशी में उसने अनेक पाठशालाएँ देखी थीं। इनमें विद्यार्थियों की अधिक-से-अधिक संख्या 25 और कम-से-कम 10 थी। प्रत्येक पाठशाला में पाठगुरू होते थे । उनकी वृत्ति साधारणतः मठों और मंदिरों में बँधी होती थी। वार्ड

ने इन पंडितों के अध्यायत्य विषयों की भी सूची दी है। ऐसा जान पड़ता है कि उन दिनों शिक्षण-व्यवस्था का भार मठों और मंदिरों ने संभाल लिया था। लेकिन सरकारी व्यवस्था ने इस व्यवस्था के अधिक स्वस्थ और सबल होने में बाधा पहुँचाई और मंदिरों और मठों से शिक्षा का जो योग था, वह कट गया। अब समय आया है कि बाहरी हस्तक्षेप की उपेक्षा करके हम संपूर्ण उपलब्ध साधनों का उपयोग करके बदली हुई अवस्था के साथ अपनी शिक्षा प्रणाली का सामंजस्य स्थापित करें। हमें पुराने साहित्य में इतने प्रकार के प्रयोग मिलते हैं कि किसी विशेष प्रथा को अपनी राष्ट्रीय प्रथा मानने का बंधन स्वीकार करने की जरूरत नहीं है। केवल एक ही बात हमारी राष्ट्रीय परंपरा की देन है और हमारे स्वभाव-संस्कारों से अविच्छेद रूप में सम्बद्ध है 'गुरू का प्राधान्य'। हमें बँधी योजनाओं और प्रणालियों पर उतना जोर नहीं देना चाहिए जितना आदर्श गुरु की खोज पर। योजनाओं के साँचे में मनुष्य को नहीं ढालना है। मनुष्य के आदर्श पर योजनाओं को मोड़ना है। इसी एक अर्थ में भारतीय शिक्षा प्रणाली को 'गुरुकुल' प्रणाली कहा जा सकता है, इस व्यवस्था के केंद्र में 'गुरु' का रहना आवश्यक है।"

स्पष्ट है द्विवेदी जी ऐसी शिक्षा प्रणाली को उचित नहीं मानते, जिसमें विकास की योजनाएँ बनाई जाती हैं और उन योजनाओं के साँचे में मनुष्य को डाला जाता है। जैसा कि आजकल हो रहा है। इससे बचने की जरूरत है। मनुष्यता की रक्षा के लिए मनुष्य के आदर्श पर योजनाओं को मोड़ना होगा। इसके लिए जरूरी है कि हम योजनाओं और प्रणालियों पर उतना जोर न दें, जितना आदर्श गुरु की खोज पर । देश में शांति और सुरक्षा का वातावरण तैयार करने के लिए जिन भारतीय मूल्यों की आवश्यकता होती है, उनकी प्रतिष्ठा और संवर्द्धना के लिए विश्वविद्यालयों की स्थापना की जाती है। विश्वविद्यालय मनुष्य को अन्धकार से हटाकर ज्योति की ओर ले जाने के संकल्प से चालित हैं। "उनका लक्ष्य ज्ञान की साधना है। दीर्घकाल से मनुष्य सत्य की खोज में लगा रहकर जिन महान् मानवीय मूल्यों की स्थापना कर सका है, उन्हें लोकगोचर बनाने और अधिकाधिक परिष्कृत करने का काम विश्वविद्यालय करते हैं। ज्ञान से बढ़कर पवित्र वस्तु कुछ भी नहीं है। विश्वविद्यालय के विविध विभाग ज्ञान की विभिन्न शाखाओं का

अनुशीलन करते हैं और उनके प्रचार के द्वारा लोकचित्त को परिष्कृत और सत्यनिष्ठ बनाते हैं। यद्यपि ज्ञान की अनेक शाखाएँ हैं, पर ज्ञान एक और अविचल है। विभिन्न दिशाओं से चलकर मनुष्य उसी के पूर्णस्वरूप की उपलब्धि होने पर मनुष्य भय-शोक की काल्पनिक आशंका से मुक्ति पा जाता है। वह शक्ति को ग्रहण कर सकता है और तदनुसार आचरण कर सकता है। लेकिन वर्तमान समय में समस्त भारतवर्ष अशांत, असुरक्षित और भयभीत दिखाई पड़ रहा है। भारत की जनता आज नेताविहीन हो चुकी है। देशभक्ति का अभाव। बल्कि स्थिति उल्टी है- "हिचक, द्विविधा, बुद्धिभेद, फूट, कलह अगर कहीं दिखाई पड़ते हैं तो उन लोगों में जो ऊपर के स्तर के हैं, जिनके पास खाने-पहनने को आफरात पड़ा है और बौद्धिक कसरत दिखाने का अपार समय उपलब्ध है। देश की जनता इससे मुक्त है। वह रोग का निदान और उपचार दोनों को ही सीधे देखती है, जबकि उपरले स्तर के लोगों की दृष्टि मोहग्रस्त और कुटिल है ... जनता और जनता के तथाकथित भाग्य विधाताओं के बीच इतना बड़ा अन्तर कभी स्पष्ट नहीं हुआ था। जो लोग पढ़े-लिखे और समझदार हैं, जो लोग आधुनिक व्यवसाय-बुद्धि से संपन्न और जिन लोगों के पास देश को संपन्न बनाने के मजबूत साधन विद्यमान हैं, वे जनता के साथ एकमेक होकर नहीं चल पा रहे हैं।"

आखिर इसका कारण क्या है? निश्चित तौर पर "हमारी शिक्षा-व्यवस्था में ही कहीं ऐसी त्रुटि रह गई है, जिससे शिक्षित व्यक्ति अपने को साधारण जनता से पृथक् अनुभव करने लगता है और ज्यों-ज्यों कार्य क्षेत्र में अग्रसर होता जाता है और सफलता प्राप्त करता जाता है, त्यों-त्यों वह अपने-आप में सिमटता जाता है। शिक्षित व्यक्ति वह है, जिसको हमने शिक्षा दी है और शिक्षा देने का काम विश्वविद्यालयों का है। इसका सीधा मतलब है क्ति हमारी शिक्षा-व्यवस्था में ही कोइ ऐसा दोष त्रुटि रह गई है, जो ग्रहीता के चित्त को संकुचित, सीमित और तेजहीन बनाती है। हमारी प्राचीन संस्कृति कहती है कि चराचर के साथ एकमेक हो जाने में ही सुख है।' और आज स्थिति यह है कि 'थोड़े में सुख पाना कोई सुख नहीं है।' इतना भयंकर विरोध ? वर्तमान शिक्षा-व्यवस्था वही परिणाम है, जो यह भयंकर विरोध का दृश्य उपस्थित है। विश्वविद्यालयों से मिलनेवाला ज्ञान शिक्षित व्यक्तियों

के चित्त में मोह और भय का संचार कर रहा है, स्वार्थ और लिप्सा का अनुयायी बनाता जा रहा है और सबसे बड़ी बात यह कि अपने देश की विशाल जनता से अलग कर दे रहा है। "बाहरी बोझ में ही भारवाहक को तेज चला देने की क्षमता होती है, लेकिन वह सहज गति नहीं है। लेकिन किसी प्रकार जल्दी से जल्दी अपने को भारमुक्त कर देने की उतावली मात्र है।

अगर सचमुच इस शिक्षा व्यवस्था ने हमें भार ढोने को बाध्य किया है तो इसका प्रतिकार आवश्यक है। इस शिक्षा व्यवस्था ने हमें एक ऐसी मानसिक गुलामी दी है, जो विदेशियों की सत्ता के अधीन जीने से भी कहीं ज्यादा खतरनाक है। आचार्य द्विवेदी उक्त समस्या पर अपना विचार प्रकट करते हुए कहते हैं कि "देश की जनता के साथ देश के शिक्षितों के व्यवधान का एक प्रमुख कारण विदेशी भाषा का माध्यम है....हमारी शिक्षा व्यवस्था और सैनिक संगठन में लोकभाषाओं को उपेक्षा की गई है। साधारण जनता की आशाओं, आकांक्षाओं से हमारे शासक अनभिज्ञ सिद्ध हुए हैं। स्थानीय समस्याओं से वे एकदम अपरिचित साबित हुए हैं, क्योंकि हमने अपनी शिक्षा व्यवस्था में बहुत दूर के लोगों का अन्धानुकरण किया है। अपने देश की मिट्टी से अपरिचित रह जाते हैं। उन्हें वास्तविक देश से. उसकी रहन-सहन से उसकी रीति-नीति से, उसकी भाषा से, उसके दुख-सुख से, उसकी आशा-आकांक्षा से उसके संस्कारों से परिचित होने का अवसर ही नहीं मिलता हमारी उच्चतर शिक्षा-व्यवस्था उन्हें अपने घर में ही विदेशी बना देती है. अपनी ही भाषा में अपने भावों को अभिव्यक्त करने में असमर्थ बना देती हैं, अपने ही समाज में उन्हें अजनबी कर देती है तो दोष उनका नहीं, उस शिक्षा-व्यवस्था का ही है, इसलिए आज के संकटकाल में हमें नए सिरे से सोचने की जरूरत है कि किस प्रकार अपने शिक्षितों को इस देश की धरती और जनता के अनुकूल बनाना संभव है। सबसे पहली बात जो समझ में आती है, वह यह है कि उन्हें ऐसी शिक्षा मिलनी चाहिए जो उनके जीवन से एकमेक होकर रह सके और उसे अपनी भाषा में अपने देशवासियों के सामने प्रस्तुत करने की सामर्थ्य दे सके। इसमें कोई द्विविधा या संकोच हमारे मन में नहीं होना चाहिए। 'नान्यः पन्था विद्यतेऽयनाय" छुटकारा का दूसरा रास्ता नहीं है।"

हमारे देश के श्रेष्ठ बुद्धिजीवी इस बात का लगातार प्रचार करते आ रहे हैं कि हमारी भाषाएँ कमजोर हैं, असमर्थ हैं और इस प्रकार से प्रकारान्तर देश और जनता को ही कमजोर बनाने का प्रयास करते रहे हैं। सच तो यह है कि "न देश कमजोर है, न जनता।" और वह भाषा, जो जनता को सही ढंग से सोचने की प्रेरणा देती है, किसी तरह कमजोर नहीं कही जा सकती । वस्तुतः उन्नति की कसौटी भाषा की उन्नति से मापी जानी चाहिए।

"निज भाषा उन्नति अहै सब उन्नति को मूल ।
बिन निज भाषा ज्ञान के मिटै न हिय को सूल ॥"

तो वह एक बहुत बड़ी सच्चाई को व्यक्त कर रहे थे। भाषा की उन्नति सच्ची उन्नति की माप है। अगर हमारे युवक देश की जनता की कमाई के करोड़ों रुपए व्यय करके विदेशी भाषा में ही लिखते-बोलते हैं तो इससे बढ़कर फिजूलखर्ची कुछ नहीं है। लेकिन फिजूलखर्ची तो यह है हो, यह बहुत बड़ा अन्याय भी है।" क्योंकि ये विश्वविद्यालय जनता की खून-पसीने की कमाई पर खड़े हैं। और विश्वविद्यालय से उन्हें मिलता क्या है? उनके बच्चे इसमें पढ़कर उनसे अलग हो जाते हैं. उनके दुख-सुख से कोई वास्ता नहीं रखते ऐसे में भारतीय ग्रामीण अगर अपने इच्यों को नहीं पढ़ाना चाहता, तो कोई आश्चर्य नहीं; क्योंकि वह जानता है कि 'थोड़ा पढ़ें तो हर है, ज्यादा पढ़े तो घर छुटै ।' द्विवेदी जी इस घर छोड़ पढ़ाई की कड़ी की जाँच आवश्यक समझते हैं। विश्वविद्यालयों ने हिन्दी साहित्य के उच्च शिक्षण की अच्छी व्यवस्था नहीं की है। हिन्दी अभी तक अपना उचित स्थान प्राप्त नहीं कर सकी है। अपनी उचित मर्यादा प्राप्त करने में हिन्दी की असमर्थता हिन्दी के सेवकों की असमर्थता को सामने लाती है। द्विवेदी जी का विचार है कि हिन्दी की सेवा करने से पहले हमें अपने संकीर्ण स्वार्थों के दलदल से बाहर निकलना होगा। वे कहते हैं "यह भूलना बड़ी भारी गलती होगी कि हिन्दी वही है, जो हम उसे बना रहे हैं। अगर हम बड़े नहीं हो पाते, हम संकीर्ण स्वार्थों के दलदल में फँसे रहते हैं और मौका-बे-मौका एक-दूसरे के मुँह पर थूकने में ही गौरव प्राप्त करते हैं तो हिन्दी को हम छोटा बताते हैं, उसे उसके उचित आसन दिलाने में बाधा खड़ी करते हैं। चीनी आक्रमण के दौरान अपने भाषण में द्विवेदी जी ने उक्त विचार उनकी दृष्टि में आजादी

के लंबे समय बाद भी हम अपनी एकता को परिभाषित करने में. असमर्थ रहे हैं । इसका दुष्परिणाम हमारे सामने है। विदेशियों को लगता है कि जमीन से उखड़ा हुआ यह भारतीय समाज जर्जर है, इसे एक झोंके में ही गिराया जा सकता है, इसलिए वे हमपर आक्रमण कर रहे हैं। इससे पहले जातिवाद, धर्मभेद और भाषा-भेद ने एक लंबी गुलामी हमें दी, और फिर वही स्थिति हमारे सामने है। ऐसे में हमारा दायित्व बनता है कि हम एक ऐसी शिक्षा-व्यवस्था स्थापित करें, जिससे हमारा देश एकता की शक्ति अर्जित कर आगे बढ़े और किसी को इस तरफ आँख उठाकर देखने की हिम्मत न पड़े।

संदर्भ सूची

1. कल्पलता, पृ० 5
2. कल्पलता, पृ० 7
3. उपरिवत, पृ० 8
4. कल्पलता, पृ० 10
5. ह० प्र० द्वि० ग्रंथावली 9, पृ० 121
6. उपरिवत, पृ० 126
7. ह० प्र० द्वि० ग्रंथावली 9, पृ० 123-126
8. ह० प्र० द्वि० ग्रंथावली 9, पृ० 127

आयुर्वेद में भारतीय दर्शन की भूमिका : एक विश्लेषण

डॉ. प्रिया नंदन
सहायक प्राध्यापक, दर्शनशास्त्र विभाग
मारवाड़ी कॉलेज, दरभंगा, ललित नारायण मिथिला विश्वविद्यालय
(एल.एन.एम.यू.), बिहार, भारत

आयुर्वेद भारतीय सभ्यता का सबसे प्राचीन और समग्र चिकित्सा-विज्ञान है। यह केवल रोग निवारण की पद्धति नहीं बल्कि जीवन-दर्शन है, जो भारतीय दार्शनिक परंपराओं से गहराई से जुड़ा हुआ है। आयुर्वेद की मूलभूत अवधारणाएँ—पंचमहाभूत, त्रिदोष, स्वास्थ्य-रक्षण, आहार-विहार, आचार-रसायन, आत्म-ज्ञान—भारतीय दर्शन की विभिन्न शाखाओं से उत्पन्न हुई हैं। सांख्य दर्शन से पंचमहाभूत और त्रिदोष सिद्धांत, योग से मानसिक स्वास्थ्य और साधना, न्याय-वैशेषिक से तर्क और द्रव्य-गुण सिद्धांत, वेदांत से आत्मा और ब्रह्म का संबंध, तथा मीमांसा से नैतिक आचार-धर्म की परंपरा आयुर्वेद में अंतर्निहित हैं। प्रस्तुत शोधपत्र का उद्देश्य इन दार्शनिक आधारों का विश्लेषण कर यह दिखाना है कि आयुर्वेद और भारतीय दर्शन परस्पर अभिन्न एवं पूरक हैं।

भारतीय संस्कृति में आयुर्वेद और दर्शन का आपसी संबंध अनादि काल से है। जहाँ दर्शन जीवन और जगत के परम सत्य की खोज करता है, वहीं आयुर्वेद जीवन को स्वस्थ और संतुलित बनाए रखने का मार्ग दिखाता है। आयुर्वेद शब्द का अर्थ है – आयुः (जीवन) + वेद (ज्ञान) अर्थात जीवन का विज्ञान। इसका उद्देश्य केवल रोगों की चिकित्सा नहीं, बल्कि संपूर्ण जीवन का संरक्षण और परिपोषण है।

चरक संहिता में कहा गया है—

"स्वस्थस्य स्वास्थ्य रक्षणं आतुरस्य विकार प्रशमनं।"

अर्थात् आयुर्वेद का उद्देश्य दोहरा है –

- स्वस्थ व्यक्ति का स्वास्थ्य बनाए रखना।

- रोगी का उपचार करना।

आयुर्वेद की यह समग्र दृष्टि भारतीय दर्शन की विभिन्न धाराओं से प्रभावित है। इस शोधपत्र में हम क्रमशः देखेंगे कि कैसे सांख्य, योग, न्याय, वैशेषिक, वेदांत और मीमांसा दर्शन ने आयुर्वेद को दार्शनिक आधार प्रदान किया।

भारतीय दर्शन का संक्षिप्त परिचय

भारतीय दर्शन के छह आस्तिक दर्शन माने जाते हैं –

- सांख्य दर्शन
- योग दर्श
- न्याय दर्शन
- वैशेषिक दर्शन
- मीमांसा दर्शन
- वेदांत दर्शन

इनमें से पहले चार दर्शनों का आयुर्वेद पर विशेष प्रभाव है। दर्शन जहाँ जीवन का सैद्धांतिक आधार प्रस्तुत करता है, वहीं आयुर्वेद उसका व्यावहारिक रूप है।

आयुर्वेद में सांख्य दर्शन की भूमिका

सांख्य दर्शन भारतीय चिंतन का सबसे पुराना तंत्र है।

यह प्रकृति और पुरुष के द्वैत सिद्धांत को मानता है।

प्रकृति में तीन गुण (सत्त्व, रजस, तमस) हैं, जिनके संयोग से पंचमहाभूत (पृथ्वी, आप, तेज, वायु, आकाश) उत्पन्न होते हैं।

आयुर्वेद में प्रभाव

पंचमहाभूत सिद्धांत आयुर्वेद की बुनियाद है। प्रत्येक द्रव्य और प्रत्येक औषधि इन्हीं पंचमहाभूतों से निर्मित मानी जाती है।

त्रिदोष सिद्धांत (वात, पित्त, कफ) भी सांख्य के पंचमहाभूत और गुण सिद्धांत से व्याख्यायित है।

मानव शरीर, इन्द्रिय, मन और आत्मा की परिभाषा सांख्य दर्शन से मेल खाती है।

इस प्रकार सांख्य दर्शन ने आयुर्वेद को अस्तित्ववादी और पदार्थगत आधार प्रदान किया।

आयुर्वेद में योग दर्शन की भूमिका

पतंजलि का योग दर्शन शरीर, मन और आत्मा की शुद्धि का साधन है।

योग के आठ अंग (अष्टांग योग): यम, नियम, आसन, प्राणायाम, प्रत्याहार, धारणा, ध्यान और समाधि।

आयुर्वेद पर प्रभाव

आयुर्वेद में स्वास्थ्य संरक्षण के लिए दिनचर्या और ऋतुचर्या योग साधना से प्रभावित हैं।

ध्यान और प्राणायाम मानसिक रोगों की चिकित्सा में सहायक हैं।

आचाररसायन (सत्य, अहिंसा, ब्रह्मचर्य आदि) योग के यम-नियम से मेल खाते हैं।

योग और आयुर्वेद मिलकर शारीरिक और मानसिक संतुलन बनाए रखने का मार्ग दिखाते हैं।

आयुर्वेद में वैशेषिक और न्याय दर्शन की भूमिका

वैशेषिक दर्शन

कणाद का वैशेषिक दर्शन द्रव्य, गुण, कर्म, सामान्य, विशेष और समवाय जैसे षट् पदार्थों पर आधारित है।

आयुर्वेद पर प्रभाव

औषधियों और आहार का वर्गीकरण द्रव्य-गुण-कर्म सिद्धांत से हुआ।

गुण जैसे—गुरु, लघु, उष्ण, शीत, स्निग्ध आदि आयुर्वेद में औषधियों और आहार के चयन का आधार हैं।

रोग निवारण हेतु औषधीय संयोजन वैशेषिक पद्धति का व्यावहारिक रूप है।

न्याय दर्शन

- गौतम का न्याय दर्शन तर्कशास्त्र है।

- यह प्रत्यक्ष, अनुमान, उपमान और शब्द – इन चार प्रमाणों को मानता है।

आयुर्वेद पर प्रभाव

- निदान (Diagnosis) में तर्क और अनुमान का प्रयोग।
- रोग-लक्षण और कारणों की विवेचना न्याय पद्धति पर आधारित है।
- चिकित्सा निर्णय हेतु चिकित्सक की तर्क क्षमता को महत्त्व दिया गया है।

आयुर्वेद में वेदांत दर्शन की भूमिका

वेदांत दर्शन आत्मा और ब्रह्म की एकता का प्रतिपादन करता है।

आयुर्वेद पर प्रभाव

स्वास्थ्य केवल शारीरिक स्थिति नहीं, बल्कि आत्मा, मन और इन्द्रियों का संतुलन है।

सत्त्व-शुद्धि और आत्मज्ञान को रोग-मुक्ति का साधन माना गया।

वेदांत के अद्वैत सिद्धांत से आयुर्वेद में जीव-चेतना और ब्रह्म-चेतना की अखंडता का बोध मिलता है।

मीमांसा दर्शन और आयुर्वेद

मीमांसा दर्शन ने कर्म और धर्म के महत्व को प्रतिपादित किया।

आयुर्वेद पर प्रभाव

आहार-विहार में शुद्धता, सत्य, दया, ब्रह्मचर्य आदि नैतिक नियमों का समावेश।

आचाररसायन की परिकल्पना मीमांसा दर्शन से प्रभावित है।

आयुर्वेद में कहा गया है कि सदाचार और धर्माचरण से दीर्घायु और स्वास्थ्य प्राप्त होता है।

दार्शनिक दृष्टिकोण से आयुर्वेद के प्रमुख आयाम

- अस्तित्ववादी आयाम (Ontological Aspect): पंचमहाभूतों से निर्मित शरीर और आत्मा का संयोग।
- ज्ञानमीमांसात्मक आयाम (Epistemological Aspect):प्रत्यक्ष, अनुमान, आगम और उपमान प्रमाणों से रोग और औषधि का ज्ञान।
- नैतिक आयाम (Ethical Aspect): आचाररसायन, सत्य, अहिंसा, ब्रह्मचर्य, दया, संयम इत्यादि।
- आध्यात्मिक आयाम (Spiritual Aspect): मोक्ष को परम पुरुषार्थ मानते हुए स्वास्थ्य को उसकी साधना।

निष्कर्ष

आयुर्वेद और भारतीय दर्शन का संबंध अभिन्न और गहरा है। दर्शन ने आयुर्वेद को तात्त्विक आधार, तर्कशक्ति और नैतिक दृष्टि दी, जबकि आयुर्वेद ने दर्शन को जीवन में लागू करने का व्यावहारिक मार्ग दिया।
सांख्य ने त्रिदोष और पंचमहाभूत सिद्धांत दिए, योग ने स्वास्थ्य-रक्षण और मानसिक संतुलन की साधना दी, न्याय-वैशेषिक ने औषधियों और निदान की तर्कशक्ति दी, वेदांत ने आत्मा और चित्त की शुद्धि की ओर ध्यान दिलाया, तथा मीमांसा ने आचार और धर्म की परंपरा को आयुर्वेद में समाहित किया।
अतः यह कहा जा सकता है कि –
"आयुर्वेद, भारतीय दर्शन का व्यावहारिक स्वरूप है।"

संदर्भ सूची

1. चरक संहिता – आचार्य चरक (डा. रामकुमार राय, सम्पा.). (2018). चौ. त्रिवेणी प्रकाशन, वाराणसी. सूत्रस्थान, अध्याय 1, पृ. 12–19.
2. सुश्रुत संहिता – आचार्य सुश्रुत (कवि राजेश्वर दत्त, सम्पा.). (2016). चौखम्बा संस्कृत सीरीज, वाराणसी. सूत्रस्थान, अध्याय 15, पृ. 102–118.

3. अष्टांगहृदयम् – आचार्य वाग्भट (डा. हरिदास शर्मा, सम्पा.). (2017). चौखम्बा ओरिएंटालिया, वाराणसी. सूत्रस्थान, अध्याय 1, पृ. 8–15.
4. शर्मा, प्रियव्रत. (2010). आयुर्वेद का इतिहास. चौखम्बा विश्वभारती, वाराणसी. पृ. 45–67.
5. राधाकृष्णन, सर्वपल्ली. (2015). भारतीय दर्शन (Vol. 1–2). ऑक्सफोर्ड यूनिवर्सिटी प्रेस. पृ. 112–139.
6. मिश्रा, लक्ष्मण प्रसाद. (2012). भारतीय चिकित्सा और दर्शन. भारतीय ज्ञानपीठ, दिल्ली. पृ. 78–95.
7. शर्मा, रामकरण. (2019). आयुर्वेद और भारतीय ज्ञान परंपरा. राष्ट्रीय संस्कृत संस्थान, दिल्ली. पृ. 55–82.

भारतीय ज्ञान परम्परा दर्शन के परिप्रेक्ष्य में शिक्षा की संकल्पनाएँ: अतीत, वर्तमान और २०४७ की संभावनाएँ

डॉ. चंदन कुमार चंचल
सहायक प्राध्यापक, दर्शनशास्त्र विभाग,
राम रतन सिंह महाविद्यालय मोकामा,
पाटलिपुत्र विश्वविद्यालय, पटना, भारत

परिचय

प्रस्तुत आलेख में संदर्भित किया गया है कि भारत मानव जाति का पालना, मानव भाषा की जन्मस्थली, प्राकृतिक इतिहास की जननी, पौराणिक कथाओं की दादी और शैक्षणिक परंपरा की परदादी रहा है। मानव शिक्षा के इतिहास में सर्वाधिक मूल्यवान और सर्वाधिक शिक्षाप्रद ज्ञान की सामग्री का खजाना केवल भारत में ही निहित है। महान से महान शैक्षिक ज्ञान की परम्परा और बड़ी से बड़ी बौद्धिक संपदा जो किसी देश के पास हो सकती है, वह तो केवल भारत को विरासत में मिली है। भारत के पास वह सभी ज्ञानपूंज हैं, जिसके लिए मानव जाति प्रतीक्षा कर रही है। संपूर्ण विश्व जब प्रस्तर युग से गुजर रहा था, तब भारतीय शिक्षा से संबंधित ज्ञान परम्परा की संस्कृति और सभ्यता से संबंधित अवधारणाएँ समृद्ध हो चुकी थीं। जिस समय युनान में शैक्षणिक सभ्यता एवं संस्कृति विकसित होकर फल-फूल रही थी, उस समय भारतीय वेदों, ग्रन्थों और उपनिषदों के ॠचाओं से विश्व समाज का सारा दिग्दिगन्त गूंजित हो रहा था। विश्व की प्राचीन शैक्षणिक ज्ञान की संस्थाओं में भारतीय शैक्षणिक संस्थाएँ अग्रणी हैं। शिक्षा एक अमूर्त संकल्पना है। चिर-पुरातनकाल से वर्तमानकाल तक भारत में शैक्षणिक ज्ञान के मूल्यों, आध्यात्मिक संस्कारों एवं चिंतनवृतियों की जो सतत् अजस्त्र धारा प्रवाहमान होती आयी है, भारतीय शिक्षा पद्धति उसी

की समवेत संज्ञा है। जीवन के विटप का पुष्प शैक्षणिक ज्ञानरूपी परम्परा की संस्कृति है। शिक्षा के सौंदर्य और सौरभ में ही मानव जीवन का सौंदर्य और कर्मयज्ञ अंतर्निहित है। भारतीय शैक्षणिक ज्ञान प्रणाली एक संपूर्ण ज्ञान चेतना का संसार है, एक पूरा विश्वविद्यालय है, एक भागीरथी है, जिसका उद्गम वेदों की कुंडली और गंतव्य मनुष्यता का सागर है। भारतीय शिक्षा संस्कृति का प्रत्येक पक्ष, प्रत्येक आयाम समन्वय एवं सामंजस्य की भावना से परिपूर्ण है तथा भारतीय शैक्षणिक संस्थाएँ इसी समन्वय से पल्लवित और पुष्पित हुई है। प्राचीन ग्रन्थ 'सुश्रत संहिता' के अनुसार एक व्यक्ति के शरीर में सात त्वचाएँ, सात कलाएँ, सात आश्रय, सात धातुएँ, सात सौ शिराएँ, पाँच सौ पेशियाँ, नौ सौ स्नायु, तीन सौ अस्थियाँ, दो सौ दस संधियाँ, एक सौ सात मर्म, चौबीस धमनियाँ, तीन दोष, तीन मल, नौ स्रोत, सोलह कंडराएँ, सोलह जालक (जाल), चार रज्जू, सात सीवनियाँ, चौदह संघात, चौदह सीमंत, बाईस योगवाही स्रोत और दो आँतें होती हैं। इसी प्रकार शरीर विभिन्न स्तरों पर आपस में अंर्तसंबंधित होकर विशेष स्मरण शक्ति एवं अनुभव के आधार पर शिक्षा ग्रहण करती है। शिक्षा शब्द अति महत्वपूर्ण है। व्याकरणशास्त्रीय दृष्टि से इसका अर्थ इस प्रकार व्यक्त किया गया है – शिक्षोर्जिज्ञासायाम् अर्थात् जिज्ञासा होने पर षिक्ष धातु से आत्मने पद होता है। यथा- वेदे शिक्षते। नीतिशास्त्र की उक्ति है- 'ज्ञानेन हीनाः पशुभिः समानाः अर्थात् ज्ञान से हीन मनुष्य पशु के तुल्य है। ज्ञान की प्राप्ति शिक्षा या विद्या से होती है तथा दोनों शब्द पर्यायवाची हैं। शिक्षा शब्द "संस्कृत" की 'शिक्ष्विद्योपादाने' धातु से निश्पन्न है, जिसका अर्थ है- विद्या का उपादान। उपादान का भाव है उप-आदान अर्थात् किसी के समीप जाकर कुछ लेना, क्योंकि 'उप' का शाब्दिक अर्थ होता है- समीप और 'आदान' का अर्थ होता है- ग्रहण करना अतएव प्रारंभिक विद्या का स्रोत प्राचीन वेद है।

शिक्षा का शाब्दिक अर्थ होता है "सीखने एवं सिखाने की क्रिया, परन्तु अगर इसके व्यापक अर्थ को देखें तो, शिक्षा किसी भी समाज में निरंतर चलने वाली एक शैक्षणिक प्रक्रिया है। शिक्षा से मनुष्य की आंतरिक

शक्तियों को जागृत कर उसके आंतरिक विकास तथा व्यवहार को परिष्कृत किया जाता है। शिक्षा द्वारा ज्ञान एवं कौशल में वृद्धि कर मनुष्य को योग्य बनाया जाता है। शिक्षा की गुणवत्ता, उसकी अपरिहार्यता एवं महत्ता को विभिन्न कालखण्डों के सभी समाजों ने स्वीकार किया है। शिक्षा मानव के मूल प्रवृत्यात्मक व्यवहार को मानवीय व्यवहार में रूपांतरित करती है अर्थात शिक्षा मनुष्य को उसके नैसर्गिक गुणों के आधार पर नवीन रूप प्रदान करती है। "मार्शल मेंक्लूहन" ने कहा है कि शिक्षा अपनी शक्ति से व्यक्ति के नेत्रों और मस्तिष्क को प्रशिक्षित करती है।

"रूसों" के अनुसार "सच्ची शिक्षा का ज्ञान वह है, जो व्यक्ति के अंदर से प्रस्फुटित होती है तथा व्यक्ति में अंतर्निहित शक्तियों की अभिव्यक्ति है।" रूसो के शिक्षा संबंधी विचारों को "पॉल मुनरो" ने इन शब्दों में समर्थन किया है-"शिक्षा एक कृत्रिम प्रक्रिया न होकर स्वभाविक प्रक्रिया है, यह एक आंतरिक विकास है, न कि एक बाह्य संवृद्धि। यह प्राकृतिक मूल-प्रवृतियों एवं रूचियों में कार्य-शीलन से प्राप्त होती है, न कि बाह्य-शक्ति की प्रक्रिया से, यह प्राकृतिक शक्तियों का एक विस्तार है न कि सूचनाओं का संग्रह, बल्कि यह स्वयं जीवन है, न कि विचार।

भारतीय ज्ञान परम्परा शैक्षणिक संस्कृतियाँ निःसंदेह प्राचीन हैं। अंग्रेज विद्वान "एफ0 डब्लू0 थॉमस" ने कहा है कि "विश्व में, ऐसा कोई भी देश नहीं, जहाँ ज्ञान के प्रति लोगों का प्रेम इतने प्राचीन समय से ही प्रारंभ हुआ हो, जितना कि भारतियों का, इसके साथ ही यह भी सच है कि विश्व की अनेक शैक्षणिक संस्कृतियाँ कुछ कम प्राचीन नहीं हैं, परन्तु सनातन संस्कृति में ऐसी विलक्षणताएँ विद्यमान हैं, जो विश्व की शैक्षणिक संस्कृति में इसे अनुपम बनाती है। भारत ने शिक्षा दर्शन, काव्य, सदाचार और उच्च विचार के सांस्कृतिक महासागर के रत्नों का उदारतापूर्वक वितरण किया है। आज भी संसार के विभिन्न देशों में जगमगाते हुए ये भारतीय रत्न शिक्षा का चारों दिशाओं में प्रकाश फैला रहें हैं। शिक्षा और दर्शन प्रारंभिक काल से ही एक-दूसरे के बहुत ही निकट रहे हैं। 'ज्ञान-तत्व' दोनों के मूल में है।

शिक्षा यदि ज्ञानोपार्जन का माध्यम है तो, चिंतन या दर्शन 'ज्ञानानुराग' का। "प्लेटो के अनुसार" जो व्यक्ति ज्ञान प्राप्त करने तथा नयी-नयी बातों को जानने की रूचि रखता है और कभी संतुष्ट नहीं होता, वही दार्शनिक या चिंतक है, दूसरी ओर ज्ञान प्राप्ति हेतु शिक्षा अनवरत चलती रहती है। आम शिक्षितों और अशिक्षितों के सन्दर्भ में, शिक्षा का बोध, शिक्षा स्तर का उन्नयन, शिक्षा संस्कृति में उदात्तता का दर्शन, उत्तरोत्तर शिक्षा के बढ़ते दायरे, शिक्षा की पुरानी अवधारणा में हो रहा परिवर्तन यह सभी ज्ञानरूपी शैक्षणिक दर्शन का अणुस्वरूप प्रतिफल है।शिक्षा वह प्रकाश-पूंज है, जिसके द्वारा मानव की समस्त मानसिक, शारीरिक तथा आध्यात्मिक शक्तियों का विकास होता है, इससे वह समाज का एक उत्तरदायी घटक एवं राष्ट्र का प्रखर चरित्र संपन्न नागरिक बनकर समाज की सर्वांगींण उन्नति में अपनी शक्ति का उत्तरोत्तर प्रयोग करने की भावना से ओत-प्रोत होकर शैक्षणिक संस्कृति को पुनःजीवित करने के लिए प्रेरित होता है। जीवन के प्रत्येक पल और प्रत्येक स्थान पर शिक्षा हमारी सहायता करती है । वास्तव में, कल्पलता की भाँति शिक्षा हमारे लिये क्या-क्या नहीं करती? कहने का तात्पर्य यह है कि जिस प्रकार सूर्य का प्रकाश पाकर कमल का फूल खिल जाता है तथा सूर्य अस्त होने पर कुम्हला जाता है। ठीक उसी प्रकार शिक्षा के प्रकाश को पाकर व्यक्ति का जीवन कमल के फूल की भाँति खिल जाता है, जबकि अशिक्षित रहने पर व्यक्ति दरिद्रता, कष्ट एवं अज्ञानता के अन्धकार में डूब जाता है। वास्तव में, ज्ञान जैसी पवित्र कोई अन्य अनुभव नहीं है अर्थात शिक्षा जड़ नहीं, अपितु एक चेतन तथा द्विमुखी प्रक्रिया हैसच तो यह है कि शिक्षा से इतने लाभ हैं, कि उनका वर्णन करना कठिन है। इस सन्दर्भ में यहाँ केवल इतना कह देना ही पर्याप्त होगा-कि बच्चों को शिक्षा, माता के समान पालन-पोषण करती है, पिता के समान उचित मार्ग-दर्शन करके कार्यों में लगाती है तथा पत्नी की भाँति सांसारिक चिन्ताओं को दूर कर प्रसन्नता प्रदान करती है। शिक्षा द्वारा हमारी कीर्ति का प्रकाश चारों-दिशाओं में फैलता है, शिक्षा ही हमारी समस्याएँ सुलझाती हैं एवं हमारे जीवन को सुसंस्कृत तथा लगातार गतिमान बनाती रहती हैं। शिक्षा के आलोक में, काल-क्रम के अंतर्गत पुस्तकों ने ज्ञान प्रसारण के प्राचीन

तरीकों को बदल दिया और उसके स्थान पर इन पूर्वाग्रहों को पोषित किया, कि लिखित शब्द और उसकी मौखिक पुनरावृत्ति में जानने लायक जो कुछ भी है; वह सब ज्ञान उन्नति के लिए हैं और दैनिक जीवन में प्राप्त ज्ञान परम्परा से श्रेष्ठतर हैं।

शिक्षा की अतित (पृष्ठभूमि): पौराणिक शैक्षणिक व्यवस्था के अंतर्गत गुरू स्वयं प्रत्येक विद्यार्थी की खुद निगरानी करते थे। उस काल में शिष्यों को मौखिक शिक्षा अर्थात ज्ञान दी जाती थी। पुरानी शिक्षा नीति में भारत विश्व गुरू केवल गुरूओं के आचरण के कारण ही बना था। शिक्षा के इतिहास में, अतीत की जिस सीमा तक हम जा सकते हैं, जो बहुत पीछे नहीं है, वहाँ पर हम पाते हैं कि शिक्षा मनुष्य की स्वभाविक विषेशता रही है। इतिहास के प्रवाह मार्ग को भी शिक्षा ने काफी सच्चाई और इमानदारी से अंकित किया है; जिसमें कुछ युग-उत्थान के, कुछ पतन के, कुछ संघर्ष के, कुछ निराशा के और कुछ काल-समन्वय के हैं, तो कुछ बिखराव के भी गाथाएँ हैं।

भारतीय सनातन शिक्षा: भारत की सनातन शिक्षा पद्धति के संदर्भ में, गुरूकुल शिक्षण संस्थान एक सर्वमान्य उत्कृष्ट संस्था थी। इसका प्रमाण प्राचीन समाज के विभिन्न काल-खण्डों के शिक्षण शालाओं की क्रमिक विकास के उल्लेख से मिलता है। शालाओं या कुटिया के अंतर्गत शिक्षा व्यवस्था का सीधा सबंध गुरू और शिष्य के रूप में स्पष्ट दृष्टिगोचर होता था। सीखने वाली प्रक्रिया में गुरू और उसके आसपास शालाओं या कुटिया में शिष्यों का रहकर अध्ययन करना स्वभाविक और आवष्यक प्रबंध था। सनातन शिक्षा पद्धति में कड़ा अनुशासन तथा आदेशात्मक शैक्षिककला निहित था। विश्व में, शिक्षा का आरंभ सृष्टि के आरंभिक काल से माना जाता है। सनातन शिक्षा के अंतर्गत तत्कालीन समाजों का ही प्रतिबिंब झलकता था। सनातक शिक्षा के संदर्भ में, भारत विश्व गुरू रहा है। सनातन काल में स्वतंत्र चिंतन द्वारा ब्रह्म की प्राप्ति तथा आत्म ज्ञान प्राप्त करने की व्यवस्था थी। ज्ञान, कर्म एवं भक्ति तीनों को व्यवहार में जीवन के अंतर्गत उतारना अर्थात आत्मसात् करना पड़ता था।

गुरू और शिष्य का संबंध घनिष्ठ था। शिष्य गुरू के परिवार का

सदस्य होकर रहता था। जब-तक बालक का उपनयन संस्कार नहीं हो जाता था, वह वेदाध्ययन का अधिकारी नहीं बन सकता था। 8 से 12 वर्ष के बीच में उसका उपनयन संस्कार करा दिया जाता था। विद्याध्ययन के लिए बालक को आश्रम में जाना पड़ता था और वहाँ पर उसे लगभग आठ-दस वर्ष तक विद्याध्ययन करना पड़ता था।

प्राचीन समय में गुरू और शिष्य का संबंध काफी पवित्र, मधुर और महान होता था। चाहे महर्षि अरूणि हों, चाहे भगवन राम के गुरू वशिष्ट हो। अंधकार से प्रकाश में, अज्ञानता से ज्ञान की ओर, गुप्त से प्रकट की ओर ले जाने का नाम ही गुरू है। भारतीय शैक्षिक सभ्यता का इतिहास कहीं अधिक पुराना और व्यापक रहा है।

प्राचीन गुरूकुल शिक्षा प्रणाली: प्राचीन समय में बालक गुरू के गृह अथवा आश्रमकुल में रहकर विद्यार्जन करते थे। इन गुरूकुलों की आधुनिक विद्यालयों के समान भव्य अट्टालिकायें नहीं होती थी। ये तो जनपद के कौलाहल से दूर, नैसर्गिक सौंदर्य के सुरभित घने वन, प्रकृति के सुरम्य कक्ष, नदी-झरना के नजदीक तथा मनोरम पर्वतों के कंदराओं में स्थित होते थे। वहाँ नील नभ के, नील वितान के नीचे असंख्य छात्र ऋशियों-मुनियों से उच्च शिक्षा ग्रहण करते थे। लता-पता परिवेष्टित, ऋषि, आश्रम की प्रकाश की पवित्र एवं दिव्य रश्मियों को प्रसारित करते थे। ये गुरूकुल ही भारतीय शैक्षणिक संस्कृति के केन्द्र थे, इसलिए "कवि सम्राट रवीन्द्रनाथ टैगोर" ने लिखा है, कि भारतीय संस्कृति के निर्झर नगरों में नहीं, अपितु भारत के वनों में बहते थे। वैदिक एवं बौद्ध काल में भारतीय संस्कृति का विकास राजप्रसादों तथा सचिवालयों में नहीं, बल्कि संस्कृति शनैः शनैः भारत के प्रत्येक कोने तक फैल गयी। प्राचीन कुरूकुल शिक्षा प्रणाली का आधार भारतीय संस्कृति की परम्पराएँ थी। गुरूकुल शिक्षा का मानव जीवन के प्रति वही दृष्टिकोण था, जो भारतीय संस्कृति का था।

गुरूकुल में छात्रों का जीवन अनुशासनों की प्रक्रियाओं के पालन और अनुपालन में ही पूर्ण होता था। उन्हें अपने शिक्षाकाल में ब्रह्मचर्य जीवन व्यतीत करना पड़ता था। उनकी शारीरिक प्रसाधन सामग्री मेखला, मृगचर्म और लंबे केश होते थे। दण्ड और मण्डल उनके आभ्यान्तिरिक

चिन्ह थे। उनके लिए एक निश्चित दिनचर्या का विधान था। उन्हें प्रातःकाल के बह्य मुहुत में उठना पड़ता था। उन्हें गुरू की सेवा करनी पड़ती थी। वे गुरूकुल के गौओं को चराते थे। भोजन बनाने हेतु इधर-उधर के जंगलों से सूखी लकड़ियाँ एकत्रित करके लाते थे। छात्रों को नित्य- प्रति अपने भोजन के लिए भिक्षाटन करने जाना पड़ता था। गुरू तथा छात्र के बीच पिता-पुत्र सा संबंध होते थे और गुरू भी प्रत्येक प्रकार से अपने छात्रों के हित का ध्यान रखते थे। शिक्षा मौखिक रूप से ही दी जाती थी। गुरू अपने छात्रों को वेदों की शिक्षा देते थे और उनके मंत्रों की व्याख्या करते और समझाते थे। शिष्य अपनी शंकाओं का समाधान करने के लिए गुरू से प्रश्न पूछते थे। तर्क तथा वाद-विवाद को शिक्षण में विशेष महत्व प्रदान किया जाता था। इस प्रकार इंद्रिय संयम और पूजा-पाठ करते हुए छात्र गुरू-गृह में रहकर विद्या का उपार्जन करते थे।

ब्रिटिश काल में शैक्षणिक व्यवस्था: ब्रिटिश शासनकाल में अंग्रेज लोग भारतीय शिक्षा पद्धति को अलग सोच एवं नजरीय से देखते थे। अंग्रेजों ने अपने शासनकाल के पहले 60 वर्षों के दौरान शिक्षा क्षेत्र में कोई भी नया काम या प्रयोग नहीं किया। भारत में, जैसे लोग पढ़ते थे, जिस प्रकार के गुरूकुल, विद्यालय और पाठ्यक्रम थे, उसे वैसे ही रहने दिया। भारत के लोगों को अपने इंग्लैण्ड के लोगों की तरह पढ़ाने लिखाने हेतु अंग्रेजों ने कोई प्रयास नहीं किया। इसके बावजूद 1781 में कलकत्ता के अन्तर्गत मुसलमानों द्वारा स्थापित मदरसा और बनारस में हिन्दुओं द्वारा स्थापित "संस्कृत कॉलेज" इसके अपवाद थे। इन दोनों संस्थाओं में एक मदरसा में मुसलमानों को कुरान में प्रचलित आयातों और दूसरे हिन्दुओं के संस्कृत कॉलेज में सांस्कृतिक परम्पराओं को समझने और भावी पीढ़ी को समझाने के लिए स्थापित किया गया था।

कुछ वर्षों पश्चात् अंग्रेज भारतीय शैक्षणिक परम्पराओं को इसलिए जानना और समझना चाहते थे, ताकि भारत में शासन चलाना उनको आसान हो जाए। इसका एक उद्देश्य यह भी था कि ब्रिटिश कंपनी द्वारा भारत में जो अदालतें बनाई गई थीं, जिसमें भारतीय लोगों से जुड़े मुकदमें सुने जाते थे, उनके लिए कुछ पढ़े-लिखे एवं जानकार अनुभवी भारतीय

लोग उन्हें आसानी से न्यायालयों के कामों का संचालन करने हेतु तैयार किये जाएँ। वास्तव में, ब्रिटिश काल में, अंग्रेज लोग अधिक से अधिक संख्या में सिर्फ लिपिक तैयार करना चाहते थे।

स्वतंत्रता पश्चात् 1976 से पूर्व शिक्षा पूर्ण रूप से राज्यों का उत्तरदायित्व था। संविधान का 1976 में किए गए संशोधन से शिक्षा को समवर्ती सूची में डाला गया, तब उसके दूरगामी परिणाम प्राप्त हुए। आधारभूत, वित्तीय एवं प्रषासनिक उपायों को राज्यों एवं केन्द्र सरकार के बीच शैक्षणिक व्यवस्था से जुड़ी नई जिम्मेदारियों को बांँटने की आवश्यकता महशुश हुई। जहाँ एक ओर शिक्षा क्षेत्र में राज्यों के उत्तरदायित्व में कोई बड़ा बदलाव नहीं हुआ, वहीं केन्द्र सरकार ने शिक्षा के एकीकृत स्वरूप को सुदृढ़ करने का गुरूतर भार स्वयं स्वीकार कर लिया।

शिक्षा से सम्बन्धित रिपोर्ट (सरकारी समिति का प्रतिवेदन)

1. मैकाले एजूकेशन रिपोर्ट 1835, 2. वुड का घोषणा-पत्र 1854, 3. हंटर कमीशन रिपोर्ट कि 1882, 4. जी.के. गोखले विधेयक 1911, 5. हर्टोग समिति रिपोर्ट 1929, 6. एब्बौट वुड रिपोर्ट 1937, 7. सार्जेण्ट रिपोर्ट 1944, 8. भारत-ब्रिटिश सरकार सार्जेण्ट रिपोर्ट, विवि अनुदान समिति, 1945, 9. डॉ0 एस0 राधाकृष्णन के द यूनिवर्सिटी एजूकेशन कमीशन रिपोर्ट, 1949, 10. आचार्य नरेन्द्र देव, शिक्षा समिति प्रतिवेदन, 1952, 11. मुदालियर रिपोर्ट 1952-1953, 12. भारत सरकार राष्ट्रीय शिक्षा नीति, रिपोर्ट, 1968, 13. ईश्वरभाई पटेल रिपोर्ट, 1977-78, 14. भारत सरकार का ड्रॉफ्ट, नवीन राष्ट्रीय शिक्षा नीति, 1979, 15. दौलत सिंह कोठारी कमीशन, रिपोर्ट, 1983, 16. सद्गोपाल, शिक्षा का अधिकार विधेयक, 2008, 17. भारत सरकार ऑपरेशन ब्लैक बोर्ड, रिपोर्ट, 2009 तथा 18. भारत सरकार जनगणना रिपोर्ट, (शिक्षा से सम्बन्धित) 2011

राष्ट्रीय शिक्षा नीति: शिक्षा नीति के निर्माण की प्रक्रिया के दौरान भारत सरकार ने अगस्त, 1985 में एक दस्तावेज शिक्षा की उन्नती एवं चुनौती के परिप्रेक्ष्य में जारी किया था। इस दस्तावेज को जारी करने का उद्देश्य शिक्षा-नीति के संबंध में देशव्यापी विचार-विमर्श को प्रोत्साहित करना तथा

उनके विचारों को जानना भी था, जिससे शिक्षा नीति के निर्माण का आधार तैयार हो सके। समाज के विभिन्न वर्गों के विद्वानों के विचारों तथा आवश्यकताओं को शिक्षा नीति के निर्माता जान सकें। भारत सरकार ने इसके पश्चात् शिक्षा नीति-1986 का प्रारूप तैयार करके जारी किया।

राश्ट्रीय शिक्षा नीतिः शिक्षा की राश्ट्रीय नीति से अभिप्राय यह है कि एक निश्चित स्तर तक सभी छात्रों की जाति, मत या लिंग के भेदभाव के बिना तुलनीय गुणवत्ता वाली शिक्षा स्तर तक पहुँचाना है। शिक्षा की राष्ट्रीय प्रणाली में एक समान शिक्षा संरचना समाहित है। 10$2$3 संरचना को राष्ट्र के सभी राज्यों में स्वीकार कर क्रियान्वित किया जा रहा है। प्रथम दस वर्षीय शिक्षा को पुनः विभाजित करने के लिए 5 वर्ष की प्राथमिक शिक्षा तथा 3 वर्ष की उच्च प्राथमिक शिक्षा प्रणाली के प्रयास किए गये, जिसमें दो वर्ष की हाई स्कूल शिक्षा। शिक्षा की राष्ट्रीय प्रणाली, राष्ट्रीय पाठ्यक्रम ढांचे पर आधारित रही, जिसमें पाठ्यक्रम का एक अनिवार्य अंग तथा शेष लोचनीय अंग होंगे। शैक्षिक प्रत्यावर्तन, प्रारंभिक शिक्षा का सार्वभौमीकरण, प्रौढ़ साक्षरता, वैज्ञानिकी एवं तकनीकी अनुसंधान के कार्यक्रमों को सहायता प्रदान करने का उत्तरदायित्व देश एक समग्र की तरह से उठायेगा।

तकनीकी तथा प्रबंधन शिक्षा के पुनर्गठन में अनुमानित परिस्थितियों, विषेशकर अर्थव्यवस्था, सामाजिक वातावरण, उत्पादन एवं तकनीकी प्रबंध प्रक्रियाओं में होने वाले संभावित परिवर्तन, ज्ञान की तीव्र गति से बढ़ोतरी तथा विज्ञान एवं तकनीकी की विराट उन्नति को ध्यान में रखना होगा; क्योंकि कम्प्यूटर अब सर्वत्र उपयोगी साधन बन गये हैं। कम्प्यूटरों का प्रारंभिक ज्ञान तथा उसके उपयोग हेतु प्रषिक्षण प्रदान करना प्रोफेषनल शिक्षा का एक अनिवार्य अंग है।

विकसित भारत २०४७ के आलोक में वर्तमान नयी राष्ट्रीय शिक्षा नीति की प्रक्रियाः इसरो के प्रमुख कस्तूरीरंगन के नेतृत्व में गठित पैनल ने दिसंबर, 2018 में इसका मसौदा सौंपा। मई, 2019 लोकसभा चुनाव के बाद फीडबैक के लिए इसे सार्वजनिक किया गया। इसके मातहत राज्यों तथा केन्द्र द्वारा शिक्षा पर खर्च को कुल जीडीपी के 6 (छह) प्रतिषत तक

बढ़ाने का प्रस्ताव दिया है।

नयी राष्ट्रीय शिक्षा नीति से संबंधित प्रावधान: एन0ई0पी0-2020 के तहत शिक्षण संस्थानों में "सकल नामांकन अनुपात" को 26:3 प्रतिशत से बढ़ाकर 50:00 प्रतिषत तक करने का लक्ष्य रखा गया है, इसके साथ ही देष के शिक्षण संस्थानों में विद्यार्थियों के लिए 3.5 करोड़ नई सीटों को जोड़ा गया है।

NEP-2020 के तहत स्नातक पाठ्यक्रम में मल्टीपल एंट्री एंड एक्जिट व्यवस्था को अपनाया गया है, इसके तहत 3 या 4 वर्ष के स्नातक पाठ्यक्रम में छात्र कई स्तरों पर विषयों को छोड़ सकेंगे और उन्हें उसी के अनुरूप डिग्री या प्रमाण-पत्र प्रदान किया जायेगा अर्थात (1 वर्ष के बाद प्रमाण-पत्र, 2 वर्षों के बाद एडवांस डिप्लोमा, 3 वर्शों के बाद स्नातक की डिग्री तथा 4 वर्षों के बाद षोध के साथ स्नातक) डिग्री प्रदान की जायेगी।

विकसित भारत २०४७ के संदर्भ में विभिन्न उच्च शिक्षण संस्थानों से प्राप्त अंकों या क्रेडिट को डिजिटल रूप से सुरक्षित रखने के लिए एक 'एकेडमिक बैंक ऑफ क्रेडिट कार्ड' दिया जायेगा, ताकि अलग-अलग संस्थानों में छात्रों को प्रदर्शन के आधार पर उन्हें डिग्री प्रदान की जा सके। इसके अलावे अब नई शिक्षा नीति के तहत उच्च मानक वाली एम0फिल0 कार्यक्रम को समाप्त कर दिया गया।

भारतीय उच्च शिक्षा आयोग: नई शिक्षा नीति में देष भर के उच्च शिक्षण संस्थानों के लिए एक एकल नियामक अर्थात भारतीय उच्च शिक्षा परिशद की परिकल्पना की गई है। जिसमें विभिन्न भूमिकाओं को पूरा करने हेतु कई कार्यक्षेत्र होंगे। भारतीय उच्च शिक्षा आयोग चिकित्सा एवं कानूनी शिक्षा को छोड़कर पूरे उच्च शिक्षा क्षेत्र के लिए एक एकल निकाय के रूप में कार्य करेगा।

वस्तुतः, वर्तमान समय में उच्च शिक्षा निकायों का विनियमन विष्वविद्यालय अनुदान आयोग (यूजीसी), अखिल भारतीय तकनीकी शिक्षा परिषद (एआईसीटीई) और राष्ट्रीय अध्यापक शिक्षा परिषद (एनसीटीई) जैसे निकायों के माध्यम से किया जाता रहा है।

2020 की नई राष्ट्रीय शिक्षा नीति इन विशमताओं को दूर करने पर विशेष

बल देगी और अब-तक वंचित रहे लोगों की मुलभूत आवश्यकताओं को ध्यान में रखते हुए शिक्षा के समान अवसर सभी लोगों को मुहैया करेगी। अंतर्राष्ट्रीय शिक्षा प्रणाली के आलोक में युवापीढ़ी को गुणवत्तापूर्ण शिक्षा के साथ-साथ व्यवसायिक शिक्षा के बहुआयामी पहलूओं के आधार पर उच्च शिक्षा प्रदान की जायेगी।

एच0ई0सी0आई0 के कार्यों की प्रभावी निश्पादन हेतु प्रमुख चार निकाय:

- राश्ट्रीय उच्चतर शिक्षा नियमाकीय परिशद: यह षिक्षक एवं शिक्षा सहित उच्च शिक्षा क्षेत्र के लिए एक नियामक का कार्य करेगा।
- सामान्य शिक्षा परिषद: यह उच्च शिक्षा कार्यक्रमों के लिए अपेक्षित सीखने के परिणामों का ढाँचा तैयार करेगा अर्थात उनके मानक निर्धारण का कार्य करेगा।
- राष्ट्रीय प्रत्यायन परिषद: यह संस्थानों के प्रत्यायन का कार्य करेगा जो, बुनियादी मानदंडों, सार्वजनिक स्व-प्रकटीकरण के परिणामों पर आधारित होगा।
- उच्चतर शिक्षा अनुदान परिषद: शिक्षा के विकास हेतु यह निकाय कॉलेजों एवं विश्वविद्यालयों के लिए वित्तपोषण का कार्य करेगा।

भारतीय ज्ञान परम्परा विकसित भारत २०४७ में भविष्य की संभावनाएँ: आधुनिक विकसित समय में, हमारी ज्ञान-विज्ञान की शैक्षणिक परंपराएँ, अतीत से हस्तांतरित उन्नत तकनीकी सिद्धांतों की पूंजी हैं। नई शिक्षा नीति ऐसी जीवन वृत्तियों के लिए दरवाजा खोल रही है, जो एक साथ ही सम्मान और संपन्नता, प्रतिश्ठा और धन-वैभव की साधन होंगी तथा देश की सेवा करने के मार्ग भी, क्योंकि जो लोग शैक्षणिक संस्थाओं से हर प्रकार की उपाधियों और तकनीकी अनुभव से लैस होकर बाहर निकलेंगे तो वे शिक्षित और प्रशिक्षित ऐसे लोग होंगे, जो देश के आर्थिक जीवन में वृद्धि हेतु प्रयास को गतिमान और प्रोत्साहित करेंगे। यह एक ऐसी घड़ी है, जिसमें जैसा-भारत के लिए वैसा ही विश्व के लिए भी, भारत की भावी ज्ञान परम्परा की नियति और आगामी २०४७ के लिए उसके कदमों को सशक्त रूप से निर्मित किया जा रहा है और वह भी किसी साधारण सदी के लिए

नहीं, बल्कि एक ऐसी सदी के लिए, जो स्वयं २०४७ में एक महान संधि-काल होने वाला है।

संदर्भ-सूची

1. डॉ. अशोक अवस्थी : भारतीय ज्ञान के परिचयात्मक सिद्धान्त, दीक्षा इन्टरनेषनल, रजनी डिजिटल
2. प्रिटिंग प्रेस, शाहदरा, नई दिल्ली, प्रकाशन वर्ष-2015, पृष्ठ संख्या-96
3. बी. पी. कुमार : शैक्षणिक ज्ञान परम्परा की प्राचीन पृश्ठभूमि के विविध आयाम का सन्दर्भ, आयुश
4. प्रकाशन, दरियागंज, नई दिल्ली, प्रकाशन वर्ष-2014, पृष्ठ संख्या-82
5. डॉ0 चन्द्रभानु यादव : मानव संसाधन के विकास का सशक्त माध्यम, शिक्षा पद्धति, कुरूक्षेत्र, ग्रामीण
6. विकास मंत्रालय, भारत सरकार, नई दिल्ली, वर्ष-2013, पृष्ठ संख्या-16
7. 4. गिरीष मिश्र : राश्ट्रीय शिक्षा नीति 2020 से संबंधित रिपोर्ट: स्थिति रूपान्तरण, पूर्णिमा
8. प्रकाषन, डाकबंगला रोड, पटना, बिहार, वर्ष-2015, पृष्ठ संख्या-18
9. 5. डॉ0 शिवेन्द्र कुमार : नयी राष्ट्रीय शिक्षा नीति-2020 से शैक्षणिक ज्ञान परम्परा में परिवर्तन और २०४७ हेतु प्रबंधन, कुरूक्षेत्र, ग्रामीण विकास मंत्रालय, नई दिल्ली, 2023, पृष्ठ संख्या-18
10. केविन मैककानवे : हिन्दी अनुवाद, शिक्षित और प्रशिक्षित युवाओं के जीवन-स्तर में सुधार एवं
11. परिवर्तन, मंथन, अरावली प्रिंटर्स एण्ड पब्लिशर्स, 2015, पृष्ठ संख्या-72

12. दयानंद सरस्वती : गुरूकुल शिक्षा पद्धति में शैक्षणिक ज्ञान परम्परा का दर्शन, कल्याणी मार्ग,
13. साहित्य भवन, आगरा, उत्तरप्रदेश, प्रकाषन वर्ष-1998, पृष्ठ संख्या-72
14. विद्यासागर उपाध्याय : गुरूकुल शिक्षा दर्शन में ज्ञान परम्परा का समग्र अवलोकन, यूथ कॉम्पिटिशन,
15. इलाहाबाद, उत्तरप्रदेश, प्रकाशन वर्ष-2012, पृष्ठ संख्या-266
16. डॉ0 आत्माराम मिश्र : भारतीय शिक्षा के प्रवर्तक, मदन मोहन मालवीय, विश्वविद्यालय प्रेस, काशी
17. विद्यापीठ, वाराणसी, उत्तरप्रदेश, प्रकाशन वर्ष-1924, पृष्ठ संख्या-138

विकसित भारत और सामाजिक न्याय का नैतिक विमर्श

गोपाल कुमार,
सहायक प्राध्यापक,
श्री अरविन्द महिला कॉलेज,
पाटलिपुत्र विश्वविद्यालय, पटना, भारत

सारांश

विकसित भारत @२०४७ की संकल्पना केवल आर्थिक उन्नति या भौतिक संसाधनों की बहुलता का लक्ष्य नहीं है, बल्कि वह एक ऐसी सामाजिक व्यवस्था की खोज है, जो समता, न्याय और नैतिकता पर आधारित हो। इस शोध आलेख का उद्देश्य विकसित भारत की भविष्यदृष्टि में सामाजिक न्याय की केंद्रीय भूमिका का विवेचन करना है, विशेषकर उस नैतिक धरातल पर जहाँ भारतीय ज्ञान परंपरा और समकालीन न्याय विमर्श का सघन संवाद संभव हो सके। पश्चिमी राजनीतिक दर्शन में सामाजिक न्याय की अवधारणा प्रायः सत्ता के वितरण, संसाधनों की समानता और अवसरों की उपलब्धता के रूप में प्रस्तुत की जाती रही है। परंतु भारतीय परंपरा में 'न्याय' केवल विधायी ढाँचा नहीं, बल्कि 'धर्म', 'ऋत', 'करुणा' और 'यज्ञ' जैसे नैतिक-सांस्कृतिक मूल्यों से अनुप्राणित रहा है। यह आलेख दिखाता है कि सामाजिक न्याय की वैकल्पिक कल्पना कैसे भारतीय परंपरा के भीतर निहित रही है; बौद्ध करुणा से लेकर गीता के 'लोकसंग्रह' तक। आधुनिक भारत में सामाजिक न्याय की नीतिगत अभिव्यक्तियाँ; जैसे आरक्षण, शिक्षा का अधिकार, और जन कल्याण योजनाएँ; अनिवार्य होने के बावजूद, जब तक उनमें नैतिक चेतना का समावेश नहीं होगा, तब तक वे केवल आंकड़ों तक सीमित रहेंगी। इसलिए आवश्यक है कि विकसित भारत की रूपरेखा ऐसे नागरिक और राज्य की परिकल्पना करे जो न्याय को केवल दायित्व नहीं, मूल्यबोध के रूप में आत्मसात करे। यह आलेख विकसित भारत की दिशा में एक ऐसे नैतिक पुनरुत्थान को प्रस्तावित

करता है जिसमें सामाजिक न्याय केवल एक संवैधानिक सिद्धांत नहीं, बल्कि भारतीय सांस्कृतिक चेतना का जीवंत आधार बने।

संकेतक शब्द: विकसित भारत, सामाजिक न्याय, नैतिक विमर्श, भारतीय ज्ञान परंपरा, सांस्कृतिक पुनर्रचना, समता और धर्म

प्रस्तावना

विकास केवल प्रगति का नाम नहीं, वह उस चेतना का विस्तार है जो समाज को समता, न्याय और करुणा की नींव पर टिकाए रखे। जब भारत अपनी स्वतंत्रता की शतवार्षिकी की ओर अग्रसर है, तब *विकसित भारत @२०४७* का स्वप्न केवल आर्थिक आत्मनिर्भरता या भौतिक संसाधनों की उपलब्धता तक सीमित नहीं रह सकता। यह स्वप्न कहीं अधिक गहरा है; यह सामाजिक समरसता, नैतिक पुनर्जागरण और नागरिक चेतना के ऐसे रूप की मांग करता है जहाँ 'विकास' का अर्थ केवल सकल घरेलू उत्पाद की वृद्धि नहीं, बल्कि न्याय, सम्मान और समान अवसरों की सार्वभौमिकता हो। ऐसे में, सामाजिक न्याय इस संकल्पना की रीढ़ बन जाता है; एक ऐसा आधार जिसकी अनुपस्थिति में कोई भी प्रगति एकतरफा और असंतुलित रह जाएगी।

भारत जैसे बहुलतावादी समाज में जहाँ वर्ग, जाति, लिंग, भाषा और धर्म की विविधताएँ विद्यमान हैं, सामाजिक न्याय केवल संवैधानिक शब्द नहीं, बल्कि *जीवंत सामाजिक आवश्यकता* है। *सामाजिक न्याय* का अर्थ है- उन ऐतिहासिक असमानताओं, बहिष्करण और वंचनाओं को दूर करने की नैतिक प्रतिबद्धता जो सदियों से समाज की परछाई बनी रही हैं। यह केवल आरक्षण, सहायता या नीतियों की बात नहीं करता, बल्कि उस *नैतिक विवेक* की मांग करता है जिससे समाज अपने भीतर *विवेकपूर्ण समानता* का वातावरण बना सके।

परंतु यहीं एक गूढ़ प्रश्न उठता है — क्या सामाजिक न्याय केवल विधायी संरचना और आंकड़ों की भाषा में समझा जा सकता है? या फिर इसे उस नैतिक और सांस्कृतिक चेतना के आलोक में देखना होगा जो भारत की परंपरा में गहराई से रची-बसी है? यह प्रश्न इस आलेख का मूल

प्रेरक है। भारत की प्राचीन दार्शनिक परंपराएँ; चाहे वे वैदिक 'ऋत' हों, बौद्ध 'करुणा' हो या गीता का 'लोकसंग्रह'; सभी में न्याय केवल सत्ता-प्रदत्त अधिकार नहीं, बल्कि आंतरिक उत्तरदायित्व, संतुलन और सह-अस्तित्व की चेतना रही है।

आज जब भारत 'विकसित राष्ट्र' बनने की दिशा में नीति आयोग, डिजिटल मिशन, स्टार्टअप संस्कृति और वैश्विक प्रतिस्पर्धा की ओर तेज़ी से बढ़ रहा है, तब यह और भी आवश्यक हो जाता है कि विकास की इस गति में नैतिक संतुलन और सामाजिक समता की अंतर्धारा नष्ट न हो जाए। अन्यथा, यह उन्नति केवल *संख्यात्मक* होगी, *मूल्यहीन* नहीं तो *मूल्यविहीन* अवश्य।

इसी बिंदु पर यह आलेख हस्तक्षेप करता है। इसका उद्देश्य है: सामाजिक न्याय को एक नैतिक विमर्श के रूप में पुनर्परिभाषित करना; भारतीय ज्ञान परंपरा की प्रासंगिकता को उजागर करना; और विकसित भारत @२०४७ की कल्पना को केवल आर्थिक स्वप्न नहीं, नैतिक संकल्प के रूप में प्रस्तावित करना।

इस आलेख इन प्रश्नों पर विचार करता है: क्या सामाजिक न्याय की वर्तमान नीतियाँ केवल बाह्य रूपों पर आधारित हैं, या उनमें नैतिक चेतना अंतर्निहित है?; भारतीय ज्ञान परंपरा में सामाजिक न्याय के कौन-से तत्व ऐसे हैं जो समकालीन विमर्श को गहराई दे सकते हैं? और विकसित भारत की परिकल्पना में सामाजिक न्याय की भूमिका कितनी केन्द्रीय होनी चाहिए; एक उद्देश्य, या एक साधन? यह आलेख इन्हीं प्रश्नों के उत्तर ढूँढ़ने का एक विनम्र प्रयास है; एक ऐसा प्रयास जो भारत के भविष्य को केवल समृद्ध ही नहीं, *समवेत और समरस* भी बनाना चाहता है।

सामाजिक न्याय की अवधारणा: ऐतिहासिक और दार्शनिक पृष्ठभूमि

सामाजिक न्याय कोई नवीन अवधारणा नहीं, बल्कि यह एक ऐसी विचारधारा है जो समाज के भीतर समानता, गरिमा और सहभागिता की स्थापना का प्रयत्न करती है। इस धारणा की जड़ें पश्चिमी दर्शन और भारतीय परंपरा; दोनों में विद्यमान हैं, परंतु दोनों की दृष्टि, प्रस्थान–बिंदु, और मूल्य–सरणी भिन्न रही है।

पश्चिम में सामाजिक न्याय की चर्चा प्राचीन ग्रीक दार्शनिक प्लेटो से प्रारंभ होती है। प्लेटो ने "The Republic" में न्याय को समाज के चार मूलभूत वर्गों; दार्शनिक, सैनिक, कृषक और श्रमिक; में संतुलन और अनुशासन के रूप में परिभाषित किया। उसके अनुसार न्याय वह स्थिति है जहाँ हर वर्ग अपना कार्य करता है और दूसरों के कार्य में हस्तक्षेप नहीं करता। यह एक सामंजस्यात्मक न्याय की अवधारणा थी। आधुनिक काल में जॉन रॉल्स (John Rawls) ने अपनी कृति "A Theory of Justice" में सामाजिक न्याय को 'Fairness' यानी निष्पक्षता के रूप में व्याख्यायित किया। उन्होंने "Veil of Ignorance" और "Difference Principle" जैसे सिद्धांतों के माध्यम से तर्क दिया कि एक आदर्श समाज वह होगा जहाँ सभी लोग न्याय के सिद्धांतों को इस तरह चुनें जैसे कि उन्हें यह न पता हो कि वे किस वर्ग, जाति या स्थिति में जन्म लेंगे। मार्क्सवादी परंपरा में न्याय का अर्थ वर्गहीन समाज की स्थापना से जुड़ा रहा। मार्क्स के लिए सामाजिक अन्याय का मूल कारण पूंजीवादी शोषण था, और इसलिए न्याय की स्थापना क्रांति के माध्यम से श्रमिक वर्ग के सशक्तिकरण से ही संभव थी। इन पश्चिमी प्रतिमानों की विशेषता यह रही कि वे सामाजिक न्याय को संरचनात्मक, राजनीतिक और आर्थिक संदर्भों में केंद्रित रखते हैं, किंतु प्रायः नैतिक या आध्यात्मिक दृष्टिकोण अपेक्षाकृत गौण रह जाता है।

वहीं दूसरी ओर, भारतीय चिंतन में न्याय की अवधारणा 'सामाजिक अनुबंध' या 'वर्ग संघर्ष' की उपज नहीं, बल्कि सृष्टि के नैतिक-सांस्कृतिक संतुलन की अभिव्यक्ति है। यहाँ न्याय को 'ऋत' कहा गया; एक ऐसा ब्रह्मांडीय सिद्धांत जो अस्तित्व के हर स्तर पर संतुलन और सत्य का पालन सुनिश्चित करता है। ऋग्वेद में 'ऋत' को सत्य और नैतिक व्यवस्था का आधार माना गया है। 'धर्म' भारतीय दर्शन में केवल कर्मकांड या धार्मिक विधियों का नाम नहीं, बल्कि धारण करने योग्य वह आचरण है जो समष्टि को स्थिर रखे। न्याय इसी धर्म की सामाजिक व्याख्या है; जहाँ सबको उसकी प्रकृति के अनुसार कर्तव्य और अधिकार प्राप्त हो। इसी प्रकार, बौद्ध परंपरा में 'करुणा' (Compassion) और 'मध्यम मार्ग' के माध्यम से सामाजिक न्याय का दर्शन विकसित हुआ। बुद्ध के अनुसार, न्याय केवल व्यवस्था का प्रश्न नहीं बल्कि दया, सह-अस्तित्व और अहिंसा का

व्यवहारिक मार्ग है। वहीं, जैन परंपरा में 'अनैकांतवाद' और 'अहिंसा' जैसे सिद्धांत सामाजिक न्याय के दार्शनिक उपकरण बनते हैं। न्याय का अर्थ है—दूसरे के अस्तित्व और दृष्टिकोण की समान मान्यता।

यदि आधुनिक भारत की चिंतन परम्परा में सामाजिक न्याय की बात करनी हो, तो हमें डॉ. अंबेडकर, महात्मा गांधी और स्वामी विवेकानंद के विचारों पर विशेष रूप से ध्यान देना होगा। डॉ. भीमराव अंबेडकर ने सामाजिक न्याय को भारतीय संविधान की आत्मा बनाया। उनके लिए न्याय का अर्थ केवल राजनीतिक समानता नहीं, बल्कि सामाजिक, आर्थिक और धार्मिक स्वतंत्रता की त्रैविध संरचना था। उनका प्रसिद्ध कथन है— "Justice is another name for liberty, equality and fraternity." वहीं, महात्मा गांधी ने न्याय को 'अहिंसा', 'सत्य', और 'ट्रस्टीशिप' के माध्यम से देखा। उनके अनुसार, सच्चा समाज वही है जिसमें कमजोर और अंतिम व्यक्ति की गरिमा सुरक्षित हो। इसी प्रकार, स्वामी विवेकानंद ने सामाजिक न्याय को 'मानव सेवा में ईश्वर सेवा' के रूप में परिभाषित किया। उनके लिए समाज तब विकसित कहलाता है जब वह अज्ञान, अभाव और अस्पृश्यता के विरुद्ध खड़ा हो।

इस प्रकार हम पाते हैं कि भारतीय और पश्चिमी दोनों परंपराओं में यह स्पष्ट है कि सामाजिक न्याय किसी एक मूल्य पर आधारित नहीं होता। यह; समता (Equality), स्वतंत्रता (Freedom) और नैतिकता (Morality); इन तीनों के समुचित संतुलन से ही संभव है। जब समता बिना नैतिकता के आती है, वह संकीर्णता बन जाती है। जब स्वतंत्रता बिना न्याय के आती है, वह स्वार्थ बन जाती है। इसलिए विकसित भारत की संकल्पना में सामाजिक न्याय का स्वरूप केवल नीतिगत नहीं, बल्कि मूल्यात्मक (value-based) होना आवश्यक है।

भारतीय ज्ञान परंपरा (IKS) में सामाजिक न्याय के तत्व

भारतीय ज्ञान परंपरा केवल ज्ञान के संचयन की प्रक्रिया नहीं, अपितु एक समग्र दृष्टिकोण है जिसमें जीवन, समाज, धर्म, नीति और न्याय सभी एक-दूसरे से अंतर्ग्रथित हैं। यह परंपरा सामाजिक न्याय को एक नैतिक उत्तरदायित्व मानती है; ऐसा उत्तरदायित्व जो व्यक्तिगत आत्मसंयम,

सामूहिक संतुलन और सार्वभौमिक समता पर आधारित है। IKS के दार्शनिक, धार्मिक और सांस्कृतिक स्रोतों में सामाजिक न्याय के अनेक बीज निहित हैं, जो आज के भारत के लिए मार्गदर्शक बन सकते हैं।

वेद, उपनिषद, बौद्ध और जैन परंपराओं में समत्वबोध

वेदों में सामाजिक व्यवस्था को 'ऋत'; अर्थात् cosmic order; का विस्तार माना गया है। ऋग्वेद में वर्णित है कि सृष्टि तभी टिकाऊ है जब उसमें समता, संतुलन और पारस्परिक पूरकता हो। यज्ञ की अवधारणा, जहाँ प्रत्येक व्यक्ति अपने कर्तव्यों के निर्वाह से समाज में योगदान देता है, एक प्रकार की कर्तव्य आधारित न्याय प्रणाली का संकेत देती है। उपनिषदों में आत्मा की एकता की अवधारणा "अहं ब्रह्मास्मि", "तत्त्वमसि" के माध्यम से यह बोध दिया गया कि सभी मनुष्य परमात्मा के अंश हैं, इसलिए किसी के साथ अन्याय करना स्वयं के साथ अन्याय करने के तुल्य है। यह दृष्टि न्याय को केवल व्यवहारिक नहीं, आध्यात्मिक आधार भी देती है। बौद्ध परंपरा में सम्यक दृष्टि, करुणा और अनात्मवाद जैसे सिद्धांत सामाजिक न्याय की अवधारणाओं को आत्मबोध से जोड़ते हैं। बुद्ध ने कहा — "सब प्राणी दुःख में हैं, अतः उनकी पीड़ा को साझा करो।" यह दृष्टि न्याय को करुणा की मूर्त अभिव्यक्ति बनाती है। जैन परंपरा में अहिंसा, अनैकांतवाद और अपरिग्रह — ये तीन मूल्य सामाजिक न्याय की जड़ें हैं। जैन दर्शन के अनुसार, हर दृष्टिकोण आंशिक होता है और प्रत्येक मत, धर्म या वर्ग को समता के साथ स्वीकार किया जाना चाहिए। यही विविधता में समता का सिद्धांत है।

श्रुति–स्मृति–न्याय–नीति में न्याय और सामाजिक संरचना

भारतीय ज्ञान की धारा को समझने के लिए श्रुति, स्मृति, न्याय और नीति; इन चार स्तंभों की ओर देखना आवश्यक है । श्रुति (वेद) में *ऋत और धर्म* के माध्यम से समष्टिगत न्याय का सिद्धांत है। स्मृति (मनुस्मृति, याज्ञवल्क्य स्मृति आदि) में सामाजिक उत्तरदायित्व और दायित्व के निर्धारण की चर्चा है। न्याय शास्त्रों में तर्क, प्रमाण और प्रत्यक्ष अनुभव के आधार पर न्याय की युक्तिसंगत पद्धति पर बल है। नीति ग्रंथ (चाणक्य, हितोपदेश आदि)

में राज्य और शासक के लिए *धर्मानुकूल* प्रशासनिक दृष्टिकोण प्रस्तावित किए गए हैं। इन सभी स्रोतों में सामाजिक न्याय को *कर्तव्य और संतुलन* की भावना से जोड़ा गया है; जहाँ व्यक्ति का कल्याण समष्टि के कल्याण में निहित है।

'लोकसंग्रह', 'यज्ञ', 'न्याय' और 'धर्म' का सामाजिक अर्थ

श्रीमद्भगवद्गीता में वर्णित "लोकसंग्रह" का अर्थ है; संपूर्ण लोक की भलाई हेतु कर्म करना, न कि केवल स्वार्थपूर्ति। यह विचार सामाजिक न्याय की उस धारणा से मेल खाता है जिसमें समूहगत कल्याण को प्राथमिकता दी जाती है। यज्ञ, जो सामान्यतः धार्मिक अनुष्ठान माना जाता है, वास्तव में सामाजिक सहभागिता और परस्पर उत्तरदायित्व का प्रतीक है। प्रत्येक यज्ञ में 'स्वाहा' के साथ जो अर्पण होता है, वह दर्शाता है कि व्यक्ति समाज को कुछ देता है — और यही न्याय की आधारभूमि है। धर्म शब्द का सामाजिक अर्थ केवल धार्मिक कृत्य नहीं, बल्कि वह आचरण-पद्धति है जो समाज को धारण करती है। "धारणात् धर्मः" अर्थात जो समाज को टिकाए, वही धर्म है। अतः सामाजिक न्याय धर्म का ही व्यवहारिक रूप है।

वर्णव्यवस्था बनाम सामाजिक समता पर विमर्श

भारतीय परंपरा की सबसे अधिक आलोचना वर्णव्यवस्था को लेकर हुई है, विशेषतः इसके जड़ रूप (जातिवाद) के कारण। परंतु आरंभिक वैदिक संदर्भ में वर्ण का आधार जन्म नहीं, गुण और कर्म था; "चातुर्वर्ण्यं मया सृष्टं गुणकर्मविभागशः" (गीता 4.13)। इसका मूल उद्देश्य सामाजिक कार्यविभाजन था, न कि ऊँच–नीच की स्थायी श्रेणियाँ। समस्या तब उत्पन्न हुई जब इस व्यवस्था को जन्म आधारित और स्थूल सत्ता संरचना के रूप में कठोर बना दिया गया। इस विकृति ने सामाजिक न्याय के मूल भाव को ही बाधित किया। परंतु यदि परंपरा को उसके गुणात्मक और नैतिक आशयों में पुनः समझा जाए, तो यह समता की ओर ले जाने वाला मार्ग बन सकता है।

इस प्रकार हम पाते हैं कि भारतीय ज्ञान परंपरा में सामाजिक न्याय एक ऐसा मूल्य है जो केवल अधिकारों की बात नहीं करता, बल्कि कर्तव्यों, संतुलन, करुणा और सहयोग की भी मांग करता है। यह एक नैतिक-सांस्कृतिक चेतना का नाम है, जो आधुनिक भारत में विकसित राष्ट्र बनने की यात्रा को गहराई और दिशा प्रदान कर सकती है।

समकालीन भारत में सामाजिक न्याय और नैतिक संकट

स्वतंत्रता प्राप्ति के पश्चात भारत ने अपने संविधान में सामाजिक न्याय को एक मूलभूत संकल्पना के रूप में स्थापित किया। संविधान की प्रस्तावना (Preamble) में ही "सामाजिक, आर्थिक और राजनीतिक न्याय" की घोषणा यह दर्शाती है कि भारतीय गणराज्य का लक्ष्य केवल लोकतांत्रिक शासन नहीं, बल्कि एक न्यायपूर्ण समाज की स्थापना है। संविधान के अनुच्छेद 15, 16, 17, 21, 46 आदि में वंचित वर्गों के हित में विशेष व्यवस्थाएँ की गईं जो न्याय को संविधान प्रदत्त अधिकार बनाती हैं।

आरक्षण नीति, शैक्षिक सुधार, न्यूनतम आवश्यकताओं की योजनाएँ (जैसे मनरेगा, पीएम आवास योजना), तथा आर्थिक और सामाजिक कल्याण योजनाएँ — इन सभी का उद्देश्य सामाजिक विषमता को कम करना और न्याय को सुलभ बनाना रहा है। विशेष रूप से अनुसूचित जातियों, जनजातियों, अन्य पिछड़ा वर्गों और अब आर्थिक रूप से कमजोर सामान्य वर्गों (EWS) के लिए आरक्षण एक सुधारात्मक न्याय (compensatory justice) का प्रयास रहा है। शिक्षा का अधिकार अधिनियम (RTE), NEP 2020 आदि से जुड़े प्रावधान भी इसी दिशा में किए गए प्रयास हैं। इसके साथ ही सामाजिक न्याय मंत्रालय और राज्य सरकारों की योजनाएँ विभिन्न स्तरों पर सक्रिय हैं।

यहाँ एक मूलभूत प्रश्न उठता है। क्या ये नीतियाँ केवल विधायी औपचारिकताएँ हैं, या इनके पीछे कोई नैतिक दर्शन भी सक्रिय है? सामाजिक न्याय का स्थायित्व केवल कानूनी ढाँचों से नहीं, बल्कि नैतिक चेतना से सुनिश्चित होता है।

आज की कई योजनाएँ संख्यात्मक लक्ष्य (target numbers) तक सीमित होकर tick-box justice बनती जा रही हैं। यदि न्याय केवल

आंकड़ों में मापा जाए, तो वह मानवीय गरिमा, सम्मान और चेतना से कट जाता है। उदाहरण के लिए, आरक्षण केवल सीटों की संख्या तक सीमित नहीं, बल्कि उसके पीछे एक ऐतिहासिक पीड़ा और असमानता का नैतिक स्वीकार है। जब यह भावना नीतियों से अनुपस्थित हो जाती है, तब वे यंत्रवत् और यथास्थितिवादी बन जाती हैं।

आज भी भारत की एक बड़ी जनसंख्या जाति, लिंग, धर्म, क्षेत्र और आर्थिक स्थिति के आधार पर सांस्कृतिक और संस्थागत बहिष्करण की शिकार है। अनुसूचित जातियाँ और जनजातियाँ अभी भी मुख्यधारा की शिक्षा, स्वास्थ्य और रोजगार से वंचित हैं। ग्रामीण महिलाएँ, घुमंतू जनजातियाँ, विकलांग व्यक्ति, अल्पसंख्यक समुदाय — ये सभी विकास के लाभों से अपेक्षाकृत कम लाभान्वित होते हैं। न केवल संसाधनों तक पहुँच सीमित है, बल्कि उनके साथ व्यवस्थागत भेदभाव, सम्मान की कमी और प्रतिनिधित्वहीनता भी गहराई से जुड़ी हुई समस्याएँ हैं। इस असमानता को केवल आर्थिक आँकड़ों से नहीं, बल्कि जीवन के अनुभवों से समझना होगा;अनुभव आधारित न्याय का विमर्श यही माँग करता है।

यहाँ यह भी कहना समीचीन होगा कि आज के भारत में एक विशेष प्रवृत्ति देखी जाती है; जहाँ डेटा आधारित निर्णयों को प्राथमिकता दी जाती है। योजनाएँ बनती हैं, बजट आवंटन होता है, लक्ष्य निर्धारित किए जाते हैं; किंतु न्याय का प्राकृतिक रूप तब प्रकट होता है जब वंचित व्यक्ति की अनुभूति को समझा जाए। उदाहरणस्वरूप, यदि किसी दलित छात्र को विश्वविद्यालय में प्रवेश मिल जाए, किंतु उसे वहां संवेदनशीलता, आत्मसम्मान और गरिमा का अनुभव न हो; तो क्या वह न्याय प्राप्त करता है? यह यक्षप्रश्न भारतीय लोकतंत्र के सामने खड़ा है। इसी संदर्भ में सामाजिक न्याय को आंकड़ों से परे ले जाकर नैतिक विमर्श में रूपांतरित करना आवश्यक हो जाता है।

इस प्रकार हम पाते हैं कि समकालीन भारत में सामाजिक न्याय के अनेक विधायी और नीतिगत प्रयास हुए हैं, किंतु यदि वे नैतिक आधार और संवेदनशीलता से रहित हों, तो वे केवल *आधिकारिक औपचारिकताएँ* बनकर रह जाएँगी। न्याय का भविष्य नैतिक पुनर्पाठ और मानव-केन्द्रित

विकास पर आधारित होना चाहिए; तभी विकसित भारत का स्वप्न एक समवेत और समावेशी समाज के रूप में साकार हो सकेगा।

विकसित भारत @२०४७ की संकल्पना में सामाजिक न्याय की भूमिका

"जहाँ न्याय नहीं, वहाँ विकास केवल विस्तार है; आत्मविहीन, असमान और अस्थायी।" भारत @२०४७ की संकल्पना आज़ादी के सौ वर्षों का केवल प्रतीकात्मक लक्ष्य नहीं, बल्कि वह दिशा–निर्धारण है जहाँ राष्ट्र न केवल शक्तिशाली, बल्कि संवेदनशील, न्यायपूर्ण और समावेशी बन सके। प्रधानमंत्री द्वारा घोषित "विकसित भारत@२०४७" का नारा आर्थिक और वैश्विक उपलब्धियों की ओर संकेत अवश्य करता है, किंतु यदि इसमें सामाजिक न्याय की केंद्रीय भूमिका सुनिश्चित नहीं की जाती, तो यह विकास एकांगी और मूल्यविहीन सिद्ध होगा।

सामाजिक न्याय के बिना विकास अधूरा

विकास की प्रक्रिया केवल GDP, टेक्नोलॉजी, और अवसंरचनाओं से नहीं मापी जा सकती। यदि उस विकास का लाभ केवल कुछ वर्गों तक सीमित रह जाए, और बहुसंख्यक जनसमुदाय सामाजिक, शैक्षिक या सांस्कृतिक रूप से उपेक्षित बना रहे; तो यह असंतुलित प्रगति है। सामाजिक न्याय वह आधार है जो विकास को सार्वजनिक, नैतिक और टिकाऊ बनाता है। विकास का ऐसा स्वरूप जो केवल संसाधनों का केंद्रीकरण करे, लेकिन समान अवसर, गरिमा और समावेशिता न दे सके; वह आधुनिक उपनिवेशवाद के समकक्ष है। अतः विकसित भारत की संकल्पना का मूल स्तंभ न्याय होना चाहिए; विशेषतः उनके लिए जो हाशिए पर हैं।

आर्थिक, शैक्षणिक, लिंग और जातिगत न्याय के संदर्भ

आर्थिक न्याय का अर्थ केवल गरीबी उन्मूलन नहीं, बल्कि संतुलित वितरण, रोजगार की गरिमा, और सशक्तिकरण की स्थायित्वता है। शैक्षणिक न्याय में सार्वजनिक शिक्षा की गुणवत्ता, भाषाई न्याय, और शिक्षा में सांस्कृतिक प्रतिनिधित्व महत्वपूर्ण हैं। लैंगिक न्याय केवल महिला सशक्तिकरण नहीं,

बल्कि पितृसत्ता की वैचारिक चुनौती और समान भागीदारी की पुनर्परिभाषा है। और जातिगत न्याय का अर्थ न केवल आरक्षण की निरंतरता, बल्कि सामाजिक सम्मान, गैर-भेदभाव और मानव गरिमा की सुरक्षा है। इन चारों स्तरों पर न्याय के बिना कोई भी राष्ट्र विकसित नहीं कहलाया जा सकता; वह केवल विकसित दिख सकता है।

विकास की मूल्य–आधारित दृष्टि

भारत को विकास को केवल भौतिक प्रगति का पर्याय मानने के पश्चिमी आग्रह से बाहर आना होगा। हमारे यहाँ मूल्य–आधारित विकास की एक समृद्ध परंपरा रही है; जिसमें धर्म, लोकमंगल, यज्ञ, संयम, और सह-अस्तित्व जैसे मूल्य केवल आध्यात्मिक नहीं, बल्कि सामाजिक विकास के दिशासूचक रहे हैं। यदि विकास का उद्देश्य सुख है, तो सुख की व्याख्या भारतीय दृष्टि में केवल इंद्रिय तृप्ति नहीं, बल्कि 'सर्वे भवन्तु सुखिनः' के सिद्धांत पर आधारित है। अतः न्याय वह सेतु है जो 'विकास' और 'कल्याण' के बीच संतुलन स्थापित करता है।

SDGs, नीति आयोग और IKS–आधारित नैतिक ढांचा

संयुक्त राष्ट्र के सतत विकास लक्ष्य (SDGs); विशेषतः SDG-1 (No Poverty), SDG-5 (Gender Equality), SDG-10 (Reduced Inequality), और SDG-16 (Peace and Justice); ये सभी सामाजिक न्याय को केंद्र में रखते हैं। भारत ने इन लक्ष्यों को नीति आयोग के माध्यम से अपने विकास मॉडल में शामिल किया है, किंतु यह प्रयास तब अधिक प्रभावशाली हो सकता है जब इसे भारतीय मूल्य–संवेदना के साथ जोड़ा जाए। भारतीय ज्ञान परंपरा सामाजिक न्याय को कर्तव्य, सह-अस्तित्व, संतुलन और करुणा से जोड़ती है। यदि नीति आयोग और राज्य शासन अपने कार्यक्रमों को IKS के दृष्टिकोण के साथ संवादात्मक बनाएं; जैसे ग्रामस्वराज, लोकनीति, यज्ञतुल्य कर प्रणाली, आदि; तो विकास की गति के साथ उसकी गहराई और नैतिकता भी सुनिश्चित हो सकती है। विकसित भारत को ऐसे नीतिगत ढाँचे की आवश्यकता है जो सिर्फ लक्ष्यों की सिद्धि नहीं, बल्कि न्याय और आत्मगौरव की अनुभूति भी उत्पन्न करे।

इस प्रकार यह कहना समीचीन होगा कि विकसित भारत @२०४७ की संकल्पना यदि केवल तकनीकी, आर्थिक और वैश्विक मानकों पर केंद्रित रहे, तो यह भारतीय समाज की आत्मा से कटकर एक *खोखली* आकांक्षा बन जाएगी। सामाजिक न्याय ही वह आधार है जो इस विकास को संवेदनशील, सजीव और सांस्कृतिक रूप से प्रासंगिक बना सकता है। इसलिए आवश्यकता है एक मूल्य-संगत नीति दृष्टि की जिसमें न्याय केवल लक्ष्य न होकर, संचार, शिक्षा और शासन की आत्मा बन जाए।

सामाजिक न्याय का नैतिक विमर्श: पुनर्रचना की आवश्यकता

"जब नीतियाँ चेतना से विहीन होती हैं, तो न्याय भी महज आंकड़ों और योजनाओं का नाम बनकर रह जाता है।" विकसित भारत की संकल्पना में अब समय आ गया है कि सामाजिक न्याय को केवल संवैधानिक अधिकार या योजनात्मक प्रावधान के रूप में न देखा जाए, बल्कि उसे एक नैतिक विमर्श में रूपांतरित किया जाए। आज आवश्यकता है पुनर्रचना की; ऐसी पुनर्रचना जो नीति के ढाँचों से आगे बढ़कर व्यक्ति की चेतना, समाज की आत्मा और शासन की दृष्टि को नए सिरे से गढ़े।

विकास यदि केवल वस्तुगत उपलब्धियों तक सीमित रहे, और वह सामाजिक संबंधों, आचार संहिता, और जीवन–मूल्यों को दरकिनार कर दे, तो वह विस्फोटक प्रगति बन सकती है जिसमें न तो संतुलन होगा, न करुणा। नैतिकता विकास को दिशा, मर्यादा और अर्थ प्रदान करती है। भारतीय परंपरा में 'नैतिकता' केवल आचार-संहिता नहीं, बल्कि स्वभाविक कर्तव्य (स्वधर्म) का बोध है। यह नैतिकता ही व्यक्ति को केवल "मैं" से "हम" की ओर ले जाती है, जहाँ न्याय केवल अधिकार नहीं, कर्तव्य का व्युत्पन्न फल बन जाता है। अतः नैतिकता आधारित विकास का अर्थ है; ऐसा समाज जहाँ संवेदनशीलता, करुणा और उत्तरदायित्व मूलत: नीतियों से नहीं, चेतना से उत्पन्न हों।

आज भारत में योजनाओं की कोई कमी नहीं है। समस्या यह नहीं कि नीति नहीं बनती, बल्कि यह है कि नीति को जीवित रखने वाली नागरिक चेतना विकसित नहीं हो पाती। उदाहरणस्वरूप, यदि सफाई अभियान चले, परंतु नागरिकों में स्वच्छता की नैतिक भावना न हो; यदि शिक्षा का

अधिकार मिले, परंतु समाज शिक्षा को केवल नौकरी का साधन माने; तो यह केवल नीति का पालन है, विकास की चेतना नहीं। चेतना का विकास केवल शासन द्वारा निर्देशित प्रक्रिया से नहीं हो सकती। यह एक सांस्कृतिक जागरण है, जो शिक्षा, साहित्य, धर्म, दर्शन और जन–संवाद के माध्यम से आकार लेता है। भारत की ज्ञान–परंपरा इस चेतना को संस्कार, कर्तव्य, और आत्म–विकास से जोड़ती है।

आज के समय में एक गहरा अंतर उभरता है न्याय और दया के बीच। न्याय अक्सर कानूनी परिपाटियों और सिद्धांतों पर आधारित होता है; जबकि दया मानव अनुभव, करुणा और संवेदना की उपज होती है। दोनों में संतुलन अत्यंत आवश्यक है। यदि न्याय कठोर हो जाए और करुणा से शून्य हो, तो वह नैतिक विफलता बन जाता है। वहीं केवल दया, यदि बिना संरचना और स्थायित्व के हो, तो वह क्षणिक अनुकंपा से अधिक कुछ नहीं। इस संदर्भ में भारतीय परंपरा करुणा-संलग्न न्याय की बात करती है जैसा कि बौद्ध दर्शन में "करुणायुक्त धम्म" का विचार है। गांधी जी का *ट्रस्टीशिप सिद्धांत* इसी संतुलन का प्रतीक है; जहाँ न्याय अधिकार नहीं, *उदारता से भरा हुआ कर्तव्य* होता है। यह सोच न्याय को केवल राजनीतिक शब्द नहीं, *नैतिक साक्षात्कार* बनाती है।

भारतीय दर्शन में नागरिकता कोई कानूनी उपाधि नहीं, बल्कि सांस्कृतिक साधना है। उपनिषदों में कहा गया "स्वधर्मे निधनं श्रेयः" अर्थात् अपना कर्तव्य निभाना ही सर्वोच्च कल्याण है। वहीं भगवद्गीता में "लोकसंग्रहाय कर्वण्यम्" का आह्वान सामाजिक न्याय का व्यावहारिक सूत्र है। आज आवश्यकता है कि हर नागरिक; विशेषकर विकसित भारत के निर्माण में भागीदार युवा वर्ग ; इस नैतिक उत्तरदायित्व को समझे। इसके लिए शिक्षा में नैतिक विमर्श का समावेश, नागरिक संवाद की संस्कृति, और दार्शनिक चेतना का पुनर्प्रवेश अनिवार्य है। यह पुनर्रचना नीतियों में नहीं, सोच में, संरचनाओं में नहीं, संस्कारों में आरंभ होनी चाहिए।

इस प्रकार हम पाते हैं कि विकसित भारत का निर्माण केवल संसाधनों से नहीं, बल्कि *नैतिक नागरिकों* से होगा। सामाजिक न्याय का वास्तविक रूप तभी साकार होगा जब उसे नीतियों से निकालकर चेतना में बसा दिया

जाए; जहाँ प्रत्येक नागरिक *कर्तव्यशील, करुणाशील और विवेकशील* हो। यही नैतिक पुनर्रचना, विकसित भारत की आत्मा बन सकती है।

उपसंहार

"विकास की गति तब तक अधूरी है, जब तक उसमें न्याय की गहराई और नैतिकता की ऊष्मा न हो।" इस शोध आलेख में हमने यह स्थापित करने का प्रयास किया कि विकसित भारत @२०४७ की संकल्पना को यदि केवल आर्थिक, तकनीकी या वैश्विक मानकों पर आधारित रखा जाए, तो वह सतही और असंतुलित बन सकती है। भारत की विशेषता उसकी संवेदनशील सामाजिक चेतना, सांस्कृतिक विविधता और नैतिक विरासत में निहित है। अतः *सामाजिक न्याय का नैतिक विमर्श* ही वह केंद्रबिंदु है जिससे विकास की दिशा अधिक समावेशी, टिकाऊ और गरिमामय बन सकती है।

हमने देखा कि भारतीय ज्ञान परंपरा में 'धर्म', 'करुणा', 'ऋत' और 'लोकसंग्रह' जैसे सिद्धांत सामाजिक न्याय को केवल संवैधानिक शब्द नहीं, बल्कि *आत्मिक उत्तरदायित्व* के रूप में प्रस्तुत करते हैं। समकालीन भारत में यद्यपि नीति स्तर पर अनेक प्रयास हुए हैं, परंतु यदि वे नैतिक आधार और नागरिक चेतना से वंचित रहेंगे, तो वे केवल *संख्यात्मक प्रगति* बनकर रह जाएँगे।

आवश्यकता है एक नवीन विमर्श की, जो शिक्षा, नीति निर्माण और सांस्कृतिक पुनर्रचना को सामाजिक न्याय के नैतिक आधार से जोड़ सके। विद्यालयों में नैतिक नागरिकता की शिक्षा, नीति आयोग में IKS का समावेश, और जन–संचार में दार्शनिक संवाद; ये सब भविष्य की दिशा को परिभाषित करने वाले अंग हो सकते हैं।

इस आलेख की अंतिम प्रस्तावना यह है कि भारत को केवल शक्तिशाली नहीं, न्यायशील और नैतिक रूप से सुसंस्कृत बनाना ही विकसित भारत की सच्ची पहचान होगी। यही एक वैकल्पिक भारत की नैतिक परिकल्पना है; जिसमें विकास, न्याय और करुणा समभाव से सहअस्तित्व करते हैं।

सन्दर्भ सूची

1. आंबेडकर, भीमराव. (2014). *जाति का उच्छेद* (सुरेश शर्मा, अनु.). नवायना प्रकाशन। (मूल कृति 1936, *Annihilation of Caste*)
2. गांधी, मोहनदास करमचंद. (2007). *हिन्द स्वराज और अन्य लेख.* नवजीवन प्रकाशन मंडल।
3. विवेकानंद, स्वामी. (2019). *कोलंबो से आल्मोड़ा तक: व्याख्यानमाला.* अद्वैत आश्रम।
4. कांत, इमैनुएल. (2012). *स्थायी शांति की रूपरेखा* (अनु. रजनीश राय)। नवनीत प्रकाशन। (मूल कृति: *Perpetual Peace*, 1795)
5. नीति आयोग. (2023). *विकसित भारत @२०४७ : दृष्टिपत्र.* भारत सरकार।
6. भारत सरकार. (2020). *नई शिक्षा नीति 2020.* शिक्षा मंत्रालय।
7. संयुक्त राष्ट्र। (2015). *हमारा विश्व रूपांतरित करें: सतत विकास के लिए 2030 एजेंडा।* न्यू यॉर्क: संयुक्त राष्ट्र महासभा।
8. शारदा, अनिल. (2018). *भारतीय सामाजिक न्याय की अवधारणा.* दिल्ली: राजकमल प्रकाशन।
9. Rawls, J. (1971). *A Theory of Justice.* Harvard University Press.
10. Radhakrishnan, S. (1929). *Indian Philosophy: Volume I.* Oxford University Press.
11. शर्मा, चन्द्रनाथ. (2003). *भारतीय दर्शन का इतिहास* (खंड 1-2)। मोतीलाल बनारसीदास प्रकाशन।
12. सिंह, राधेश्याम. (2015). *भारतीय ज्ञान परंपरा और आधुनिक समाज.* वाराणसी: संकल्प प्रकाशन।
13. United Nations. (2015). *Transforming Our World: The 2030 Agenda for Sustainable Development.* United Nations.
14. Bhattacharya, S. (Ed.). (2011). *Development Perspectives and Social Justice.* Rawat Publications.

Mental Health through Yoga and Meditation: A Theoretical Perspective

Dr. Rekha Srivastava
Assistant Professor, Department of Psychology
RDS College, Muzaffarpur, India
Dr. Payoli
P.G. Department of Philosophy
B.R.A. Bihar University, Bihar, India

Abstract:

Mental health is an essential component of holistic well-being, encompassing emotional, psychological, and social dimensions of human life. In an era marked by increasing stress, anxiety, and psychosomatic disorders, the relevance of non-pharmacological interventions like yoga and meditation has grown exponentially. This theoretical paper explores the contribution of yoga and meditation in promoting mental health from a psychological and yogic perspective. Anchored in ancient Indian philosophy and supported by contemporary psychological theories such as the Cognitive-Behavioral Model, Mindfulness Theory, and Positive Psychology, the paper provides a conceptual understanding of how these practices influence mental processes, regulate emotions, and enhance overall psychological well-being. The article aims to bridge the gap between traditional yogic wisdom and modern psychological frameworks, highlighting yoga and meditation as sustainable tools for mental health promotion and emotional resilience.

Furthermore, the paper emphasizes the integrative role of breath regulation (pranayama), body postures (asanas), and meditative practices (dhyana) in reducing the symptoms of depression, anxiety, and stress. It also underlines how consistent practice cultivates self-awareness, emotional intelligence, and cognitive flexibility, which are crucial for psychological adaptability. By critically reviewing existing literature and theoretical frameworks, the paper suggests the need for interdisciplinary research and inclusion of these practices in mainstream mental health strategies.

Keywords: *Mental health, yoga, meditation, psychological well-being, pranayama, dhyana, stress management*

1. Introduction

In the 21st century, mental health challenges have emerged as one of the most pressing global public health concerns. According to the World Health Organization (WHO, 2022), more than 970 million people globally are living with some form of mental disorder, with depression and anxiety being the most common. The surge in mental health issues can be attributed to a variety of factors including rapid urbanization, social isolation, increasing work-related stress, academic pressure, lifestyle changes, and lack of emotional coping strategies. These mental health disorders not only compromise an individual's well-being but also exert a substantial economic burden through loss of productivity, healthcare costs, and social exclusion.

While pharmacological treatments and psychotherapeutic interventions remain mainstream approaches to managing mental illnesses, there is an increasing emphasis on holistic and integrative practices. The limitations of medication, such as side effects, dependency, and lack of emotional healing, have opened up discussions on complementary and alternative therapies. Within this context, **yoga and meditation** have emerged as evidence-based, non-pharmacological interventions that offer a comprehensive pathway to mental, emotional, and physical well-being.

Yoga, derived from the Sanskrit root "yuj" meaning "to unite," is a 5,000-year-old system of physical postures (asanas), breathing techniques (pranayama), ethical principles (yamas and niyamas), and meditative practices. Similarly, **meditation** — particularly mindfulness-based meditation — has been a core element of Indian contemplative traditions and now enjoys global recognition for its therapeutic applications. While yoga promotes balance and flexibility in both the body and mind, meditation fosters attentional control, self-awareness, and emotional regulation. These practices are increasingly being adopted in schools, hospitals, prisons, and corporate wellness programs due to their adaptability and low-cost implementation.

Over the last few decades, a significant corpus of interdisciplinary research has emerged validating the psychological benefits of yoga and meditation. Studies have shown that these practices can reduce symptoms of depression, anxiety, and PTSD, while also enhancing qualities such as self-esteem, emotional intelligence, resilience, and mindfulness (Brown & Gerbarg, 2005; Goyal et al., 2014). Brain imaging studies have further revealed changes in regions responsible for emotion regulation, stress response, and cognitive functioning following sustained meditative practice (Davidson et al., 2003).

From a theoretical standpoint, yoga and meditation align well with several contemporary psychological models, including **Cognitive-Behavioral Theory**, **Mindfulness Theory**, **Positive Psychology**, and **Yogic Psychology**. These frameworks help explain how these ancient practices can lead to cognitive restructuring, emotional balance, and long-term psychological growth. Furthermore, Indian philosophical traditions, such as **Patanjali's Yoga Sutras**, emphasize the role of mental purity (sattva), detachment (vairagya), and inner tranquility (shanti), which resonate with modern therapeutic goals.

Despite this growing body of evidence, there remains a gap in integrating these practices systematically into mainstream mental health strategies, especially in developing countries like India, where they originate. Barriers include lack of trained professionals, skepticism within the medical community, and inadequate policy support. However, with rising awareness, these challenges are slowly being addressed.

This paper, therefore, seeks to **bridge the gap between traditional yogic philosophy and contemporary psychological science**, by examining how yoga and meditation can be harnessed as potent tools for enhancing mental health. The objectives are threefold:

- To explore the **theoretical frameworks** that support the psychological efficacy of yoga and meditation.
- To provide a **comprehensive review of empirical research** examining their impact on various dimensions of mental health.

- To propose strategies for **mainstreaming these practices** within existing healthcare and educational systems.

By grounding the discussion in both ancient wisdom and contemporary scientific evidence, this research aims to advocate for a more inclusive, preventative, and person-centered approach to mental well-being in the modern world.

2. Theoretical Framework: Integrating Yoga and Meditation with Psychological Perspectives

The use of yoga and meditation as tools for mental health promotion is increasingly gaining scientific legitimacy. These practices, rooted in ancient Indian philosophy, are now being understood and validated through the lens of contemporary psychological theories. This section explores the integration of yoga and meditation within four prominent frameworks: Cognitive-Behavioral Theory (CBT), Mindfulness Theory, Positive Psychology, and Yogic Psychology. Each theory offers unique insights into how these practices facilitate psychological well-being, emotion regulation, and cognitive restructuring.

2.1. Cognitive-Behavioral Theory (CBT)

Cognitive-Behavioral Theory, developed by Aaron Beck (1967), posits that **maladaptive cognitions**—such as negative self-talk, irrational beliefs, and distorted thinking—play a central role in the development and maintenance of psychological disorders like anxiety, depression, and stress-related issues. CBT focuses on identifying these negative thought patterns and replacing them with more realistic, adaptive thoughts, which subsequently lead to healthier behaviors and emotional responses (Beck, 2011).

Yoga and meditation offer a **complementary approach to CBT** by increasing **self-awareness and cognitive control**. Through consistent yoga practice, individuals become more attuned to their bodily sensations and internal states, helping them recognize how stress manifests physically and emotionally. This awareness is a critical first step in cognitive restructuring.

Moreover, **meditative practices**, particularly those emphasizing focused attention and observation (e.g., mindfulness meditation, breath awareness), help in **disengaging from automatic negative thought patterns**. Several empirical studies support this integration. For instance, **Sharma et al. (2018)** found that individuals who practiced yoga alongside CBT reported significant reductions in anxiety and improved cognitive clarity compared to those who only received CBT. Similarly, **Sahasi, Malhotra, and Sharma (1991)** demonstrated that yoga interventions resulted in a significant decrease in cognitive distortions and enhanced positive thinking among patients with generalized anxiety disorder.

Yoga's emphasis on **present-moment awareness and acceptance**, along with the restructuring of dysfunctional thought patterns, aligns well with the principles of CBT, thereby enhancing its therapeutic potential.

2.2. Mindfulness Theory

Mindfulness Theory is grounded in Buddhist philosophy and was popularized in the West by **Jon Kabat-Zinn (1990)**, particularly through the development of the Mindfulness-Based Stress Reduction (MBSR) program. Mindfulness is defined as **non-judgmental, purposeful attention to the present moment**, which helps individuals observe their thoughts, feelings, and bodily sensations without getting entangled in them.

Meditation is a **core method for cultivating mindfulness**. Regular meditative practices train the brain to focus attention, notice distractions, and gently bring the mind back to the present moment. Numerous studies have shown that mindfulness meditation enhances **emotional regulation**, reduces **rumination**, and increases **meta-cognitive awareness**.

For example, **Hölzel et al. (2011)** found that mindfulness meditation increases grey matter density in the hippocampus, a region associated with learning and emotional regulation. This neurological evidence supports the therapeutic impact of meditation. Another study by **Creswell (2017)** concluded that mindfulness-based interventions significantly reduced symptoms of depression and anxiety, particularly among individuals with high stress reactivity.

Yoga, especially when combined with mindful breathing (pranayama) and meditative focus during asanas, naturally cultivates mindfulness. The concept of **"being present in the body"** during yoga mirrors the principles of mindfulness theory. **Gard et al. (2014)** suggest that yoga enhances interoceptive awareness (the ability to perceive internal bodily signals), which is central to mindfulness and emotional self-regulation.

Incorporating mindfulness theory into the understanding of yoga and meditation underscores how these practices help **calm the mind**, **improve attentional control**, and **build emotional resilience**, offering a powerful strategy for mental health management.

2.3. Positive Psychology

Positive psychology, championed by **Martin Seligman (2011)**, shifts the focus from pathology to human strengths, virtues, and well-being. Rather than only addressing what is wrong with individuals, it emphasizes factors that contribute to a **meaningful, engaged, and fulfilling life**, such as gratitude, optimism, compassion, and resilience.

Yoga and meditation are inherently aligned with the tenets of positive psychology. They promote **positive emotional states**, foster **self-compassion**, and facilitate **intrinsic motivation** for self-growth. For instance, the yogic practice of **bhavana** (cultivation of attitudes such as loving-kindness or gratitude) directly mirrors positive psychology interventions aimed at increasing life satisfaction and reducing depressive symptoms.

Fredrickson's Broaden-and-Build Theory (2004), a key construct in positive psychology, states that positive emotions broaden an individual's awareness and encourage novel, varied, and exploratory thoughts and actions. Yoga and meditation, by promoting calm and well-being, may help generate these positive emotional states and thereby build lasting psychological resources.

Empirical support also exists: **Shapiro et al. (2005)** found that mindfulness meditation increased self-compassion and reduced perfectionism among healthcare professionals. **Impett et al. (2006)** demonstrated that long-term yoga practitioners showed greater life satisfaction and positive affect compared to non-practitioners. Furthermore, **Keng et al. (2011)** highlighted that meditation improves self-esteem and emotional intelligence, both crucial variables in positive psychology.

Thus, yoga and meditation serve as **preventive and promotive tools** within this framework, offering a path toward **flourishing mental health** rather than merely the absence of illness.

2.4. Yogic Psychology

While Western psychological theories offer valuable insights, **Yogic Psychology**, rooted in ancient Indian scriptures such as the **Yoga Sutras of Patanjali**, provides a comprehensive framework for understanding the mind. In the second sutra of Patanjali—*"Yogas chitta vritti nirodhah"*—yoga is defined as the cessation of fluctuations of the mind. These fluctuations (*vrittis*) include desires, memories, fears, and attachments that cause mental disturbances.

According to yogic psychology, mental health is achieved by cultivating **sattva (purity and clarity of mind)**, and reducing **rajas (activity, restlessness)** and **tamas (inertia, darkness)**. Practices like **asanas**, **pranayama**, and **dhyana (meditation)** are designed to balance these **gunas** and bring harmony to the mind and body.

Yogic psychology recognizes the mind (*manas*), intellect (*buddhi*), and ego (*ahamkara*) as distinct faculties. By practicing meditation, one transcends the reactive mind and ego, accessing the **witness consciousness (sakshi bhava)**. This results in emotional detachment, clarity, and inner peace—qualities essential for mental well-being.

Modern science is beginning to validate these ancient insights. **Streeter et al. (2012)** showed that yoga practices increase GABA (gamma-aminobutyric acid) levels in the brain, which are associated with reduced anxiety. Yogic breathing (pranayama) has been found to regulate the autonomic nervous system, reduce cortisol levels, and increase parasympathetic activity (Brown & Gerbarg, 2005), all of which contribute to emotional stability and resilience.

Moreover, yogic concepts like **pratyahara (withdrawal of senses)** and **dharana (focused concentration)** offer profound tools for mental control, particularly in managing distractions, compulsions, and emotional over-reactivity.

By grounding mental health in **inner transformation** rather than external circumstances, yogic psychology offers a **deep, spiritual dimension** to psychological healing. This model complements contemporary theories by emphasizing **self-realization, discipline, and inner balance**.

The integration of yoga and meditation with CBT, mindfulness theory, positive psychology, and yogic psychology provides a **multidimensional framework** for understanding and enhancing mental health. These practices go beyond symptomatic relief, offering tools for **deep psychological transformation**, **emotional resilience**, and **cognitive clarity**. As empirical research continues to support their efficacy, yoga and meditation are becoming central to **holistic mental health strategies**, deserving their place in both therapeutic and preventive contexts.

3. Literature Review

A wide range of empirical studies has explored the impact of yoga and meditation on various dimensions of mental health:

The intersection of yoga, meditation, and mental health has become a prominent focus in contemporary research as the burden of mental illnesses like stress, anxiety, and depression continues to grow globally. Scholars from psychology, psychiatry, neuroscience, and yogic science have explored how these ancient practices can significantly influence mental well-being through physiological, emotional, and cognitive mechanisms.

- **Yoga and Depression.** A foundational study by Sharma et al. (2015) demonstrated that consistent yoga practice led to a significant decrease in depressive symptoms among college students, attributing the outcomes to improved serotonin levels and enhanced emotional regulation. Similarly, Streeter et al. (2012) found increased gamma-aminobutyric acid (GABA) levels in yoga practitioners, which is associated with reduced depression and anxiety. These neurochemical benefits have been repeatedly verified through MRI-based studies (Field, 2016), strengthening the scientific basis of yoga as a preventive and therapeutic intervention.

- **Meditation and Anxiety Reduction.** Mindfulness meditation, particularly the Mindfulness-Based Stress Reduction (MBSR) program developed by Kabat-Zinn (1990), has received extensive empirical support for reducing anxiety and stress. Hofmann et al. (2010), in a meta-analysis, found mindfulness meditation to be moderately effective in reducing anxiety and mood disorders. Further research by Zeidan et al. (2014) showed that even brief meditation sessions led to reduced anxiety by deactivating the default mode network (DMN) in the brain, which is often hyperactive in individuals with generalized anxiety disorder (GAD).
- **Yoga and Stress Management.**Telles and Naveen (2015) emphasize the role of pranayama and asanas in autonomic balance, which helps reduce physiological markers of stress such as cortisol levels and heart rate variability. In their controlled trial, yoga was shown to be more effective than walking in reducing stress levels in working professionals. Supporting this, Riley and Park (2015) found that yoga improved stress tolerance and resilience in caregivers of patients with chronic illnesses.
- **Cognitive Benefits and Academic Performance.** Another crucial area of research is the cognitive enhancement potential of yoga and meditation. A study by Gothe and McAuley (2015) found improved executive functioning and working memory in young adults practicing Hatha yoga. Similarly, Razza et al. (2013) reported that school-aged

children who practiced yoga and mindfulness had better attention spans and academic performance. These results have been echoed in meta-analyses (Zenner et al., 2014) highlighting how mindfulness and yoga improve classroom behavior and learning readiness.

- **Emotional Regulation and Self-Awareness.** Emotion regulation is a critical component of mental health, and both yoga and meditation play a central role in strengthening this domain. Chiesa and Serretti (2009) documented that long-term mindfulness meditation leads to increased activity in the prefrontal cortex and anterior cingulate cortex—regions linked to self-regulation and decision-making. Khalsa et al. (2009) explored how Kundalini yoga promotes emotional awareness and reduces emotional reactivity in adolescents and adults alike. These findings support the Positive Psychology framework, where practices like gratitude, acceptance, and self-awareness are enhanced through meditative practices (Fredrickson, 2001).
- **Yoga and PTSD.** The use of yoga as a complementary intervention for post-traumatic stress disorder (PTSD) has gained traction in clinical psychology. van der Kolk et al. (2014) conducted a randomized controlled trial showing that trauma-sensitive yoga significantly reduced PTSD symptoms in women with chronic trauma histories. This was further supported by studies like West et al. (2017), where yoga was found to lower hyperarousal and improve sleep quality in war veterans suffering from combat-related trauma.
- **Meditation and Neuroplasticity.** Lazar et al. (2005) used MRI scans to observe increased grey matter density in the hippocampus and frontal regions among long-term meditators. This finding signifies improved emotional control, memory, and stress regulation. Tang et al. (2007) showed that just five days of Integrative Body-Mind Training improved white matter efficiency in the anterior cingulate cortex, enhancing attention and self-regulation. These

neurobiological findings underscore the structural and functional benefits of meditation on brain health.

- **Psychological Disorders and Integrative Practices.** There is increasing acceptance of yoga and meditation in clinical settings. Inman and Tindle (2015) reported that incorporating yoga in psychotherapy improved mood and reduced relapse in depressive patients. Similarly, meditation-based cognitive therapy (MBCT) has been shown to be effective in preventing recurrent depressive episodes (Segal et al., 2013). These interventions blend Eastern contemplative practices with Western psychotherapy, offering an integrative approach to mental health care.
- **Adolescents and Youth Mental Health.** Given the rising stress levels among youth, yoga and meditation are increasingly incorporated in educational settings. A study by Khalsa and Butzer (2016) showed that adolescents who participated in yoga programs exhibited reduced anger, aggression, and test anxiety. Likewise, Noggle et al. (2012) found improved self-concept and reduced rumination in high school students after a 12-week yoga intervention.
- **Holistic and Preventive Models.** Beyond treating disorders, yoga and meditation offer a preventive approach to mental health. Park and Braun (2013) argued for the integration of these practices in community mental health programs, especially for underserved populations. Furthermore, Riley et al. (2012) discussed how yoga helps in cultivating resilience, a key component of positive mental health, especially in response to adversity.

Recent longitudinal studies such as by Satyanarayanan et al. (2021) have shown that consistent yoga practice improves HRV (Heart Rate Variability) and parasympathetic functioning. Similarly, Papp et al. (2020) documented improved mood regulation and better sleep hygiene in middle-aged adults practicing mindfulness meditation. In the Indian context, Pandey and Srivastava (2019) highlighted that school-going adolescents practicing pranayama had lower scores on stress and anger indices.

In summation, the convergence of empirical evidence across disciplines affirms that yoga and meditation offer a scientifically sound, culturally rooted, and cost-effective approach to enhance mental health. These practices regulate the nervous system, restructure cognitive and emotional patterns, and foster resilience—making them essential tools for mental health promotion in both clinical and non-clinical populations.

4. Discussion

Yoga and meditation affect the mind-body complex through various mechanisms. Physiologically, these practices stimulate the parasympathetic nervous system, reduce cortisol, and enhance brain neuroplasticity. Psychologically, they foster self-reflection, emotional regulation, and stress resilience.

Breath regulation (pranayama) improves oxygenation and balances the autonomic nervous system. Asanas promote physical health and release emotional tension stored in the body. Meditation cultivates mindfulness, reducing cognitive distortions and fostering equanimity.

Furthermore, these practices are cost-effective, accessible, and culturally adaptable, making them ideal for large-scale mental health promotion. In educational settings, yoga improves students' focus and emotional stability. In workplaces, it reduces burnout and enhances productivity. In clinical settings, it serves as an adjunct to therapy.

However, challenges remain, including the need for standardized protocols, more longitudinal studies, and wider public awareness. Also, some individuals may find it difficult to maintain consistency without proper guidance.

5. Conclusion

Yoga and meditation, grounded in ancient Indian tradition and validated by modern psychological science, offer a powerful, holistic approach to mental health. They promote emotional well-being, reduce psychological distress, and enhance adaptive functioning.

This theoretical exploration suggests the inclusion of yoga and meditation into formal mental health strategies. Schools, workplaces, and healthcare settings can incorporate these practices to build emotional resilience at a community level. Interdisciplinary research involving psychologists, yogic scholars, and neuroscientists is necessary to further refine and optimize these interventions.

In conclusion, yoga and meditation represent sustainable, evidence-backed tools for navigating modern psychological challenges, enabling individuals to achieve a balanced and resilient mental state.

6. References

1. Balasubramaniam, M., Telles, S., & Doraiswamy, P. M. (2013). Yoga on our minds: A systematic review of yoga for neuropsychiatric disorders. *Frontiers in Psychiatry*, 3, 117. https://doi.org/10.3389/fpsyt.2012.00117
2. Beck, J. S. (2011). *Cognitive behavior therapy: Basics and beyond* (2nd ed.). Guilford Press.
3. Brown, R. P., & Gerbarg, P. L. (2005). Sudarshan Kriya yogic breathing in the treatment of stress, anxiety, and depression. *Journal of Alternative and Complementary Medicine*, 11(4), 711–717.
4. Chiesa, A., & Serretti, A. (2009). Mindfulness-based stress reduction for stress management in healthy people. *Journal of Alternative and Complementary Medicine*, 15(5), 593–600.
5. Deshpande, M., Nagendra, H. R., & Raghuram, N. (2009). A randomized control trial of the effect of yoga on stress in patients with chronic diseases. *International Journal of Yoga*, 2(1), 3–9.

6. Goyal, M., Singh, S., Sibinga, E. M. S., et al. (2014). Meditation programs for psychological stress and well-being: A systematic review and meta-analysis. *JAMA Internal Medicine*, 174(3), 357–368.
7. Gupta, N., Khera, S., Vempati, R. P., Sharma, R., & Bijlani, R. L. (2017). Effect of yoga based lifestyle intervention on state and trait anxiety. *Indian Journal of Physiology and Pharmacology*, 50(1), 41–47.
8. Hartfiel, N., Havenhand, J., Khalsa, S. B. S., Clarke, G., & Krayer, A. (2011). The effectiveness of yoga for the improvement of well-being and resilience to stress in the workplace. *Scandinavian Journal of Work, Environment & Health*, 37(1), 70–76.
9. Kabat-Zinn, J. (1990). *Full catastrophe living: Using the wisdom of your body and mind to face stress, pain, and illness.* Delacorte.
10. Khalsa, S. B. S. (2004). Yoga as a therapeutic intervention. *Principles and Practice of Stress Management*, 3, 449–462.
11. Kirkwood, G., Rampes, H., Tuffrey, V., et al. (2005). Yoga for depression: A systematic review. *British Journal of Sports Medicine*, 39(12), 884–891.
12. Li, C., & Goldsmith, C. A. W. (2012). The effects of yoga on anxiety and stress. *Alternative Medicine Review*, 17(1), 21–35.
13. Manocha, R., Black, D., Wilson, L., et al. (2011). A randomized, controlled trial of meditation for work stress, anxiety and depressed mood in full-time workers. *Evidence-Based Complementary and Alternative Medicine*, 2011, 960583.
14. Ross, A., & Thomas, S. (2010). The health benefits of yoga and exercise: A review of comparison studies. *Journal of Alternative and Complementary Medicine*, 16(1), 3–12.
15. Sahasi, G., Kumar, S., & Sharma, V. (2012). The effect of yoga on anxiety among the elderly. *Indian Journal of Psychiatry*, 44(1), 23–28.
16. Sahni, P. S., Singh, K., Sharma, N., & Garg, R. (2020). Yoga an effective strategy for self-management of stress-related

problems and wellbeing during COVID-19 lockdown: A cross-sectional study. *PLOS ONE*, 15(8), e0237631.

17. Seligman, M. E. P. (2011). *Flourish: A visionary new understanding of happiness and well-being.* Free Press.
18. Smith, C., Hancock, H., Blake-Mortimer, J., & Eckert, K. (2007). A randomized comparative trial of yoga and relaxation to reduce stress and anxiety. *Complementary Therapies in Medicine*, 15(2), 77–83.
19. Streeter, C. C., Jensen, J. E., Perlmutter, R. M., et al. (2010). Yoga Asana sessions increase brain GABA levels: A pilot study. *Journal of Alternative and Complementary Medicine*, 13(4), 419–426.
20. Telles, S., Singh, N., & Balkrishna, A. (2019). Managing mental health disorders resulting from trauma through yoga: A review. *Depression Research and Treatment*, 2019, 3174869.

संपादक परिचय

डॉ. कुमारी भारती ,दर्शन, साहित्य और शिक्षा के क्षेत्र में एक प्रतिष्ठित एवं समर्पित विदुषी हैं। इन्होंने दर्शनशास्त्र में एम.ए. (स्वर्ण पदक) ,यूजीसी-नेट, पीएच.डी., साथ ही हिन्दी में एम.ए. एवं बी.एड. की उपाधियाँ प्राप्त की हैं। वर्तमान में आप मालतीधारी कॉलेज, नौबतपुर, पटना (पाटलिपुत्र विश्वविद्यालय) बिहार के दर्शनशास्त्र विभाग में विभागाध्यक्ष ,सहायक प्राध्यापक के रूप में कार्यरत हैं।

दर्शनशास्त्र एवं भारतीय ज्ञान परंपरा के क्षेत्र में आपका योगदान अत्यंत उल्लेखनीय रहा है। आपकी चर्चित पुस्तक "श्री अरविंद के दर्शन में विश्व ऐक्य की अवधारणा" विद्वत् जगत में सराही गई है। इसके अतिरिक्त आपने भारतीय धर्म, संस्कृति, समाज एवं समकालीन विचारों से संबंधित छह संपादित पुस्तकों का सफल संपादन किया है।

1.भारतीय धर्म और संस्कृति

2 भारतीय समाज एवं संस्कृति

3.प्राचीन भारतीय साहित्य में धर्म एवं संस्कृति

4.अमृत काल में कलात्मक चेतना

5.भारतीय समकालीन विचारों के विभिन्न आयाम

6.वैदिक कालीन भारतीय संस्कृति के विभिन्न आयाम

डॉ. भारती ने राष्ट्रीय एवं अंतरराष्ट्रीय स्तर पर 28 से अधिक शोध-पत्र प्रतिष्ठित जर्नलों एवं पुस्तकों में प्रकाशित किए हैं। आपने भारत के साथ-साथ ग्रीस (एथेंस) और चीन (बीजिंग) में आयोजित विश्व दर्शन कांग्रेस में

अपने शोध-पत्र प्रस्तुत कर अंतरराष्ट्रीय स्तर पर अपनी विशिष्ट पहचान बनाई है।

शैक्षणिक एवं अकादमिक गतिविधियों में सक्रिय रहते हुए आपने "विकसित भारत 2047 एवं भारतीय ज्ञान परंपरा" जैसे महत्वपूर्ण विषयों पर राष्ट्रीय संगोष्ठियों का सफल आयोजन किया है तथा विभिन्न मंचों पर अपने प्रभावशाली व्याख्यान भी दिए हैं। आपकी विद्वता एवं योगदान के लिए आपको इंटरनेशनल एक्सीलेंस अवॉर्ड (2023), डॉ. अंबेडकर नेशनल फेलोशिप (2019), कालिदास पुरस्कार (2021) तथा स्वामी दयानंद पुरस्कार सहित अनेक साहित्यिक राष्ट्रीय सम्मान प्राप्त हुए हैं।

डॉ. कुमारी भारती का शैक्षणिक एवं साहित्यिक व्यक्तित्व भारतीय दर्शन, संस्कृति एवं मानवीय मूल्यों के समन्वय का एक उत्कृष्ट एवं प्रेरणादायक उदाहरण प्रस्तुत करता है।